Colección Armas y América

GENERACIÓN DE LA CONQUISTA

Director coordinador: José Andrés-Gallego
Director de Colección: Miguel Alonso Baquer
Diseño de cubierta: José Crespo

Paseo de Recoletos, 25 - 28004 Madrid
ISBN: 84-7100-297-3 (rústica)
ISBN: 84-7100-298-1 (cartoné)
Depósito legal: M. 12756-1992
Impreso en los talleres de Mateu Cromo Artes Gráficas, S. A.
Carretera de Pinto a Fuenlabrada, s/n, km. 20,800 (Madrid)
Impreso en España-Printed in Spain

MIGUEL ALONSO BAQUER

GENERACIÓN DE LA CONQUISTA

EDITORIAL
MAPFRE

ÍNDICE

I

LA CONQUISTA

El conquistador fue un tipo humano individualista, trascendente, legalista, dinámico, infatigable, audaz, sufrido y religioso. También se dice que fue cruel, rapaz, violento, imprudente, testarudo... Lo que fuera hay que apreciarlo dentro de su ambiente y no con nuestra mentalidad actual... La Corona procuró siempre seleccionar y dictaminó pronto que el militar indiano debía ser «gente limpia de toda raza de moro, judío, hereje o penitenciado por el Santo Oficio». Una vez en Indias, hubo pronto también diferenciaciones, pues se hablaba de «primeros conquistadores» y de «segundos conquistadores», de «baqueanos» de «chapetones» y de «mancebos de la tierra». Con ello se hacía la natural alusión a los que habían llegado primero o en la segunda oleada, a los expertos, a los novatos y a los mestizos. (F. Morales Padrón, *América Hispana hasta la creación de las nuevas naciones*, Gredos, Madrid, 1986, pp. 105 y 106.)

En las Indias convivieron descubridores y conquistadores. Unos y otros eran miembros de la misma generación de españoles. Pero los descubridores fueron en todo por delante de los conquistadores, tanto en el espacio como en el tiempo en que se manifestaron descubridores o conquistadores en sentido estricto. Sólo desde esta diferenciación cronológica puede hablarse de una generación de descubridores y de otra de conquistadores. Sus actividades respectivas se entrecruzan hasta producir el hecho de que más de un descubridor aceptara el fenómeno de la conquista como definición de su quehacer.

Sólo unas pequeñas fracciones de los españoles trasladados a las Indias Occidentales a raíz del descubrimiento ejercieron de auténticos conquistadores. Sólo unos pocos se tomaron en serio el ideal de la conquista y tuvieron la oportunidad de conquistar. Lo que se constituyó en las Indias bajo el rótulo de conquistadores fue una parte del reducido grupo social instalado a principios del siglo XVI en las islas del mar Caribe.

DESCUBRIDORES Y CONQUISTADORES

El descubridor no se sintió fundador de nuevos reinos, como lo sería el conquistador. En su relación con la Corona, tan importante para el uno como para el otro, el descubridor busca una merced o concesión graciosa que juzga tener merecida por el primer hallazgo, nunca por el esfuerzo bélico. Como ha mostrado recientemente Jaime Delgado en *La conquista, fundación de reinos* [1], «el descubridor busca el logro de un acuerdo o pacto entre el Estado y un particular». La capitulación de Santa Fe, concedida a Cristóbal Colón en la peculiar coyuntura de la conquista del reino de Granada, «llega a tener un carácter de documento especial, ni rigurosamente merced regia ni simple contrato al uso». Ahora —basta leer su contenido para comprender el sentido de las palabras— se suplica, se pide y se solicita por parte del interesado que la Corona conceda, acceda y dé permiso.

El descubridor no se plantea como problema jurídico la propiedad de los territorios anexionados, que absolutamente atribuye a la Corona. Lo que desea es llegar primero y merecer por ello títulos y honores, convertibles, a su vez, en privilegios para comerciar con la protección de los Reyes. No es un guerrero, pero cuenta con la posibilidad de hacer uso de las armas. La presencia de soldados está muy clara desde la composición del segundo viaje de Colón, aunque sólo se piensa en la protección de los movimientos por las islas del mar océano. El ideal de la conquista en el descubridor permanece soterrado, pero aflora entre las palabras que se escriben, simplemente porque, a sus ojos, los Reyes de Castilla y Aragón venían apropiándose sucesivamente con éxito de las islas Canarias, del reino de Granada y de otras plazas o peñones en el norte de África.

Los conquistadores —queremos abarcar con este título incluso a los precursores de las hazañas de Balboa, Pedrarias, Hernán Cortés,

---

[1] J. Delgado, «La conquista, fundación de reinos», *Revista Razón Española*, septiembre-octubre, Madrid, 1989.

Francisco Pizarro y Pedro de Valdivia— extienden mucho más allá y más adentro de las Indias el lazo jurídico con la Corona. Sus empresas, aun las más absolutamente privadas, «fueron organizadas, sistematizadas y ordenadas en todos los aspectos, especialmente desde el punto de vista jurídico, por los Reyes y sus Consejos, mediante un documento básico, la capitulación».

Es imprescindible para entender a los conquistadores que el estudioso separe nítidamente las capitulaciones *para descubrir* de las capitulaciones *para conquistar*. Porque son estas segundas las que de verdad importan a la Corona de España.

> Estos documentos [es el investigador Horts Pietschmann quien lo señala] son la expresión de la voluntad real de controlar las empresas ultramarinas de los súbditos de la Corona de Castilla y de no admitir empresas espontáneas privadas que no estuvieran encauzadas en normas jurídicas.

La capitulación mantendrá para la conquista el aspecto de negociación entre dos partes que había tenido la capitulación para el descubrimiento. Lo que ocurre es que ahora priva mucho más la directriz de una de las dos partes, la de la Corona. La Corona —la frase es también de Jaime Delgado— «exigió a los contratantes el sometimiento a los oficiales reales, el cumplimiento de las condiciones estipuladas y, en definitiva, el reconocimiento de la regia soberanía».

En síntesis, todas las empresas —las del descubrimiento y las de la conquista— fueron en realidad servicios públicos que prolongaban una tradición, en su forma, medieval. Se atenían, concretamente, a la forma de las capitulaciones para la conquista de las islas Canarias o al formato de la transmisión de poderes a favor de los Reyes Católicos por parte del rey Boabdil tras la conquista de Granada. Aquí, como todos los estudiosos saben, la palabra capitular tiene ya el sentido del reconocimiento de una derrota. Quien capitula se desarma, baja la cabeza o entrega las armas y lo hace con la esperanza de obtener alguna consideración por parte del vencedor. En la capitulación para la conquista hay vencedores y vencidos. En la capitulación para el descubrimiento hay ordenación por capítulos de unas obligaciones.

Las capitulaciones para la conquista deben contemplarse en la perspectiva de los nuevos modos de capitular que habían sido vividos por los titulares de los poderes que en el sur de Italia se entregan en la persona de Gonzalo Fernández de Córdoba a los Reyes Católicos tras las victorias de Ceriñola y Garellano. Incluso hay que pensar en la incorporación de Navarra [2]. No es un azar que fuera el doctor salmantino don Juan López de Palacios Rubios quien legitimara, al mismo tiempo, aquella adhesión de los navarros y redactara el famoso requerimiento salido históricamente de la Junta de Burgos de 1512. El texto fue embarcado literalmente en la expedición de Pedrarias.

Las capitulaciones para la conquista tienen una intención fundadora de reinos nuevos. Desembocan necesariamente en un dualismo de autoridades. Cada nuevo reino se cargará de conflictos de desmedida violencia cuando choquen frontalmente los conquistadores contra los oficiales reales. La ejecución en Acla (Panamá) de Vasco Núñez de Balboa, por orden de Pedrarias, es todo un símbolo. El conquistador, más aún que el descubridor, se atreverá a defender sus derechos frente al alto funcionario del Rey. Lo hizo con energía Hernán Cortés frente al virrey don Antonio de Mendoza en un memorial fechado en 1540:

> (la capitulación)... es contrato oneroso que contiene recíproca obligación y V.A. según derecho es obligado al cumplimiento de lo que en su Real nombre ha sido contratado y capitulado conmigo tantos años ha, mayormente habiendo yo por mi parte cumplido y hecho tan enteramente todo aquello que fui y soy obligado a hacer.

Jaime Delgado, al comentar esta actitud arrogante de Cortés, terminará reconociendo, una vez más, que siempre estuvo por delante de la voluntad de los conquistadores y por encima de los méritos de cada conquistador la voluntad de la Corona. El conquistador se cree fuerte en su diálogo con los oficiales reales sólo cuando sabe que su interpretación de la voluntad de la Corona es más certera que la de su contradictor de turno, aunque sea el Virrey.

---

[2] L. Suárez Fernández, *Fernando el Católico y Navarra. El proceso de incorporación del reino a la Corona de España*. Rialp, Madrid, 1985. «Emplear en este punto el término anexión resulta abusivo y erróneo, pues la entronización de Fernando... fue un puro y simple cambio de dinastía» (p. 243).

EL HÁBITO CASTELLANO-LEONÉS DE LA REPOBLACIÓN

Naturalmente que Cortés no podía prever el desenlace que Felipe II, teóricamente todavía, pero con absoluta firmeza, le iba a dar a la noción misma de conquista en las Ordenanzas de 1573. Será Silvio A. Zavala, el tratadista de más prestigio de la Universidad de Méjico, quien lo destaque [3]:

> El Estado siguió la evolución de la teoría de la justicia de la guerra indiana y en las Ordenanzas de 1573 y en la Recopilación de 1680 ya no admitía la conquista como medio justo de penetración.

Y es que, desde el inicio de la conquista —pueden considerarse como antecedentes la conquista de Puerto Rico, la de Cuba o la de Tierra Firme, por Juan Ponce de León, Diego Velázquez de Cuéllar o Vasco Núñez de Balboa (tres operaciones tangentes en el tiempo al famoso requerimiento del doctor Palacios Rubios)—, todos viven pendientes del poder real.

> ...se trataba de imponer la autoridad del Rey frente a los intereses privados de los conquistadores, casi siempre divergentes entre sí, con el fin de organizar los nuevos territorios en verdaderos reinos de la Monarquía.

La conquista tenía —o había tenido—, entre las fechas-límite del descubrimiento (1492) y de las Ordenanzas de Felipe II (1573), un sentido preciso e inequívoco que le separaba del mero descubrir, pero que tampoco implicaba una declaración de guerra.

> Las fuentes contemporáneas al acontecimiento y la misma conciencia histórica que ellas reflejan no veían en esta palabra [dice Jaime Delgado] ninguna alusión implícita a guerra o violencia contra los indios.

---

[3] S. A. Zavala, *Las instituciones jurídicas en la conquista de América*, 3.ª ed. rev. y aum., Porrúa. Méjico, 1988.

La conquista para poblar se distanciaba del descubrimiento para comerciar en la medida en que por ella se fundaban nuevos reinos. Si se quiere utilizar la noción de dualismo imperial propia de Antonio Domínguez Ortiz, podría añadirse que hay conquista porque al Imperio español en Europa de Carlos de Gante se suma el Imperio de ultramar.

> La conquista [define Jaime Delgado] es la penetración en las tierras nuevas que pone en contacto y choque fecundo dos culturas distintas y que permite, junto con la ocupación material del territorio, el despliegue por su geografía de los valores humanos y políticos, culturales, de los hombres que a ese territorio llegan.

Claudio Sánchez Albornoz ha ofrecido en su obra magna, *España, un enigma histórico*, quizás demasiado marcada por el afán de contradecir la interpretación de la historia española dada por Américo Castro, una explicación del afán conquistador, a mi modo de ver, satisfactoria. La conquista americana prolonga y agiganta un hábito castellano-leonés de repoblación y de fundación que no se detiene en la resistencia adversaria, sino que la doblega por las armas.

Concretamente, en torno al concepto original de conquista española de América, no es a Américo Castro a quien se opone don Claudio, sino al historiador belga Verlinden, porque éste le daba demasiada importancia al preámbulo genovés [4].

> La presencia en Andalucía de un grupo de navegantes banqueros y mercaderes genoveses que sólo sabían de empresas mercantiles y bancarias, y el paso excepcional de algunos de ellos a Indias no influyó de modo digno de nota en las colonizaciones imperiales de los españoles... a lo largo de ocho siglos, como luego en América, toda la historia de la monarquía castellana fue una compleja sucesión de conquistas, de fundaciones de ciudades, de erecciones de sedes y cambios; de creación de instituciones de guerra y de gobierno; de mestizajes culturales y vitales: el trasplante de una raza, de una lengua, de una fe y de una civilización.

[4] C. de Verlinden, *Le «Requerimiento« et la «Paix Coloniale» dans l'Empire Espagnol d'Amérique*. Bruselas, 1961.

Hoy sabemos que hubo trasplante de una raza, de una lengua, de una fe y de una civilización. Es más, hoy preferiríamos que el trasplante se hubiera limitado al tránsito placentero desde un hallazgo (o un descubrimiento) hasta un poblamiento (o una fundación), sin el paso por el fenómeno ardiente y doloroso de la conquista. Pero nuestras actuales preferencias no ocultan, ni deben ocultar, unos hechos que históricamente se cruzaron para acelerar ese tránsito. En realidad, todo contribuyó a acelerarlo, desde las deficiencias estructurales del mundo indígena hasta las pasiones religiosas (o laicas) del mundo hispano. La evangelización no frenó el ímpetu conquistador porque ella misma carecía de frenos. Había detrás de todos (misioneros y soldados) un querer ser demasiado y un querer ser demasiado pronto tal como no ha vuelto a repetirse en la historia de España.

El rescate carece de grandeza en la perspectiva ética del Renacimiento español. El rescate era un negocio desigual donde ganaba mucho quien arriesgaba poco. La conquista, como alternativa al rescate, dejaba más tranquila a la conciencia, no por la magnitud del daño a la población india que indudablemente ocasionaba, sino por la inmensa capacidad de sufrimiento y riesgo que, evidentemente, la acompañaban.

EL CONQUISTADOR Y EL FUNCIONARIO

Nació el conquistador —escribe Salvador de Madariaga— con una pretensión de síntesis que, al inicio de la aventura, quizás podría demostrar la inutilidad del funcionario regio.

> El conquistador une en sí al guerrero y al funcionario, al burócrata y administrador con el hombre de capa y espada—... —armonizando dos tipos humanos distintos que, con el andar del tiempo, se harán en cierto modo irreconocibles en el gobierno de América.

El conquistador, como tipo humano irrepetible, se distancia en las Indias de quien carezca de voluntad de conquista en el sentido que la Corona ha pregonado y que, de hecho, practica: la fundación de reinos. Bernal Díaz del Castillo, ya anciano, se preguntará por la razón de ser de ese movimiento hacia adelante de los conquistadores que les hace pasearse peligrosamente por todos los espacios. Pedro de Alvarado, Hernando de Soto y Diego de Ordás serán los paradigmas del éxodo. Y el cronista lo señala de este modo:

> ¿De qué condición somos los españoles para no ir adelante y estarnos en partes que no tengamos provecho y guerras?

La razón de ser del movimiento hacia adelante del conquistador hay que buscarla en la actitud de la Corona. Los Reyes —no un solo Rey o una sola Reina— habían expresado vigorosamente su voluntad de engrandecimiento con la ocupación de las islas Canarias, la capitulación del reino de Granada, las campañas del Gran Capitán en Italia, las conquistas menores en el norte de África y la adhesión a Castilla y Aragón del reino de Navarra. Ningún conquistador fiel a los designios de la Corona podía detenerse en lo alcanzado sin saberse acreedor de una censura.

El conquistador, en la opinión de don Ramón Menéndez Pidal «mitad vikingo, mitad apóstol», constituye un tipo especial de ser humano que no volvió a producirse en la historia posterior ni en España, ni en el resto de Europa, ni en la propia América.

> No fueron demonios ni ángeles; ni el *proceso de destrucción* de que habla la leyenda negra ni el santo o el *caballero cruzado* de la leyenda blanca. Fueron hombres y hombres españoles de su época.

«El conquistador es —sigue diciendo Menéndez Pidal— una supervivencia medieval del cruzado y del caballero andante... el conquistador representa la principal aportación de hecho que España hace a los grandes ideales del Renacimiento». Como Jaime Delgado, también concede don Ramón que «los conquistadores encarnan históricamente el tránsito de la Edad Media a la Moderna, son hombres de frontera entre las dos edades».

El conquistador —despojado desde muy temprano de los reflejos del descubridor— está, según lo sabe observar Salvador de Madariaga, «hondamente penetrado por el sentimiento de la ley de la autoridad legítima». «Todos buscaron, con la sola excepción de Lope de Aguirre, en la palabra real la sanción de sus hechos». Todos quieren abrir una correspondencia epistolar con el emperador Carlos. Hablan, sobre todo Hernán Cortés, desde una fecha clave para su biografía —octubre de 1520—, de conquistar nuevos reinos para un monarca que ya es imperial. Piensan, como el extremeño, que Carlos I «ya se puede intitular de nuevo emperador de ella y con título y no menos mérito que el de Alemania, que por la gracia de Dios V.S.M. posee».

UN NÚCLEO REDUCIDO DE HOMBRES

No hubo, rigurosamente hablando, muchos conquistadores. Ni fueron conquistadores todos los miembros de aquella generación de españoles. Se dio un núcleo reducido de hombres de edad pareja, ganados a un tiempo (o en tiempos sucesivos) por el mismo afán fundacional de reinos que encontramos predominante en la biografía de Hernán Cortés. El grupo generacional —que de esto se trata— podría estar relacionado por sus nombres casi absolutamente siempre que aceptemos algunas exigencias para otorgar el título de conquistador.

El conquistador, para serlo de pleno derecho, ha de estar inmerso en una de las capitulaciones sucesivas legalizadas por la Corona o por sus representantes; ha de actuar armado y debidamente encuadrado en una hueste que se propone arrancar a la tierra su secreto; ha de tener el valor de protestar ante el Rey o sus funcionarios contra quienes en las Indias le estorban para que no sirva y ha de poseer la firme voluntad de dirigirse con armas y bagajes hacia algún poder indiano ya constituido en las Indias (azteca, inca, maya, araucano, etc.) cuya apariencia formal de Estado (o de Imperio) haga inmediatamente posible su conversión en nuevo reino de Su Majestad Católica. Los conquistadores, para serlo, deben fundar, no una ciudad aislada, sino un reino verdadero, allí donde había otra estructura sólida de poder.

El conquistador nos queda, pues, limitado, como objeto de estudio, a una sola generación de españoles. Resulta enmarcado temporalmente entre los protagonistas de las dos operaciones con las que no se identifica la conquista —la del rescate, a cargo de los primeros exploradores, y la de la fundación, a cargo de los oficiales reales—. La conquista, técnicamente, se nos convierte en algo parecido a una coyuntura, a un intermedio, a un interinato entre una teoría de la penetración y la práctica del enraizamiento.

La conquista es un intervalo. Un medio que el conquistador, a la vista de como están las cosas en el mar Caribe, considera tan necesario como conveniente, tan preciso como inevitable. En algún momento, dócil a los sentimientos amables de la Corona hacia los indios, el conquistador se inclina hacia el *protectorado* de la estructura indígena de poder, pero, al punto, abandona esta postura y la sustituye por la *transferencia* (total o plena) de la soberanía en su personal beneficio.

En primera instancia, el conquistador acepta que las capitulaciones para la ocupación permanente de una comarca le envuelvan legalmente en todas direcciones. No discute la prerrogativa de la Corona, aunque le llegue delegada en instituciones nuevas como la Casa de la Contratación de Sevilla, que es la que ajusta asientos y otorga licencias. Pero le dará un giro sustancial a la capitulación si logra implicar al Soberano y visitarle personalmente. La capitulación así obtenida será un arma muy fuerte que esgrimirá contra sus compañeros.

En segunda instancia, el conquistador sabe que tiene que conquistar tierras y hombres. Aquí es donde se introduce en la conquista una moral del éxito propia del Renacimiento, cuyo escenario deberá tener lugar en el espacio que, por obra y gracia de las bulas papales u otros títulos, considera propio de la Corona de Castilla. El fracaso, la tragedia y la consunción de hombres y recursos criban drásticamente la relación de los verdaderos conquistadores hasta dejarla reducida a los capitanes fundadores de algo importante.

En tercera instancia, la condición de conquistador se afirma y se confirma en la entidad política y guerrera de lo conquistado. No se conquista un desierto ni se aprecia demasiado a quien toma posesión de unas tribus pacíficas aterrorizadas. Ya el 16 de diciembre de 1501, la concesión por parte del Papa a los Reyes de España del goce de los diezmos de las Indias se justificaba éticamente en que «para facer las conquistas de las dichas islas e provincias os era forzoso haber de facer muchos gastos e pasar grandes peligros» [5]. Las bulas pontificias, al igual que las capitulaciones reales, premian el esfuerzo bélico heroico.

LA ACEPTACIÓN DE UNA NUEVA JERARQUÍA

El escritor mejicano Octavio Paz ha observado con admirable imparcialidad que hay una clave de homogeneidad en el comportamiento

---

[5] P. Castañeda, *La teocracia pontificial y la conquista de América*. Editorial Est. Vitoria, 1968.

de todos los conquistadores. Es la aceptación de alguna forma de jerarquía. A su juicio, la vigencia final de la jerarquía se superpone a todas las desorganizaciones y domina todas las gravísimas veleidades de los conquistadores:

> ...la presteza con que el Estado español —eliminando ambiciones de encomenderos, infidelidades de oidores y rivalidades de toda índole— recrea las nuevas posesiones a imagen y semejanza de la metrópoli, es tan asombrosa como la solidez del edificio social que construye.

Es cierto que la sociedad colonial que nació tras la conquista fue un orden hecho para durar mucho más que los conquistadores. Éstos, en sí mismos, estaban condenados a desaparecer a un ritmo increíblemente rápido. «Es un mundo —afirma Octavio Paz— suficiente, cerrado al exterior, pero abierto al cielo», el que el conquistador cree haber construido de una vez por todas con su toma de posesión de la tierra y de sus hombres.

Yo pienso que la obra de los conquistadores no llegó a tanto por sí sola. Fueron otros hombres, los radicalmente hostiles a ese modo de legitimar las operaciones de guerra (como Bartolomé de las Casas y Vasco de Quiroga), quienes, dialécticamente alzados contra ellos, clausuraron en pocas décadas su histórica vigencia. Pero serán unos terceros españoles, menos conocidos que los polemistas de ambos frentes, quienes terminarán por lograr un retorno a la utopía inicial, una penetración ajena a los rescates y capaz de convertirse en poblamiento y buena administración. Pero estos buenos gobernadores no hicieron suyas las reflexiones del dominico padre Vitoria y de la escuela de Salamanca hasta décadas después de la conquista.

Entonces, la expresión conquista ya había tomado descaradamente las notas que la tradición belicosa venía adjudicando a todas las demás conquistas e invasiones realizadas por el hombre antiguo o medieval. El parecido formal de la conquista americana con los movimientos de pueblos en la antigüedad clásica, con las afluencias a la Península de bárbaros y musulmanes de la época medieval y con los conflictos endémicos de soberanía entre la Cristiandad y el Islam, terminó imponiéndose en las Indias. Y la palabra misma, conquista, resultó proscrita por la Corona.

La guerra venía a ser —lo recuerda Silvio A. Zavala— el medio compulsivo para implantar los fines religiosos y políticos de los europeos en América y, por lo tanto, su empleo lícito dependía, en gran parte, de las conclusiones generales que se aceptaron sobre la invasión.

El desenlace hoy lo tenemos claro. Por obra y gracia de los conquistadores, la Corona de España había ganado para sí las provincias que aquellos fieles vasallos ganaban con su esfuerzo bélico heroico. La Corona, gracias a los muchos gastos y a los grandes peligros de las expediciones al interior del continente, obtenía, sin gastar apenas nada, reinos y rentas.

Nada tiene de extraño que, con este planteamiento (políticamente fácil para los consejeros de la Corona), el conquistador —y con él todos y cada uno de los miembros de sus huestes— se lanzara a la búsqueda de alguna compensación, tanto sobre las tierras como sobre los hombres, en la forma de repartimientos y encomiendas.

Alguien, sin embargo, cayó en la cuenta del progresivo abandono de los fines nobles y preparó la prohibición de 1573.

> Irán muchos —advertía el juez de Santo Domingo, Alonso de Zuazo— a se ofrecer a su costa a descubrir, porque el tal descubrir antes es soterrar las tierras y provincias debajo de la tierra y antes oscurecerlas y aclararlas que descubrirlas.

La Corona terminaría decretando el inequívoco precepto XIII de las Ordenanzas de nuevos descubrimientos y poblaciones en 1573. Aquel juego de palabras del licenciado Alonso de Zuazo, un hombre del cardenal Cisneros —descubrir versus soterrar— será asumido por el poder real.

> Las personas que fueren a descubrimientos por mar o por tierra tomen posesión en nuestro nombre de todas las tierras de las provincias y partes a donde llegaren y saltaren en tierra; haciendo la solemnidad y autos necesarios, de los cuales traigan fe e testimonio en pública forma e manera que haya fe.

Todo queda, como al principio, en toma irrenunciable de posesión. Cautamente, al hablar en la misma ordenanza de la encomienda de una conquista, el afán de descubrir sigue a la vista. Lo soterrado es la conquista por las armas, concretamente aquello en lo que la conquista se había convertido de hecho. El precepto XXIX lo dice sin dar alternativas a cualquier otra interpretación de la voluntad de la Corona:

> Los descubrimientos no se den a título y con nombre de conquista, pues habiéndose de hacer con tanta paz y caridad como deseamos no queremos que el nombre dé ocasión ni color para que se pueda hacer fuerza ni agravio a los indios.

La fecha de publicación de esta ordenanza modélica, orgullo de la nación que la redacta y vigila su cumplimiento, no podía ocultar la realidad anterior. Durante tres décadas (1512-1542) había habido conquista y conquistadores. El estudioso de la generación de la conquista tiene hoy la fortuna de conocer los límites cronológicos de su investigación, que de ningún modo pueden rebasar el año de la Ordenanza (1573) ni partir del hecho del Descubrimiento (1492). La horquilla puede estrecharse entre 1512 (Junta de Burgos) y 1542 (muerte de Francisco Pizarro). Dentro de ella caben los capitanes, los cabos y los mílites o conquistadores de que hablaba Maquiavelo en el *Arte de la guerra* por esos mismos años.

LOS CAPITANES DE LAS HUESTES

Por razones de decoro y de respeto a la realidad histórica cualquier descripción o interpretación de las hazañas cumplidas por la generación de la conquista deberá dirigirse con preferencia hacia las personalidades que más y mejor conquistaron reinos para la Corona de España. El vértice del fenómeno de la conquista está inexorablemente ocupado por quienes con más ahínco y ardor se enfrentaron con los poderes aborígenes previamente constituidos en las Indias Occidentales y los suplantaron.

La generación de la conquista fue, en sus líneas maestras, una generación de capitanes de huestes. Sus componentes se articulan para la más nítida comprensión de sus tareas en cuatro períodos o ciclos —el *ciclo de Pedrarias Dávila*, cuyo epicentro fue Tierra Firme (Castilla del Oro); el *ciclo de Hernán Cortés*, audazmente instalado en la capital del

Imperio azteca (Nueva España); el *ciclo de Francisco Pizarro*, también llevado con audacia al corazón del Incario (Perú); y el *ciclo de Pedro de Valdivia*, azarosamente inscrito en las tierras de Chile (Nueva Extremadura).

Ahora bien, la estructura jerárquica de las huestes nos obliga a una fundamental distinción de origen estratégico. En la conquista, además de grandes conductores de operaciones, había mandos de unidades importantes, y hubo fracciones notables de dichas unidades. Consecuentemente, los conductores de operaciones de envergadura han pasado a la historia como *grandes capitanes*. Los mandos de relieve lo han hecho como *capitanes mayores* de la conquista. Junto a ellos, se constituyó un núcleo de subordinados que ejercían sus capitanías en tono menor, los *capitanes menores*.

En total, los capitanes suman tres o cuatro docenas de nombres al frente de lo que se llamó soldados, aunque eran *mílites indianos*. Estos soldados, más tarde denominados también conquistadores por analogía, sufren inmensas bajas tras saltar de hueste en hueste en busca de fortuna y de fama. No pasan de ser unos 3.000 hombres diferentes. Aunque hubo soldados de varias nacionalidades, queda históricamente claro que casi todos eran españoles. La españolidad del conquistador es su nota constitutiva. Nadie discute que la seña de identidad más inequívoca del conquistador sea su condición de español.

Francisco de Solano, director del Centro de Estudios Históricos del Consejo Superior de Investigaciones Científicas de Madrid, en un libro audaz y sincero, *El conquistador hispano. Señas de identidad*, nos ha introducido en lo que llama «proceso histórico al conquistador». El libro nació en Sevilla con ocasión del quinto centenario del nacimiento de Hernán Cortés [6]. Solano destaca un rasgo muy significativo:

> De entre las cinco naciones de la Europa Occidental, invasoras de América, solamente a los españoles se les reconoce como conquistadores... El conquistador es figura y definición genuinamente española y a su hazaña se la conoce por «conquista» incluso en idiomas extranjeros... Solamente tiene nombre propio el colono-soldado español que se enrola en una empresa de penetración en el territorio.

[6] F. de Solano, *Proceso histórico al conquistador. El conquistador hispano: señas de identidad*, Alianza. Madrid, 1988.

El conquistador de Francisco Solano «está, asimismo, delimitado por las fechas —desde 1506 (conquista de la isla de Puerto Rico) a 1573—, en que Felipe II sanciona unas *Nuevas Ordenanzas de Descubrimiento y Población*, documento capital por el que se considera concluido el período ocupacional y conquistador para pasar al de pacificación».

LOS MÍLITES INDIANOS, HIJOS DE ESPAÑA

Parece, pues, como si una mala conciencia en cuatro de las cinco naciones europeas invasoras de América actuara decidida a cerrar un paréntesis eliminatorio de sus propios conquistadores. Se quiere expulsarlos de la historia. Del tríptico que existió en la realidad, en las cinco realidades nacionales —descubrimiento, seguido de conquista, y conquista consolidada como poblamiento—, se quiere hacer en cuatro de ellas un díptico o un binomio; el que vincula al descubrir con el poblar sin mayores problemas violentos.

Esta operación psicológica de distanciamiento y ocultación del conquistador no tuvo éxito entre los sinceros españoles de ayer, ni debe tenerlo hoy, ni tendrá resultado alguno el día de mañana:

> Portugueses, ingleses, franceses y holandeses ocuparon tierras en diferentes espacios americanos, teniendo sus soldados y cuerpos defensivos; pero éstos, tan guerreros y conquistadores como los soldados de España, no tienen sustantivo específico que los califique.

En rigor, los conquistadores españoles no eran tampoco soldados de España, sino hijos de españoles. La expresión que usa Solano indica amablemente una voluntad profunda de solidaridad con España que, de modo certero, se opone al cortocircuito descubrimiento-población. Los conquistadores son *mílites*, combaten, son *hombres de armas*, obedecen, están *sujetos a la autoridad*. Pero no son soldados más que en una pequeña medida. Algunos empezaron siendo reclutados (o enrolados) en torno a los reinos peninsulares, pero quienes empezaron de este modo su aventura americana no son precisamente los que más brillantemente ejercerán de conquistadores. Los soldados españoles en América aparecerán más tarde, como los elementos de una política de defensa de Indias —guarniciones militares fijas a sueldo de la Corona—, que no serán numéricamente patentes hasta la segunda mitad del siglo XVI, es decir, cuando oficialmente no quedaban conquistadores en ejercicio.

Sólo España, ayudada por el vacío o hueco que Portugal, Inglaterra, Francia y Holanda engendran al ocultar su actividad conquistadora, ha decidido noble y valientemente dar a conocer quiénes fueron sus conquistadores; cuántos eran en realidad; dónde vinieron a nacer; y dónde acabaron muriendo al final de sus agitadas y desconcertantes biografías. A los españoles de los últimos cinco siglos no se les ha agotado la voluntad de acogimiento de esos puñados de seres humanos que, para todos nosotros, son antes *hijos de España* que *soldados de España*.

El conquistador nace entre dos fechas bastante próximas —escribe Solano—, entre 1460 y 1530. El grupo conquistador, numéricamente corto, se distribuye entre 1460 —fecha del nacimiento de Juan Ponce de León, el vallisoletano conquistador de Puerto Rico y descubridor de la Florida— y 1528, fecha del nacimiento del vasco Juan de Garay, fundador del segundo Buenos Aires. Entre ambas fechas nacen mayoritariamente en España los protagonistas de la formidable penetración y ocupación del continente americano.

Pienso que el período de fechas señalado (1460-1530) resulta demasiado omnicomprensivo. Para que pueda hablarse de una sola generación hay que apretar mucho más la horquilla. Lo que ocurrió en las Indias es que algunos soldados o guerreros, muy veteranos ya —más bien epítomes de la generación de los descubridores—, resultaron absorbidos entre los más duros combatientes al servicio de la conquista. Ponce de León, Pedro Arias de Ávila (Pedrarias) y Gonzalo de Carvajal tienen muy poco en común con los adolescentes de la conquista, a su vez epítomes de la generación de los pobladores. Tanto Cristóbal de Olea, la figura predilecta del también medinense Bernal Díaz del Castillo, como Diego de Almagro el Mozo o Juan de Garay vienen a la historia más tarde que los verdaderos conquistadores. Intentan con distinta fortuna repetir las hazañas y prolongar en el tiempo lo que admiraron sus juveniles ojos, pero no ocupan el epicentro de la generación de la conquista.

La generación de la conquista tuvo dos grupos generacionales: el grupo *senior* y el grupo *junior*, cuyas fechas de nacimiento quedan respectivamente ligadas a las del principio y el fin del reinado de Isabel la Católica (1474-1504). Casualmente, entre los dos grupos se produjo un vacío que favorece esa clásica diferenciación senior-junior.

La hazaña que los califica como conquistadores es, exactamente, una conquista. De aquí que en la cronología de los hechos que merecen estos dos nombres (hazaña y conquista) esté la clave de la generación; porque hubo, además, acciones que por su propia naturaleza nada tuvieron de conquista hazañosa, por violentas que resultaran ser. El choque armado con indios agrupados que se oponen a una expedición, a una exploración o a un nuevo reconocimiento no marca a la acción como conquistadora. Es necesario que al hecho de combatir acompañe la voluntad de conquistar, es decir, el afán manifiesto de proceder a una transferencia de soberanía.

La voluntad de anexión de tierras y hombres estaba implícita ya en la decisión, tan discutida y discutible, de Cristóbal Colón en su primer viaje de dejar a un núcleo de españoles en una isla del Caribe antes de regresar a España. Pero tardó en ser explícita. Los historiadores de Indias hacen muy bien en demorar hasta las fechas de la conquista de Puerto Rico por Ponce de León (o de la que sería la última expedición de Alonso de Ojeda a Tierra Firme) el certificado de una voluntad de ocupación permanente. Es conveniente, para alcanzar una cabal interpretación del fenómeno de la conquista, forjar un hueco o un vacío dentro del ritmo de anexiones que englobe al período exclusivamente descubridor —en el fondo nunca absolutamente puro— y marcar una diferencia entre las fechas de la conquista propiamente dicha (1512-1542) y las dilataciones de esas conquistas de reinos (propias de la segunda mitad del siglo XVI).

Toda empresa histórica cuenta con antecedentes y consiguientes. Los antecedentes, aquí, son *descubrimientos* y los consiguientes, ahora, se llaman *fundaciones*. La empresa conquistadora fue un cortocircuito que también afectó a la presencia española en el océano Pacífico, entre el descubrir y el poblar. Cada conquista en particular, por rápida o dilatada que fuera, exhibía la constancia y la evidencia de un momento en que sólo se conquista y todo queda en las manos de los conquistadores. La generación de la conquista se revelará al conocimiento del historiador con tanta mayor nitidez cuanto más y mejor éste sepa quedarse dentro de ese momento en que casi todo se explica por los hechos de armas. Éste es el lugar común donde podría fijarse una correcta historia militar para el análisis de las operaciones bélicas.

Demetrio Ramos todavía es más estricto que nosotros a la hora de poner fecha a la «época de la conquista». Para él llegaron a sucederse todas estas situaciones que me limito a relacionar:

I. La época colombina, caracterizada por su pretensión asiatista.
II. La época de los gobernadores generales, caracterizada por el protagonismo de la Corona.
III. La época renovadora, marcada por las leyes de Burgos y Valladolid para la regulación del régimen de las encomiendas.
IV. La época de los jerónimos, marcada por el desbordamiento de las pequeñas conquistas.
V. La época del cambio de dinastía, definida por la irrupción de los grandes grupos financieros, como los Welser y los Fugger.
VI. La época de la conquista, caracterizada por el impulso de penetración en el continente.
VII. La época de la crisis de las Leyes Nuevas, matizada por la transacción entre los encomenderos y los moralistas.
VIII. La época de la dificultosa consolidación, matizada por la implantación del régimen de patronato.
IX. La época reordenadora, decidida a la recopilación y reordenación legal.
X. La época impulsada a mantener a toda costa un sistema de seguridad compensador de la pérdida de la superioridad naval.

Como vemos, «la época de la conquista propiamente dicha», para Demetrio Ramos, sólo ocupa uno de los diez tramos del recorrido [7]. No obstante, nos parece conveniente la aceptación de un marco temporal más amplio, que es al que vamos a atenernos nosotros. Nuestra generación de la conquista se localizará sobre las cuatro o cinco etapas centrales del desglose de las épocas tan finamente elaborado por uno de nuestros más lúcidos americanistas.

---

[7] D. Ramos, «Los viajes de descubrimiento y rescate hasta el plan de 1501. La etapa de los Gobernadores Generales». *Historia General de España y América*, tomo VII, Rialp. Madrid, 1980.

Ámbitos y períodos de la conquista

El proceso conquistador se aplicó sucesivamente a tres ámbitos cuyo orden de citación se ajusta a la cronología de las operaciones militares.

1. Las Antillas y el mundo circuncaribeño, que es el de las *primeras conquistas*.
2. Las áreas de las grandes culturas: azteca, inca, maya y chichimeca, que es el de las *conquistas más notables*.
3. Los espacios periféricos a las grandes culturas, que es el de las *dilataciones de la conquista*.

El primer ámbito, fatalmente castigado por una ruina demográfica de alcance descomunal, precede, en tanto que confrontación armada, a la hora de las grandes conquistas. Recoge la actividad viajera del período 1492-1519. El hecho sobresaliente que decanta las voluntades hacia el ideal conquistador lo protagoniza Vasco Núñez de Balboa al asumir la conducción al istmo de los restos de las expediciones de Alonso de Ojeda y de Diego de Nicuesa, ambas salidas de *La Española*. El descubrimiento del Mar del Sur deja atrás todo lo que han ido obteniendo con técnicas de rescate Alonso de Ojeda, Ponce de León, Juan de Grijalba, Diego Velázquez de Cuéllar... En su estela revivirá cuanto pretendieron fundar Pánfilo de Narváez y Hernando de Soto, unos años más tarde, al norte de Cuba.

Es el ámbito de las *primeras conquistas* caribeñas, al que se volverá después de los espectaculares avances de Cortés y de Pizarro por Méjico y Perú. La más nutrida participación de extranjeros (Venezuela) se apoyará en lo conseguido en aquellas primeras entradas hacia el Sur para perforar, a partir del mundo circuncaribeño, idénticos espacios a los que tendería la dilatación de las grandes conquistas desde sus específicos focos de expansión. El mito de El Dorado será el punto de apoyo de todas las efervescencias exploradoras.

El segundo ámbito —el de las *grandes conquistas*— queda históricamente vinculado al conocimiento y reclamo de las grandes culturas americanas. El salto de Vasco Núñez de Balboa al océano Pacífico es el que lo hace posible. La llegada de la expedición más numerosa desde la Península, la de Pedrarias en 1514, introdujo una prisa expansiva en cuatro direcciones tierra adentro, correspondientes a los cuatro períodos:

a) La que imprime desde el *istmo* el propio Pedrarias.
b) La que seguirá Hernán Cortés desde la *isla de Cozumel.*
c) La que emprende Francisco Pizarro *hacia Túmbez.*
d) La que Valdivia prolonga *hacia el sur de Chile.*

Los 30 años regidos por este reclamo —la conquista del territorio de las grandes culturas continentales (1520-1550)— están cargados de acontecimientos. Para su comprensión es bueno distinguir cuatro períodos no precisamente sucesivos, pero sí escalonados en el tiempo, a cuyo frente podemos situar cuatro personalidades —Pedrarias, Cortés, Pizarro y Valdivia— altamente dotadas para dar impulso a la empresa.

Los cuatro períodos del segundo ámbito revelan cuatro modos de entender la conquista. Pedrarias juega desde atrás y lo hace poniendo el peso de sus títulos oficiales como factor decisivo en la balanza. Cortés lo hará asumiendo inmensas responsabilidades en obsesiva búsqueda del amparo de la Corona. Pizarro imita a Cortés, pero sin su dialéctica, confiado en que la fortuna ayuda a quien se mantiene en primera línea. Valdivia, francamente, tomará el camino de las fundaciones estables en correspondencia con su mayor grado de profesionalidad castrense.

Durante el primer período (o ciclo de *Pedrarias*), la clave conquistadora radica en el istmo de Panamá. Pedrarias envía expediciones y huestes en múltiples direcciones. Se abandona el antecedente directriz de la isla Española, ya transferido a la isla de Cuba por Diego Velázquez de Cuéllar. Las rutas Norte o Sur y Poniente o Levante serán direcciones que se alternen en las pretensiones de Pedrarias. Unas veces insiste en el espacio que queda dentro del seno mejicano (y que apunta desde Santa María de Darién a Tierra Firme sobre las desembocaduras de los ríos Cauca y Magdalena). Otras, se obsesiona con ganar leguas hacia Nicaragua desde Panamá, para finalmente tolerar que, desde Acla, los conquistadores de raza (como Pizarro) busquen por las costas del Pacífico, hacia el Sur, el imperio de los incas. Sus capitanes mayores (Enciso, Montejo, Belalcázar) actuarán bajo la vigilancia del licenciado Gaspar de Espinosa y de los demás oficiales reales. Pascual de Andagoya marcará las pautas más ricas en consecuencias.

Durante el segundo período (o *ciclo de Hernán Cortés*) se construye de una vez por todas el modelo del conquistador. Los capitanes mayores de Hernán Cortés —Pedro de Alvarado, Gonzalo de Sandoval y Cristóbal de Olid—, bien secundados por los capitanes menores —Juan de Escalante, Diego de Ordás, Francisco de Lugo, etc.—, actúan como discípulos de aquel maestro de la «conquista» y de la «encomienda». Todos los que sobreviven a las horas amargas harán de su tarea una dilatación de las conquistas. Algunos no se conforman con la expansión desde Tenochtitlán (Méjico), sino que prueban a adueñarse de los otros ámbitos en cuestión. Para ellos, la acción conquistadora se ha convertido en una profesión. Será fácil ver a los capitanes de Cortés (Alvarado, Ordás, etc.) a muchas leguas de los confines mejicanos.

Durante el tercer período (o *ciclo de Francisco Pizarro*) se repiten estructuras, coyunturas y acontecimientos. Incluso puede decirse que el grado en Perú de legitimidad (o de oficialidad) de la empresa es más alto que el de la conquista de Méjico. No hay ruptura, sino alargamiento hasta límites de elasticidad increíbles, de la cadena de mandos anclada en Panamá. La estrategia psicológica de Pizarro se fundamenta en la permanencia en primera línea de la voluntad del más fuerte y en la búsqueda oportuna del respaldo jurídico, cerca del Emperador, a ese modo de operar.

Los capitanes mayores de Pizarro (Diego de Almagro, Hernando Pizarro y Hernando de Soto), secundados en los momentos críticos por los capitanes menores (en principio, Juan y Gonzalo Pizarro, Rodrigo Orgóñez, Pedro de Candía y Francisco de Carvajal) van a encontrar un triste epílogo a sus aventuras personales. Pero entre todos no derrumbarán el edificio que la Corona pretende sea sostenido por sus adelantados, gobernadores y virreyes. Será la del Perú una conquista grande, aunque cerrada con los estertores de una endémica guerra civil desmoralizadora. La labor paciente de un clérigo, don Pedro de La Gasca, impondrá la autoridad real.

Durante el cuarto período (o *ciclo de Pedro de Valdivia*) la *dilatación de la conquista* toma un sesgo original y un ritmo lento. Alonso de Ercilla la convirtió en la epopeya de los indios de Arauco. El ciclo sirve de modelo a otras dilataciones donde caben nombres diferentes. A los nombres de los capitanes a las órdenes del ilustre soldado —Jerónimo de Alderete, Francisco de Villagrán, Pedro Sancho de Hoz y Alonso de Monroy— siguen otros nombres de conquistadores que encontrarán su oportunidad en territorios pertenecientes al otro ámbito general, al de las periferias de las grandes culturas (Quesada, Federmann, Orellana, etcétera).

En el ámbito de las periferias —el tercer gran ámbito de nuestro esquema— encontrarán su oportunidad conquistadora otros muchos nombres de capitanes que, en parte, habían sido formados a las órdenes de los cuatro capitanes de la época central de la conquista (Pedrarias, Cortés, Pizarro y Valdivia). Los focos expansivos siguen siendo los de siempre —los cita Morales Padrón— a partir de la fecha de activación de cada uno de ellos. Lo nuevo es la gesta de algún hombre excepcional incorporado a la conquista por los resquicios dejados entre los dos primeros ámbitos, el caribeño y el continental.

El más importante foco expansivo

La conquista, en definitiva, antes de alcanzar a California, Florida, las islas Filipinas y el Río de la Plata, había tenido (entre 1513 y 1519) su más importante foco expansivo en los dos flancos del istmo de Panamá: Darién y Acla. Había alcanzado con alta cota de efectividad al operar desde la meseta triangular de Méjico (entre 1520 y 1521). Había convivido con el foco excéntrico y disputado de Guatemala (en 1524). Había sembrado inmensas posibilidades de penetración en Tierra Firme, tanto con base en Santa Marta (1525) como en Coro (1527). Luego, a partir de 1533, se vinculó a Cartagena de Indias. En algún momento renacerá el ideal conquistador en el arrabal de América que siempre fueron las *islas inútiles* de las Antillas menores para terminar dando por bueno y útil el punto de expansión del Río de la Plata (alcanzado en 1536, pero activado sólo dos décadas más tarde).

Será la hora de Álvar Núñez Cabeza de Vaca, de Jiménez Quesada, de Federmann, de Orellana, etc. Se asocia con espasmódicos desplazamientos de huestes, unas huestes que se cargan de bajas en las más duras jornadas de reconocimiento que ha conocido la historia.

Hoy es inútil darle vueltas al fenómeno social que se superpuso al esfuerzo anexionista, pero podemos concluir que todo se hizo a las órdenes directas de dos o tres docenas de *capitanes* de extraordinaria valía. Los actores de la empresa apenas pasaron de ser dos o tres mil *mílites indianos*. En su mayor parte sucumbieron sin ver coronados sus afanes, tras dejar sus cuerpos muertos tendidos a lo largo de inacabables itinerarios o en altares para el sacrificio.

No hay que confundir al jefe de una expedición de saqueo (o de caza de esclavos) con un hombre de la conquista. Tampoco será hombre de conquista cualquier miembro de las expediciones reales. Desde la Península salieron expediciones en son de guerra que transportaban soldados a sueldo de la Corona, en muy notable medida y casi siempre a imitación del segundo viaje de Colón, el viaje que reunió más nombres señeros de descubridores y conquistadores. La expedición de Pedrarias, más hipertrófica aún que la de Nicolás de Ovando, se lleva la palma, por la cuantía de sus voluntarios, así como de los efectivos sobrevivientes. Otro tanto cabe decir de la que tuvo a su frente al virrey Hurtado de Mendoza. Pero, en definitiva, no fueron éstas las verdaderas matrices de las huestes conquistadoras. De ellas surgieron múltiples capitanes que luego darían extraordinario juego. Las decisivas fueron no las expediciones reales —nunca caracterizadas por la continuidad del impulso que la Corona delega en aristócratas o vecinos—, sino las de corto recorrido, con base en las Indias, laboriosamente reunidas en aquellos ámbitos —el caribeño, el continental y el periférico indiano—.

La emigración entre 1492 y 1520 lleva al primer ámbito de la «conquista» —a las Antillas y al mundo circuncaribeño— no más de unos 5.500 hombres de toda condición. Si se restan, por poco eficaces, las cifras superiores a un millar de cada una de las grandes expediciones, como las de Colón, Ovando y Pedrarias, puede percibirse que tuvieron que ser muy pocos —unos centenares— los hombres que conquistaron, de hecho, las Indias, cumpliendo las directrices de nada menos que 32 autoridades civiles y 93 capitanes de pequeñas huestes ya catalogadas entre las dos fechas citadas. Unos centenares de hombres armados cubrieron las empresas de exploración y rescate que, con base en La Española (Santo Domingo), ganaron para la Corona: Puerto Rico, Cuba, Jamaica, Tierra Firme, Panamá y Florida, casi en el instante mismo en que Cortés abordaba a Moctezuma. Fue un grupo exiguo de presuntos combatientes el que asumió la responsabilidad de la «conquista» a sabiendas de que lo hacían en un medio hostil. Estos hombres cambiaban de hueste y probaban, una y otra vez, fortuna con un nuevo capitán.

La emigración de cristianos —durante un tiempo éste es el nombre utilizado por cronistas y funcionarios— fue algo más intensa entre 1520 y 1539, que es cuando se asalta impetuosamente el segundo ámbito de la conquista —el de las grandes culturas azteca, inca, maya y chibcha—. Ahora hay una base más sólida para la alimentación de las huestes, lo que permitirá a Cortés realizar movimientos hacia el norte de Méjico (Nueva Galicia y Guadalajara) o hacia el sur de la capital azteca (Guatemala y Honduras).

Del mismo bloque de emigrantes recibirá refuerzos Francisco Pizarro, bien aderezados por el incansable hombre de su primera retaguardia que fue Diego de Almagro, desde Panamá. La búsqueda de los grandes mitos de El Dorado y del País de la Canela se hará con estos efectivos nuevos, que no sólo seguirán a Belalcázar desde San Miguel de Paira a Quito, sino que también se enrolarán en Coro, Santa Marta y Cartagena de Indias para subir al altiplano. Muy distinto sería el destino de la gran expedición del granadino Pedro de Mendoza en 1535, que no logrará cubrir ningún objetivo importante en el Río de la Plata. Estaba marcada por el triste sino de todas las expediciones reales que llevaban gran número de soldados a sueldo.

Y es que el conquistador válido no puede ser *chapetón* (recién llegado), sino *baquiano* (experto y curtido). Lo había advertido, antes que nadie, Vasco Núñez de Balboa, siempre hostil a que sus peticiones de hombres de refuerzo le llegaran directamente de la Península. La figura del conquistador se forjaba en las Indias. Lo único problemático era la vertebración de los esfuerzos en pos de hombres capacitados para mandarles con autoridad.

La estrategia de la conquista exigía un relevo de trascendencia histórica entre los capitanes. No valían para ello los designados por la burocracia estatal, sino los promovidos desde las bases de las huestes, ni se podía aceptar como única base geográfica de partida la estratégica isla Española. La acción decidida de Pedrarias, eliminando a Balboa, pero aceptando con base propia aquella posición geográfica; la acción paciente de Cortés, rompiendo la dependencia cubana de Diego Velázquez, pero sirviéndose de sus excedentes humanos; la acción audaz de Pizarro, desbordando los propósitos de los sucesores de Pedrarias en los confines de Panamá; y la acción serena de Valdivia, asumiendo una responsabilidad en solitario cargada de grandeza, están en la raíz de los éxitos de la época central de las conquistas.

La emigración en la hora del abordaje al tercer ámbito —el de las dilataciones de la «conquista»— fue la más alta. Sumaría 9.000 emigrantes más en los años centrales del siglo XVI. Pero no todos los recién llegados fueron conquistadores. Serán suficientes unos centenares para la ocupación solemne del Nuevo Reino de Granada, tras la lenta afluencia al Yucatán, a Nueva Vizcaya y a Nuevo Méjico. Tres grandes expediciones, hábiles en el juego abierto a favor de los oficiales reales por la voluntad inexorable de la Corona —las de Federmann, Jiménez de Quesada y el inevitable Belalcázar—, lograrán, antes de que Valdivia resulte muerto, dejando sin coronar su obra en Chile, consolidar en el continente una posición firme.

II

LOS CONQUISTADORES

> Mandó que Pedro de Alvarado fuese por capitán
> de ciento cincuenta soldados de espada y rodela y
> muchos llevaban lanzas y les dio treinta de a ca-
> ballo y diez y ocho escopeteros y ballesteros y
> nombró que fuesen juntamente con él a Jorge de
> Alvarado, su hermano y a Gutierre de Badajoz y a
> Andrés de Monjáraz, y éstos mandó que fuesen de
> capitanes de cada cincuenta soldados y que repar-
> tiesen entre todos tres los escopeteros y balleste-
> ros, tanto a una capitanía como a otra; y que el
> Pedro de Alvarado fuese capitán de los de a caba-
> llo y general de las tres capitanías y le dio ocho
> mil tlascaltecas con sus capitanes, y a mí me se-
> ñaló y mandó que fuese con el Pedro de Alvara-
> do, y que fuésemos a poner sitio en la ciudad de
> Tacuba... Pasemos a otra capitanía. Dio a Cristó-
> bal de Olí, que era maestre de campo otros treinta
> de a caballo y ciento setenta y cinco soldados y
> veinte escopeteros y ballesteros... y le nombró
> otros tres capitanes que fueron Andrés de Tapia y
> Francisco Verdugo y Francisco de Lugo...
>
> (B. Díaz del Castillo, *Historia verdadera de la
> conquista de la Nueva España,* capítulo CL, p. 50
> del tomo 2b de la 2a. ed. de Historia 16. Madrid,
> noviembre, 1984.)

Primeras conquistas, grandes conquistas y dilataciones de la conquista engloban las hazañas concretas y los hechos sobresalientes de
una generación de conquistadores en la que procede distinguir, como
hacía Maquiavelo en *El arte de la guerra,* entre grandes capitanes, capitanes mayores y capitanes menores, al frente de unas huestes de mílites
que tienen, además, sus cabos de cuadrilla o cuadrilleros. Los mílites
indianos —éste es el nombre que daremos a quienes a sí mismo se die-

ron en las crónicas de Indias el nombre de soldados—, destacarán sobre sus capitanes por lo inmenso de su capacidad de sufrimiento, por lo asombroso de sus posibilidades de recuperación y por lo estoico y conformado de su caminar hacia el bienestar material, la fama y la honra. Si duro fue el destino de los capitanes de las huestes, más cruel sería el sino de los mílites, a veces marcado por la tortura en un ara sacrificial [1].

Los mílites indianos, en principio, aspiran a alcanzar a cualquier precio la condición de capitanes de hueste. El paradigma (o modelo) del capitán de la conquista se situará todavía más alto. Tendrá su encarnación en el héroe renacentista y en la figura del emperador Carlos. Todos, mílites y capitanes, se distinguen por el afán de servir o de mandar a su servicio, y también por una personalísima manera de obedecer que se verá circunscrita a la obediencia de las órdenes de algún tipo de héroe. Rara vez se conforman con ser mandados por otro que no sea el más alto, o en su defecto, el que posee títulos para mandar emanados de la Corona. Todos pugnan por convertirse en subordinados directos del Rey Católico o del emperador Carlos.

La juventud extrema del candidato a conquistador no favorece este juego ceremonioso de aproximación al titular de la Corona, antes bien lo perturba. De aquí la sorpresa que produce el análisis de la edad media de los capitanes de hueste que serán mejor tratados por la Corona.

> La Conquista es, por el contrario —afirma un buen conocedor de sus hombres, Francisco de Solano—, obra de colonos, soldados ya de edad madura; en esa donde no tienen cabida la irreflexión, ni la frivolidad o los impulsos propios de una edad más joven que justifique una pasión por la aventura y una gran curiosidad por lo desconocido. El conquistador es un reflexivo hombre ya maduro: en algunos casos verdadero hombre ya anciano, metido a peleador por un paisaje erizado de dificultades permanentes.

---

[1] F. Morales Padrón, *Los conquistadores de América*, Colección Austral, núm. 1.565. Madrid, 1974.

LAS CUALIDADES DEL CONQUISTADOR

La mayor parte de los conquistadores —queremos decir de los capitanes— tiene entre 39 y 45 años al inicio de su aventura. Tal será el caso de Hernán Cortés, de Pedro de Alvarado, de Pedro de Mendoza, de Álvar Núñez Cabeza de Vaca y de Pánfilo de Narváez. También caben en esta horquilla de edades Vázquez Coronado, Diego de Rojas y Núñez de Balboa [2].

Pero también hay —observa Francisco de Solano— bastantes conquistadores que tienen edades elevadas: Pedrarias Dávila empieza sus conquistas con setenta y cinco; Francisco Pizarro tenía cincuenta y cinco al iniciar sus preparativos de penetración en Perú, y Sebastián de Belalcázar tenía más de cincuenta cuando se empecina en la conquista de Quito y Popayán.

La pirámide de edades de la *hueste ideal* que forman y conducen los capitanes de la conquista para lograr objetivos medios —una hueste ni larga ni corta, es decir, de menos de 200 españoles— rompe los moldes de lo que estaba siendo en la Italia del Gran Capitán la compañía de los Tercios. El capitán de la hueste indiana es más viejo que la mayoría de los capitanes vencedores en Ceriñola, Garellano y Gaeta. Manda, si la hueste es corta, muchos menos hombres, la tercera o la cuarta parte de aquellas compañías de piqueros, rodeleros y arcabuceros. Difícilmente conduce a más de medio centenar de hombres, lo que, en términos orgánicos, quiere decir que el capitán de la *hueste ideal* manda en tres capitanes de huestes cortas y no sólo en soldados sin graduación como aquellos que arruinaron en Nápoles, con su disciplina y buen orden, el prestigio de la caballería medieval francesa. La hueste indiana está saturada de mandos intermedios; su mera existencia será el síntoma inequívoco de que nos hallamos ante una impresionante movilidad social ascendente, tal como nunca pudo ser apreciada en Milán, Lepanto o Flandes por el emperador Carlos I o por el rey Felipe II.

---

[2] F. de Solano, «El conquistador hispano: señas de identidad», en *Proceso histórico al conquistador*, Alianza. Madrid, 1988.

La hueste ideal —pueden utilizarse las que forja en Chile Pedro de Valdivia como piezas de un ejército que sumaba 2.691 hombres— intenta recoger en su beneficio las experiencias de las guerras de Italia. Es una fuerza destacada para misiones de media duración —semanas o meses— que cuenta con algo más de 100 veteranos. Llamaremos *hueste larga* a la que supere en mucho esta cifra y *hueste corta* a la que apenas se separe del centenar. Todos los conquistadores querían formar parte de huestes ideales igualmente alejadas de aquellos dos extremos indeseables por peligrosos. Sergio Vergara ha reunido datos ilustrativos de particular claridad [3].

Una cuarta parte de los mílites indianos de las experimentadas huestes de Valdivia —a mediados del siglo XVI— rebasaba los 30 años de edad. Y sólo un sexto de ella —una minoría exigua— estaba por debajo de los 20. Más de la mitad —una inmensa mayoría— había empezado la tardía aventura chilena contando entre 30 y 40 años, lo que supone para la época una notabilísima madurez. Su relevo, cuando llegó a producirse, dado el incremento de la rebelión de Arauco, fue muy tardío. La reposición de las bajas no siempre entrañaba rejuvenecimiento. De aquí que las empresas de conquista lenta —como fueron las de Yucatán y Arauco— destaquen por el carácter veterano de sus capitanes y tropas. Las justas aspiraciones de renovación de los mílites eran satisfechas por hombres casi tan maduros como los mismos capitanes.

Cuando se hable obsesivamente de la probanza de méritos durante las tres últimas décadas del siglo XVI, apenas podrá hacerse de dos o tres docenas de capitanes supervivientes y de uno o dos centenares de mílites. Bernal Díaz del Castillo pudo demostrar, cerca del final de su larga vida, que sólo quedaban cinco hombres vivos entre los compañeros de Hernán Cortés. Los cronistas de Indias —como Fernández de Oviedo y Vargas-Machuca, que publican en los años centrales del siglo— fueron conscientes del problema creado, año tras año, por el envejecimiento de las huestes. Para su reconstrucción, tras las fatigas del combate o las pérdidas por enfermedad, recomendaban soldados —es decir, mílites— que no sobrepasaran los 25 años. Al jefe de la hueste nunca le hubieran aceptado tan joven porque decían «que al mozo se le pierde el respeto y al viejo la fuerza».

---

[3] S. Vergara, *Edad y vida en el grupo conquistador*, Cuadernos de Historia núm. 1, Universidad de Chile. Santiago, 1981.

La hueste funcionaba como una escuela de mandos. Lamentablemente, la institución de la encomienda lo perturbó todo. Hizo derivar lo mejor de una escuela de mandos, que es el mando sobre jóvenes capacitados para, a su vez, mandar, sobre un dominio de indios sumisos y desconcertados. La encomienda transformaba, incluso a los indios notables, en masa sin responsabilidad para la acción guerrera. Los indios notables eran hombres que, a los ojos del conquistador, podrían salvar el alma. Pero convenía definirlos como incapaces para ejercer la autoridad sobre los propios indios. La encomienda dejó de servir como escuela de mando en la misma medida en que a los grupos de indios se los separaba de la guerra y se les utilizaba como trabajadores. El premio por el correcto ejercicio de la autoridad en la hueste indiana dejó pronto de suponer el ascenso militar. Se pasó a suplir esta recompensa con el reparto de indios. La medida del éxito militar vino dada por el número de indios encomendados. Era una alternativa que llevaba en su seno el fracaso de la hueste como antesala del héroe hacia la capitanía en propiedad.

Al principio no fue así, al menos durante la etapa o período de las grandes conquistas de Méjico y del Perú. El proceso revela una prematura pérdida de la capacidad operativa de la hueste indiana, a su vez demostrativa del carácter escasamente militar de la misma.

LOS ORÍGENES SOCIALES Y REGIONALES

Los investigadores marcados por la tendencia a cuantificarlo todo tienen una extraña curiosidad por los orígenes geográfico-regionales, sociales, ideológicos, etc., de los conquistadores. Esperan deducir de los datos un comportamiento inexorable. Nada más lejos de la realidad social del conquistador. El conquistador no se hace en España, sino en las Indias, al apropiarse de una de las posibilidades a su alcance —la lucha armada— como camino más corto hacia la satisfacción de sus ideales y de sus intereses.

La acumulación de datos lograda por Peter Boyd-Bowman [4] en el *Índice geográfico de 40.000 pobladores españoles de América en el siglo XVI* y

---

[4] P. Boyd-Bowman, *Índice geográfico de 40.000 pobladores españoles de América en el siglo XVI*, tomo I (1493-1519), tomo II (1520-1539). México, 1968.

en *La Procedencia de los españoles de América* sirve para desbrozar el problema. Pone las cosas en una esfera de participación donde caben todas las regiones de España y todos los niveles de prestigio. No trata en particular de los conquistadores como grupo aislado, sino de la lista completa de pobladores y emigrantes. La aportación humana del reino de Castilla aparece equilibrada dentro de ciertos límites cuya explicación entra en la más llana normalidad.

> Durante el siglo XVI, de cada tres colonizadores, uno por lo menos era andaluz; de cada cinco, uno era oriundo de la provincia de Sevilla; y de cada seis emigrantes, uno era vecino de Sevilla.

La interpretación de esta mayoría sevillana y andaluza debe combinarse con el espectacular crecimiento de la ciudad del Guadalquivir a lo largo de todo el siglo. Lo ha estudiado muy seriamente el hispanista Pierre Chaunu [5]. Para hacer la carrera de Indias, todos los súbditos del Rey de Castilla tenían que salir por los puertos de la desembocadura del río. Los puertos de embarque tiran hacia el océano de la población flotante de Andalucía, Castilla la Vieja, Extremadura y Castilla la Nueva, por este orden. No había otra solución alternativa a este fenómeno espontáneo de emigración sureña. La proximidad a las capitales de Castilla la Vieja —Valladolid, Burgos y Segovia— garantiza una prima de superior participación en los puestos de elite. Pero la baja relativa de los andaluces no nos parece escandalosa. No fue en función de los porcentajes mayores de Andalucía en cristianos nuevos. El 3,6 % de los emigrantes procedentes de Andalucía ocupa algún cargo directivo, índice muy similar al que alcanzan los extremeños y los leoneses, por citar dos regiones de estructura más nobiliaria y con un porcentaje mayor de cristianos viejos.

Aunque el hecho americano supuso un esfuerzo sostenido por todas las regiones españolas, no pudo evitarse el giro en favor de los súbditos de Castilla. Los matices más significativos proceden de una esperanza utópica que estaba implícita en el dato del descubrimiento por Castilla de una tierra poblada. La Corona, desde el principio (segundo

---

[5] P. Chaunu, *Sevilla y el Atlántico (1504-1650)*. Particularmente debe consultarse la versión abreviada *Sevilla y América, siglos XVI y XVII*, Publicaciones de la Universidad de Sevilla, núm. 65, 1983.

viaje de Colón), quiere trasplantar a las Indias una selección de hombres aptos para el ensayo de unos métodos de gobierno que, a la larga, engendren un paraíso en la tierra, una ínsula (utópica o barataria). Castilla trata de impresionar a los demás reinos de la cristiandad con unos resultados magníficos. La calidad de las virtudes que la conquista pone a prueba —muy análogas en teoría a las exigidas por Tomás Moro en su libro *Utopía*— indica quiénes deben ir y quiénes deben quedarse a este lado del océano.

La primera indicación de la Corona no estuvo obsesivamente fijada en las virtudes del combatiente; pero entre los primeros pobladores de Indias se destacará la fracción de españoles mejor dispuestos para empuñar las armas. Esta fracción será, exactamente, la que se convertirá en conquistadora por propia decisión.

> El número de conquistadores españoles de América fue bastante escaso —precisa Francisco de Solano— frente al poblador, que fue más numeroso; y ambos provienen regionalmente de todas las provincias españolas, aunque mayoritariamente exista un elevado porcentaje de meridionales, del centro y del oeste de la Península: regiones de latifundios por donde cruzaban las cañadas de la Mesta —es decir, pueblos más ganaderos que agricultores— y zonas dependientes de las Órdenes Militares (Alcántara, Santiago, Calatrava) con pueblos de encomienda.

Los que deciden convertirse, años después de su primera llegada a las islas del Caribe, en conquistadores son exactamente los más nómadas o trashumantes y los menos atrapados por el amor al terruño. Cabe admitir tres alternativas para ofrecer la semblanza verdadera del sector conquistador: el dualismo de reinos (Castilla y Aragón), la polaridad de ocupaciones (ganadería y agricultura) y la tensión sociológica (cristiano viejo y cristiano nuevo).

Salta a la vista que emigra más veces el castellano y ganadero (con carta de hidalguía) que el aragonés y agricultor (de familia de conversos). Pero el balance refleja que la distinción entre el simple poblador de las Indias y el conquistador debe establecerse sobre la nítida voluntad de hacerse con el mando que tiene este último. El conquistador (capitán de hueste o mílite indiano) cree que puede satisfacer en las Indias de modo más asequible que en Europa su profundo deseo de mandar sobre otros seres humanos. Del seno de esta creencia brotarán los candidatos (o aspirantes) al quehacer conquistador.

El nivel cultural

El análisis cualitativo del grupo conquistador revela un grado medio de valores culturales similar en todo al de la España urbana de su tiempo. El fenómeno de la conquista no fue obra de rurales, sino de ciudadanos. Hubo muchos analfabetos entre los mismos capitanes, pero también bachilleres y licenciados. Francisco Pizarro, Diego de Almagro y Sebastián de Belalcázar no sabían escribir, pero dictaban cartas y las firmaban. Hernán Cortés, Pedro de Valdivia y González de Quesada, en cambio, se expresaban por escrito con notable corrección. Lo más decisivo resultó ser el fenómeno sorprendente de una amplia nómina de mílites (o soldados) como Bernal Díaz del Castillo, Pedro Cieza de León, Francisco de Jérez, Juan de Betanzos o Juan de Castellanos, que escriben con pasión y con conocimiento de causa sobre todo lo que sus ojos vieron.

Una de las huestes de Valdivia, la más vinculada a su servicio —una hueste veterana—, en los años críticos del estallido de la rebelión araucana, contaba con 153 hombres. De ellos, sólo 15 son absolutamente analfabetos; 33 escriben correctamente; y 105 saben poner su firma, lo que para la época es un porcentaje alto.

La preocupación básica de los conquistadores radica en la probanza de méritos, mucho más que en la limpieza de sus orígenes. Los últimos capítulos de la *Historia verdadera de la conquista de Méjico*, de Bernal Díaz del Castillo, están llenos de nombres de hidalgos y de sus lugares de procedencia, en principio, muy limpios de sangre morisca. Pero estos datos no son los esenciales para el ascenso social, sino la participación en los combates. En ningún momento se sospecha que el conquistador fuera un excedente deplorable de la sociedad. Todo lo contrario, hay notarios y escribanos, licenciados y bachilleres, jueces, oidores y contadores que se aprietan en las cubiertas de los bajeles con los jóvenes hidalgos y con los hijos de familias honradas, tan pletóricos de esperanzas de promoción social como ellos mismos.

La clave que aparece tras la lectura de las relaciones de viajeros para las Indias, de donde se extraerá la minoría de conquistadores, no es el hambre originaria, ni la codicia, ni la crueldad después manifiestas. Estos vicios abominables, en ocasiones saltaron a la luz pública desde el fondo de sus humanas naturalezas. Sobre todo cuando, a su juicio, se daba en las Indias con harta frecuencia la desproporción insultante entre los esfuerzos cumplidos y las recompensas cobradas. Pero el sentimiento de una honra insatisfecha, la frustración por una fama negada (o absorbida por otros) y el defraudado deseo de bienestar para sí y para su descendencia se imponen a todo lo demás, aun sin haber estado presente en las primeras aventuras de exploración y rescate.

La dialéctica del conquistador que escribe crónicas se fijará, sobre todo en el sentido de la justicia. A su parecer, hubo unos servicios prestados con muy alto coste de vidas y unos beneficios injustamente distribuidos. Bernal Díaz, uno de los portavoces de la protesta, no se hartará de decirlo, dentro y fuera de las páginas de su *Historia verdadera*. Finalmente, se recreará en el testimonio que más habría de impresionar al lector: la horrorosa muerte de los más y la difícil supervivencia de los menos.

El conquistador, que no era un hombre a sueldo, quería ser considerado soldado de un modo peculiar, el modo del soldado distinguido.

> El conquistador no es, sin embargo, semejante a cualquier adalid de la frontera musulmana —aclara Francisco de Solano—. Es un voluntario; su adscripción a la hueste procede de un acto de libérrima voluntad en el que el expedicionario se incorpora en una expedición generalmente poco numerosa, tomando parte activa en su financiación; bien con su propia persona, o llevando además sus armas y otros elementos... Se pasaban a las Indias para servir a Dios y al Rey, y después de pagar altos costes de sufrimientos, miedos y luchas sorprendentes, se alcanzan recompensas, que se materializaban en honras que ennoblecían su linaje.

El soldado distinguido, para serlo de hecho, debía vincular sus méritos a los intereses o ideales de la Corona. El campesino que se convierte en mílite será quien perciba mejor la íntima conexión entre el servicio de armas y el poblamiento firme querido por el Rey. Pero, incluso él, demora hasta después de la conquista el ejercicio del oficio de agricultor. Morales Padrón lo deja ver en este expresivo párrafo:

Embarcan pocos labradores, debido sin duda a la resistencia de los señores a que abandonen sus tierras. La Corona se esforzó desde 1493 por enviar gente del campo sin conseguirlo. Entre los 13.262 emigrantes que van de 1520 a 1539 sólo se detectan 12 labradores. La colonización fue obra de soldados. Muchos campesinos se convirtieron en tales [6].

LA TENSIÓN ENTRE DOS GRUPOS GENERACIONALES

Los verdaderos conquistadores deben ser encuadrados en dos grupos generacionales tan próximos entre sí que, históricamente, toleran la pertenencia a una misma generación:

> Pese a lo desacreditado del concepto «generación», es factible hablar de una *Generación de la Conquista,* porque en la masa de hombres de la época se revela como un puñado de egregios, una minoría selecta, que efectuó una trayectoria vital determinada.

Estas palabras —tan orteguianas— de Francisco Morales Padrón dejan a la vista la nómina de un puñado de egregios. Aparecen al comienzo del capítulo VIII, «Generación y semblanza del conquistador», de su gran obra de síntesis *Historia del descubrimiento y conquista de América,* donde se nos presenta a los conquistadores como hombres de un determinado tiempo que, a su vez, poseen en alto grado actitudes coherentes con los dictados de una tradición [7].

Al obrar de este modo, Morales Padrón constata algo más grave que el simple seguimiento de una moda. Pone su interpretación del fenómeno de la conquista dentro del ámbito adecuado, un repertorio de ideas y creencias compartidas. La generación de la conquista puede soportar métodos similares a los utilizados, por ejemplo, por Pedro Laín Entralgo para analizar la obra literaria de la generación del 98. Por los mismos años, un joven historiador, José María Jover Zamora,

---

[6] F. Morales Padrón, *Historia general de América,* tomo I, Espasa-Calpe. Madrid, 1962.

[7] F. Morales Padrón, *Historia del descubrimiento y conquista de América,* 4.ª ed., Editora Nacional. Madrid, 1981.

utilizó un título clásico de la España de los Reyes Católicos —*Generaciones y semblanzas*— para acercarse a los coetáneos de Baltasar Gracián, Quevedo o Saavedra Fajardo. El conjunto de los conquistadores forma una generación decisiva de la historia de España que se centró en acometer hazañas antes que en realizar obras y que se desentendió de la vertebración de sus vidas como ejemplares.

Morales Padrón distinguía entre dos generaciones: la descubridora y la conquistadora. Sólo la segunda merece la consideración en este capítulo. Rendía justo homenaje a las fechas inicial y final del reino de Isabel la Católica: la de 1474 (para los descubridores) y la de 1504 (para los conquistadores). El relevo generacional se culminaría precisamente 30 años más tarde de haber sido alumbrada para la historia la primera de las dos generaciones (la de Cristóbal Colón), que es cuando se produjo la irrupción de la segunda (la de Hernán Cortés) en las costas de las islas del Caribe.

> Los personajes estelares de esta generación de 1474, generación de los descubridores —Isabel la Católica y Cristóbal Colón— mueren por entonces... Estos hombres, en parte, vieron el Nuevo Mundo como geografía asiática, no son americanos aún.

Algunos de ellos —Juan Ponce de León, Alonso de Ojeda y Juan de Grijalba, incluso Vasco Núñez de Balboa— vivieron ya dentro de las perspectivas de la geografía americana. Saben que están en América. Sus hazañas, todavía meros descubrimientos reveladores de la creciente resistencia a la presencia española que ofrece el indio, sugieren que no basta encontrarse allí alternando gestos amistosos y demostraciones de fuerza. La solución pragmática está, cada día más claramente, en la ocupación estable y en las condiciones de seguridad de algunos puntos fuertes que irradien poder. La noticia de sus éxitos y de sus fracasos —el éxito es el botín; el fracaso, las bajas por causa de unas flechas envenenadas— precipita las cosas, desde el ideal del protectorado con zonas de influencia (propio de los utópicos) a la realidad de la conquista (propia de los realistas).

> Esto —sigue diciendo Morales Padrón— correspondió a la generación de 1504, constituida por hombres que al salir de España eran desco-

nocidos, carecían de historia —hay excepciones—, no poseían ni hacienda, ni fama. Todo lo ganaron en América.

El argumento que dio la oportunidad histórica para la formación de la generación de los conquistadores fue el de la seguridad de las huestes; es lo que prestigia al capitán que sabe conservar sus efectivos, incluso cuando se adentra en Tierra Firme. La superación del riesgo de perecer, allí donde otros tienen enormes bajas, mide la calidad de los capitanes. De aquí procede el interés por detenerse en la trayectoria vital de los que realizan jornadas y culminan incursiones en lo desconocido con más gallardía.

La existencia de un vano en la pirámide de edades llama la atención a la hora de poner orden en las fechas de nacimiento de los miembros de la generación de la conquista. El primer bloque de hombres famosos —el de Bartolomé de las Casas, Diego de Almagro, Francisco Pizarro y Vasco Núñez de Balboa— nace en el margen de una estrecha horquilla que apenas se desplaza de 1474 unos años arriba y abajo. El segundo bloque —el de Hernán Cortés, Pedro de Alvarado, Bernal Díaz del Castillo y, quizás, Sebastián de Belalcázar—, en otra algo menos cerrada sobre la década de 1485 y 1495.

No se trata de dos generaciones, sino de los dos grupos generacionales de una misma, el «senior» y el «junior», resistente el primero a los funcionarios reales y formalmente dócil el segundo a la subordinación directa de la Corona. Destaca, pues, un grupo «senior» cuyas fechas de nacimiento, unidas a las de su irrupción en la vida pública, conviene poner en paralelo con las de quienes, desde la teología moral o el derecho público, se enfrentaron con el mismo dilema: la protección de los pobladores del Nuevo Mundo o la conquista de América a viva fuerza.

TEÓLOGOS, JURISTAS, CRONISTAS E HISTORIADORES

Los teólogos y los juristas de la época no tuvieron más remedio que expresar su opinión al hilo de cómo se iban produciendo los acontecimientos. En principio, juzgan los hechos desde la tradición recibida. Conforme se sienten mejor informados de la realidad, alteran sus posiciones para terminar emitiendo un dictamen. La reflexión crítica se inicia pronto. La polémica se cierra tarde, cuando la conquista ya se había consumado. Durante dos décadas (1512-1532), los efectos reales de la reflexión sobre la naturaleza del indio aceleraron la toma de posesión de sus tierras. He aquí, por orden cronológico, la relación de quienes más ardorosamente entraron en la discusión de los justos títulos de la conquista: Juan López de Palacios Rubios (1450-1524), Matías de Paz (1470-1519), Bartolomé de las Casas (1474-1566), Antonio de Guevara (1480-1545), Alfonso de Valdés (1490-1566), Ginés de Sepúlveda (1490-1573), Francisco de Vitoria (1492-1546), Juan Luis Vives (1492-1540) y Domingo de Soto (1494-1560) serán los pensadores coetáneos y contemporáneos de los hechos más notables. Su polémica interna, a requerimiento de la Corona, tiene extraordinario interés para la historia de las ideas políticas.

Pero aquí —en relación con la generación de la conquista— hay que decir que todos alimentaron, cada uno a su modo, la moral del combatiente indiano. Cada conquistador seleccionó los argumentos a favor y en contra de su comportamiento práctico y se quedó con los que le indultaban de sus culpas.

El segundo grupo generacional de teólogos y juristas operó a posteriori, cuando todo había sido consumado. Será el caso de Melchor Cano (1509-1560), Diego Covarrubias (1512-1577), fray Luis de León (1527-1591), Pedro Rivadeneira (1527-1611) y Fadrique Furió Cerral (1527-1592). El conquistador nada quiso aprender de ellos.

Parecida distinción cabe hacer entre los autores más o menos testimoniales: los cronistas y los historiadores de Indias. Los historiadores de Indias operan sobre una realidad estabilizada que los cronistas ya habían desbrozado. La simpatía hacia la figura de los conquistadores (con luces y sombras, con fobias y filias) fue propia de los cronistas que actuaron a su servicio y no de quienes, a distancia de los hechos, nos dieron las versiones oficiales para la historia. Serán los cronistas quienes, por su edad próxima a la de los capitanes de hueste, nos iluminarán mejor sobre los sentimientos generacionales. Preferimos los testimonios de Gonzalo Fernández de Oviedo (1478-1557), Bernal Díaz del Castillo (1496-1548) y Francisco de Jérez (1497-1561) sobre los algo más tardíos de Francisco López de Gómara (1511-1559) y Pedro Cieza de León (1520-1554). Los primeros tienen todavía un cierto aroma de descubridores. Los segundos obran entusiasmados por el hecho innegable de la conquista. En alguna medida son los «senior» y los «junior» de la misma generación conquistadora. Los más viejos tienen la edad de uno de los hijos legítimos de Cristóbal Colón, habido en 1488 con Beatriz Enríquez de Arana. Los más jóvenes se identifican con el desgraciado hijo de Diego de Almagro, un mestizo que vio la luz muy avanzada la segunda década del siglo XVI.

Los capitanes de las huestes quedan en sus fechas de nacimiento mucho más dislocados que los cronistas. Hay *veteranos* que inciden en los años críticos de la conquista (no del descubrimiento), a pesar de caber dentro de la horquilla ancha que se abre con Martín Alonso Pinzón (1440-1493) y Vicente Yáñez Pinzón (1460-1524), los dos navegantes que escoltaron a Cristóbal Colón en 1492. Hay «seniores de la conquista» nacidos en torno al oscuro venir al mundo de Francisco Pizarro (1471-1541) y «juniores de la conquista», el grupo más decisivo, que vive en torno a Hernán Cortés (1485-1547). Y hay finalmente *mancebos,* que van a las Indias temprano y destacan pronto, como Hernando de Soto (1500-1539).

VETERANOS, SENIORES, JUNIORES Y MANCEBOS

Veteranos fueron Pedrarias (1440-1493), Juan Ponce de León (1460-1521), Diego Velázquez de Cuéllar (1460-1522), Francisco de Carvajal (1464-1548) y Alonso de Ojeda (1466-1522). Son, en líneas generales, hombres enérgicos y combativos. No saben ser, en estado puro, ni descubridores ni conquistadores. Tienden, la mayoría de ellos, a ser respetados por lo valioso de sus experiencias militares en las guerras de Granada y de Italia. Aplican, cuando pueden, las enseñanzas vividas allí. Suelen sorprender temporalmente a los indios. En síntesis, la imagen de seres intrépidos y duros se vinculará a los más longevos (Pedrarias y Carvajal).

«Seniores de la conquista» fueron Pánfilo de Narváez (1470-1528), Diego de Almagro (1473-1538), Juan de Grijalba, quizás Diego de Nicuesa y Francisco de Garay (de muy difícil fijación en cuanto a la fecha de nacimiento), Vasco Núñez de Balboa (1475-1519) y Diego de Ordás (1480-1532), todos nacidos en torno a Francisco Pizarro, quizás su mejor o más típico representante. El grupo generacional busca la eficacia de sus movimientos más que la recolección de noticias u objetos de valor. A ellos se debe el establecimiento de núcleos fijos de irradiación de poder verdaderamente estratégicos. La audacia mayor corresponderá, sucesivamente, a Balboa y Pizarro, no por casualidad dos figuras bien tratadas, en lo fundamental, por la memoria histórica.

«Juniores de la conquista» fueron, en principio, los verdaderos conquistadores, es decir, los fundadores de los reinos y de sus capitales. Tienen obsesivamente fija la idea de obedecer al Emperador antes que a las autoridades caribeñas de la Corona. Es el grupo generacional dominado por la impresionante figura de Hernán Cortés. Caben con él los capitanes de Cortés y los hermanos de dichos capitanes. Son Francisco de Montejo (1484), Juan Vázquez de León (1483), Pedro de Alvarado (1485) (y sus hermanos más jóvenes), Alonso de Ávila (1486), Cristóbal de Olid (1488), Luis Marín (1489), Andrés de Monjaraz (1489), Cristóbal de Olea (1493) (al que los cronistas llaman *mancebo)*, Andrés de Tapia (1495) y Gonzalo de Sandoval (1497). Caben también los capitanes que operan fuera de la elite cortesiana, como Sebastián de Belalcázar, quizás nacido años antes de 1490 (la fecha que habitualmente se le asigna), Pascual de Andagoya (1498) y Pedro de Valdivia (1498). El conjunto así constituido forma, estrictamente la generación de la conquista en estado puro.

Mancebos fueron, en principio —lo que no excluye una prematura madurez para la acción arriesgada—, Hernando de Soto (1500), Gonzalo Jiménez de Quesada (1500), Lope de Aguirre (1508), Francisco de Orellana (1511) y Vázquez de Coronado (1510). Posiblemente, además del propio virrey Pedro de Mendoza (1500) —un injerto aristócrata enormemente ilustrativo del cambio hacia la norma oficial que la Corona pretende y finalmente impone—, también los hermanos menores de Pizarro (Juan, Gonzalo y Martín de Alcántara), Pedro Menéndez de Avilés (1519), Pedro de Ursúa (1526) y Juan de Garay (1527). Muy por detrás de todos ellos, pero insoslayable por su poética aportación a la dilatación chilena de la conquista, irrumpe Alonso de Ercilla y Zúñiga (1533). Los *mancebos* son los dilatadores de una empresa que ya había sido consolidada por «seniors» y «juniors».

Con esta idea de la conquista de América —advierte Morales Padrón— nos vendríamos a quedar con una elite de veinte héroes para trazar la historia de aquélla; el resto de la masa no existiría, y cuando se analizase el carácter del conquistador se haría recurriendo al de este grupo de caudillos extendiendo los resultados a todos sus acompañantes. Esto no es así, el carácter del conquistador no es único y ofrece muchas variables.

La advertencia de Morales Padrón procede de la creciente aceptación por los historiadores de Indias de la protesta que contra Cortés (y su portavoz Gómara) lanzara en su ancianidad Bernal Díaz del Castillo.

> Lo decisivo y básico del minuto en que estos personajes vivieron es la fuerza que España proyecta como prolongación de la reconquista o del mercantilismo de la época —sigue diciendo Morales—. El hecho de la conquista es colectivo, tarea de masas, aunque tengamos que acabar siempre en la unidad hombre.

UNA ELITE DE 20 HÉROES

Para conocer, no la conquista en su totalidad, sino la generación de la conquista, ciertamente tenemos que acabar en la unidad humana. Tenemos que volver a la línea personalizadora que Bernal mismo hubo de seguir para defender a los miembros de la colectividad. Un grupo de 20 héroes (o caudillos) nos da suficiente base —porque el carácter no es único, sino heteróclito y dispar— para un conocimiento amplio del fenómeno más patente: el triunfo del héroe sobre el conjunto que le sirve de peana. La fama de estas 20 biografías y la descalificación de los actos concretos de esos mismos 20 seres humanos nos habla de todo lo que hubo en las Indias por aquellos tiempos —individualidad y colectivismo, decisiones personales y presiones solidarias, etc.—.

La conquista, más aún que el descubrimiento y con mayor razón que la fundación de ciudades, fue un fenómeno de verticalidad, de jerarquía. Se hace lo que el capitán de la hueste decide, aunque la decisión proceda de un espíritu encarnado por la colectividad. Cuando la expedición era de mero rescate o comercio (o se trataba de fijar un establecimiento en la costa ya explorada), el interés de la comunidad desbordaba al jefe. Pero cuando la operación es arriesgada y peligrosa, el jefe se yergue sobre el grupo. Tiene que jugarse el éxito o la descalificación ante su propia gente. La hueste distingue entre quien manda y quien es gobernado por los acontecimientos. Hay capitanes buenos para mandar y capitanes buenos sólo para obedecer. El más grave cargo que el propio Bernal lanzará contra el desgraciado Cristóbal de Olid es el de haberse atrevido a poner en marcha la creación de un nuevo reino, el de Honduras, sin contar con la capacidad para ello, que era propia de Hernán Cortés.

En algunas ocasiones, el germen de la decisión de conquistar en lugar de rescatar estuvo en la comunidad de la hueste. Nunca hubo en las Indias comunidades de hombres naturalmente obedientes al jefe más cercano, sino intérpretes por cuenta propia de lo que en cada momento crítico debía hacerse. El derecho a mandar estuvo cuestionado casi siempre. Son las decisiones del capitán, que aparentan tener mayor garantía de éxito, las que hacen viable la conquista tierra adentro. Las indecisiones abrieron inmediato paso a rebeldías y deserciones, a suplantaciones de mandos y a las nerviosas ejecuciones de la pena capital de cuantos amenazaban con hacerse con el mando de modo súbito. La historia de las anomalías en la disciplina ocupa muchas páginas del acontecer indiano. No son la historia de la conquista. La conquista es la historia de los conquistadores. No sólo de los grandes conquistadores de imperios, sino de todos y cada uno de los capitanes que mandan y son obedecidos.

Nada hubiera sido posible sin la subordinación y la abnegación de los mílites indianos. Pero es suficiente, para entender el alcance de los resultados, seguir de cerca a la elite de 20 hombres que, en realidad, lo hace casi todo. La elite de 20 hombres de que habla Morales Padrón nos ayuda a no perder de vista a las bases orgánicas de las huestes, bandas, compañías o grupos de conquistadores. Esta elite de la conquista es el más excelente y válido punto de partida para el conocimiento de lo históricamente verdadero. El testimonio de los mílites y de la población vencida corrige la interpretación y altera los juicios de valor, pero no modifica la centralidad de los hechos decisivos, que son actos decididos por la elite de los conquistadores.

La literatura clásica, cuando destaca a unos príncipes de las letras sobre otros, habla de «dioses mayores» y de «dioses menores». Apenas cita los nombres de quienes no alcanzaron la consideración de divinos. Aquí —no se trata de obras, sino de hazañas—, la clave será también discriminatoria y posiblemente injusta. Sobre los méritos de las personas se traza una tabla de clasificación que decide el ser o no ser del capitán afortunado de una hueste victoriosa de manera eminente o simplemente discreta. Hubo «capitanes mayores» y «capitanes menores».

El cronista Bernal, como todos los cronistas conocidos, superó el anonimato; pero dejó ver en sus escritos que las virtudes por él preferidas eran las que quería ver encarnadas en el capitán de la hueste. El mílite indiano vive pendiente de las virtudes que otorgan el derecho a mandar. La sorpresa llega cuando, como le ocurrió más tarde a Alonso de Ercilla en la *Araucana*, las encuentra mejor encarnadas en la estructura militar de los indios que en los capitanes españoles.

El carácter de todos —concluye Morales Padrón—, capitanes y mílites

> es incomportable, inoportuno y trascendente... fueron arrogantes, rapaces, turbulentos, implacables y crueles pero también, sin llegar a ser santos, temerosos, audaces, infatigables, tercos, sufridos y valientes... A la rapiña, crueldad y violencia, testarudez e imprudencia se le añade el espíritu destructivo, el individualismo, la religiosidad, la entereza, el espíritu legalista, el amor a la tierra que conquistaron, la lealtad, la prodigalidad y la codicia... Individualismo y el prurito de ser primeros —concluye el brillante catedrático— lo manifestaron casi todos... Enviados por un superior radicado en las Indias, hacían luego lo imposible para independizarse de él y depender directamente del Rey.

El valer cada uno más que el otro les hizo apasionarse por demás y les llevó a rozar con una suprema cuestión: valer más ante los ojos de Dios.

> Hay, sinceramente aclarada, una razón espiritual, de hombres católicos, medieval: el deseo de propagar la religión cristiana; pero también existía un anhelo muy humano, de mejorar económicamente de situación (provecho) y un deseo muy renacentista de cobrar honra y dejar fama.

El mílite que no llega a capitán sigue siendo pueblo. Era un individuo joven en relación con quienes cobraron honra y ganaron fama. Su primera solución fue convertirse en cronista. Sólo podía intentarlo si era hidalgo pobre y sabía escribir o si era, al menos, artesano, marinero, clérigo o fraile, no precisamente labrador de origen. Los labradores nunca se encontraron a gusto en aquella atmósfera nerviosa e inquietante de perpetuas correrías.

El aristócrata que llega a las Indias lo hace apoyado en nombramientos regios y autorizados para el ejercicio de funciones administrativas o judiciales junto al gobernador o al virrey. No disputa con los veteranos conquistadores, que convertidos en marqueses —casos de Cortés y Pizarro—, acumulan al mérito de guerra la antigüedad en el servicio lejos de su patria chica. La polémica estallará no entre el conquistador y el aristócrata, sino entre el burócrata y el conquistador.

Se dio una polémica íntima entre los primeros y los segundos en descubrir o en conquistar. Triunfó al principio la síntesis de la antigüedad en las Indias con el mérito de la hazaña. Luego, el funcionario real medió en esta polémica, constituyéndose en árbitro. Su arbitraje fue desmoronando las ingenuas promesas de las capitulaciones de comienzos del siglo XVI. El funcionario terminó poniendo nuevos hombres al frente de la burocracia. Apenas duró unos años la «helontarquía» —el gobierno del conquistador—, como tampoco duró el gobierno de los descubridores, que no pudo consolidarse.

Las Leyes de Toro habían cuidado mucho que el mílite indiano fuera hombre limpio de toda traza de moro, judío, hereje o penitenciario del Santo Oficio. Se toleró, de modo espasmódico, para las grandes crisis, la recluta y el embarque de quienes tuvieran que redimirse de alguna pena judicial. La novela picaresca de la segunda mitad del siglo XVI actuó, en gran medida, como testigo de cargo frente a las limpiezas de sangre y de proceder pretendidas, pero no logradas, por los pobladores de las Indias.

El testigo de cargo frente a los supervivientes de la conquista alegó que no se había cumplido en el otro lado del mar océano la utopía cristiana tantas veces predicada. Pero el testimonio de los conquistadores no iba en esa dirección. Protestaban por lo injusto del reparto de los privilegios y de los beneficios cuando ya no era noticia la narración del combate o de la marcha donde se distinguieron. Quieren ser premiados por la envergadura de sus hechos, no por la limpieza de sus obras.

Muchos conquistadores habían sucumbido con frecuencia ante el azar o el destino. El recuerdo de la muerte de los conquistadores era lo verdaderamente impresionante. Bernal Díaz del Castillo terminó su *Historia verdadera* convertido en el notario de unas muertes violentas que se suceden, sin interrupción dejando huecos escasos, para unos pocos de quienes dice: «murió por su propia muerte».

La muerte violenta de los conquistadores

La primera muerte violenta del descubrimiento pudo ser la de los 39 hombres de Rodrigo Arana, dejados por Cristóbal Colón en el fuerte de Navidad al amparo del cacique Guacanagarí, cuando emprendió su primer regreso a España. La incidencia guarda alguna relación con el inoportuno sueño del piloto de la *Santa María*, llamado Juan de la Cosa —no se trata del ilustre cartógrafo— que ocasionó el encallamiento de la carabela precisamente el 25 de diciembre de 1492. Con los materiales se construyó un fuerte en la isla La Española para la protección de un mínimo puerto. Martín Alonso Pinzón consideró imprudente el abandono a su suerte de aquellos españoles. Cristóbal Colón vio en la decisión, según dijo, la mano del Señor.

En el segundo viaje de Colón no se hallaron supervivientes. Fernández de Oviedo recoge el testimonio dado por los indios hacia el 28 de noviembre de 1493.

> ... a las cuales habían muerto los indios no pudiendo sufrir sus excesos porque les tomaban sus mujeres y usaban de ellas a su voluntad y les hacían otras fuerzas y enojos.

Quizás muriera algo antes Martín Alonso Pinzón, a su llegada a Palos en marzo de 1492, tras haber salvado con su pericia a la *Niña* de una espantosa tormenta a la altura de las Azores. Se sintió mal, dicen los marineros, y no sobrevivió a la crisis de su enfermedad.

El visitador Francisco de Bobadilla, caballero de la Orden de Alcántara, no terminó bien la aventura americana, tristemente iniciada con la prisión de Colón. En julio de 1502, ya relevado por Nicolás de Ovando, su nave zozobró y el visitador desapareció con ella.

Un trianero, Cristóbal de Guerra, vinculado a los viajes —fecundos en botín— del año 1500, con Pero Alonso Niño (a su vez natural de Moguer), consumaría sus correrías en 1504 al perder la vida sobre la Costa de las Perlas.

Con todo, la muerte más comentada fue la del cartógrafo Juan de la Cosa, acompañante de Colón en el segundo viaje, donde intimó con Alonso de Ojeda. Una expedición de ambos a Nueva Andalucía, en la zona que queda entre el cabo de Vela y el golfo de Urabá, tendría un final cruento. Los agresivos caribeños, ya identificados como caníbales, lanzan sobre De la Cosa sus flechas envenenadas en Turbaco, cerca del futuro emplazamiento de Cartagena de Indias, y convierten su cuerpo en algo monstruoso que se exhibe atado a un árbol para aterrorizar a los españoles. El propio Alonso de Ojeda, herido en una pierna junto al fuerte que llamó San Sebastián (quizás en homenaje al mártir cristiano también asaeteado), difícilmente pudo huir de los ataques. Ocurría en mayo de 1510. Ojeda terminó sus días convertido en fraile franciscano, cinco años más tarde, en la isla de Santo Domingo.

Tampoco tendrá definitiva suerte el descubridor, hasta entonces afortunado, de muchos rincones de la Tierra Firme, Diego de Nicuesa. Nicuesa, con Ojeda (adelantado y gobernador sucesivamente en virtud de sendas capitulaciones de la Corona), había tomado conciencia del problema de la seguridad de su gente. Ambos querían fundar fortalezas a uno y otro lado del Río Grande de Darién. Sus hombres, conducidos hábilmente por Balboa hasta Santa María de la Antigua en ausencia de ambos adelantados, le negaron el refugio a Nicuesa. Su frágil embarcación quedó a merced de las aguas. Sus 17 hombres, todavía en 1510, fueron víctimas de las tormentas. Nada se volvió a saber de ellos.

Por su parte, Francisco de Becerra, obsesionado con la conquista de Costa Rica, moriría en una emboscada en 1515. De modo más novelesco, sucumbiría unos meses más tarde Díaz de Solís, en febrero de 1516, cerca de la desembocadura del Río de la Plata. Tenía el propósito de hallar un paso hacia las Indias Orientales por el Sur con tres pequeñas carabelas y 60 hombres. Fue sorprendido por una carga de indios: «...a la vista de las naos —comenta lacónicamente Morales Padrón— los indígenas se comieron a Solís y a sus compañeros, aunque hay autores que niegan tal canibalismo».

Muy similar fue el desastroso final del primero de los Francisco Hernández de Córdoba en 1517. Cuando exploraba el tramo costero entre Yucatán y Florida, formando equipo con otra expedición a cargo de Juan de Grijalba, queda herido de muerte en un encuentro que se superpone al primer hallazgo (o encuentro) de la civilización de los mayas por gente europea.

En lugares muy dispares y de modos distintos, en 1519 mueren «de su propia muerte», como diría Bernal, Vicente Yáñez Pinzón; y, a manos de un verdugo, Vasco Núñez de Balboa. El navegante Fernando de Magallanes sucumbe el 27 de abril en Oceanía.

Los descubridores van tomando conciencia no tanto de lo inexorable de su conversión en conquistadores, como de la naturaleza militar de todos sus movimientos. La doctrina tomista de la legítima defensa gana las conciencias conforme se difunden estas noticias. El conocimiento de las muertes de los capitanes en acción violenta exhibe mejor la debilidad de los españoles que su superioridad técnica. Los cronistas se muestran cada día más acordes con algún modo de diabolización de unos indios —los circuncaribeños— belicosos, inhumanos, caníbales, armados de flechas envenenadas, que no anticipan la idea del buen salvaje.

También la noticia de la ejecución de Balboa por orden del envidioso Pedrarias tomaría cartas en el asunto. Señala el estallido de un conflicto inédito entre quienes se creían con derecho para mandar, ahora, al margen del urgente sometimiento de los indios. Las ceremoniosas tomas de posesiones de tierras y de mares a las que era tan aficionado Balboa —también Colón cultivó el mismo protocolo en Guanahaní en 1492— son sustituidos por actos que contienen una hostilidad en potencia entre los descubridores.

Desde la ejecución de Vasco Núñez de Balboa hubo en Indias, rigurosamente hablando, poderes capaces de matar a los conquistadores en nombre del Rey de España de modo sumarísimo. Este nuevo rasgo de la conquista es todavía hoy el verdadero revulsivo del fenómeno. Introduce la prisa y la urgencia (gusto por lo irreversible) como alternativa a la calma y la reflexión (aprecio por lo considerado justo). El conquistador, desde entonces, no tolerará la duración de las tensiones internas, las cortará por lo sano. Convertirá las discrepancias en delitos merecedores de inmediata represalia. La prisa por ejecutar al *contradictor* de una consigna (de una norma o, de unas meras instrucciones) se convierte, por obra y gracia de Pedrarias, en hábito de conducta de los más y en escándalo de los menos.

La muerte en la plaza de Acla, Panamá, de Balboa y de sus compañeros fue una muerte categórica, no anecdótica. Sucede en los años regidos por los últimos gestos de la regencia del cardenal Cisneros y por los primeros síntomas indianos del movimiento de las Comunidades de Castilla. Balboa muere exactamente cuando se les están retirando los poderes y poniendo en cuestión la confianza social a los tres monjes gobernadores de la Orden de San Jerónimo que se habían instalado en La Española por orden de Cisneros. Aquella coyuntura, marcada por la represión de los malos tratos a los esclavos, por la interrupción de las reparticiones de tierras, por la moderación de las encomiendas de indios y por la intensificación de las tareas misioneras, desembocó en Tierra Firme en una tragedia simbólica. Pedrarias, gobernador de Tierra Firme ejecuta al adelantado del Mar del Sur y abre la posibilidad misma de nuevos modos de actuación de apariencia legal que serán imitados luego por los conquistadores en su mayoría. Hacer justicia aparece como un deber imperioso del conquistador, que aplica la pena de muerte ostentosamente, no sólo al *mílite innominado*, sino al *capitán famoso*.

> Hacia el atardecer de un día comprendido entre el 12 y el 21 de enero de 1519, los soldados le sacaron de la cárcel y junto con otros presos fue conducido a la plaza del pueblo donde se había erigido el cadalso.

Con Balboa murieron Andrés de Valderrábano, Hernán Muñoz, Luis Botello y Hernando Argüello. Consciente de la gravedad del hecho, alguien ha sembrado la duda entre los historiadores sobre si hubo una culpa distinta en Balboa de la que aparece en los documentos.

De modo bien diferente moriría en Almería —es el nombre dado a una localidad de reciente fundación por una de las huestes de Hernán Cortés— Juan de Escalante. Ocurrió cerca de Veracruz. La sorpresa del ataque mejicano no pudo ser evitada por el flamante alguacil mayor, posiblemente el más querido y apreciado de los capitanes de Cortés. Durante unos días, Escalante agonizará entre otros heridos y enfermos de su pequeña hueste y junto a los hombres de la mar. Bernal Díaz del Castillo llama al episodio «lo de Almería». Tiene buen cuidado en ponerlo en relación directa con la prisión de Moctezuma.

Corrían los últimos meses de 1519, el año de la muerte de Balboa. La muerte de Escalante alteró los presupuestos de la conquista de Méjico de un modo que hoy nos resulta difícil reconocer. Para Cortés y para Moctezuma todo fue distinto desde que se conoció esta noticia. Otro capitán de Cortés, Juan Velázquez de León, moriría en el ejercicio de su oficio de combatiente y conquistador la Noche Triste, el 30 de junio de 1520. Bernal vuelve varias veces sobre estos sucesos. Irá sumando, nombre tras nombre, a los héroes luchadores para rematar cada uno con idéntica expresión: «murió en los puentes». Sólo la muerte del paisano de Bernal, el medinense Cristóbal de Olea, tendrá parecido o mayor relieve en la *Historia verdadera*. De la muerte de Olea habla Bernal casi constantemente. Había salvado ya otra vez a Cortés de una muerte segura y muere salvándole de nuevo en fecha no lejana de la pérdida, en hecho de armas, del camarero de Cortés, Luis de Guzmán. Era el 28 de julio de 1521. Bernal tiene fijado el día en que las *Cartas de relación* del primero de los conquistadores omiten la hazaña de Cristóbal para disimular, según Bernal, «el mérito de los héroes de la jornada y atribuirse todas las alabanzas».

Por los mismos días muere Juan Ponce de León en Cuba, al regreso de su última salida exploratoria hacia el norte del seno mejicano. Había sido el primer conquistador de Puerto Rico y, más tarde, el descubridor más activo de la Florida. Las heridas inflingidas por los indios acabaron con el hombre que más veces se había movilizado con huestes por el espacio circuncaribeño en busca de la *Fuente de la eterna juventud*.

La muerte de Francisco de Garay, en la Navidad de 1523, junto a Hernán Cortés, está rodeada de sospechas de envenenamiento que éste apenas logró despejar. Era el gobernador de Jamaica y se había empeñado en tomar posesión, antes que el extremeño, de la costa del Pánuco. En la misma acusación —de hecho hubo una grave indigestión— nos cabe el fallecimiento de la primera esposa de Cortés, y se fundamentó después la temprana desaparición de Luis Ponce de León, el juez de residencia enviado por el Emperador.

El año 1525 traerá las muertes de Rodrigo de Bastidas, en Santo Domingo, y de Cristóbal de Olid, en Naco, golfo de las Hibueras (Honduras). La ejecución apresurada de uno de los tres capitanes mayores de Cortés, por orden de dos de sus capitanes menores —Gil González de Ávila y Francisco de las Casas—, es el episodio más íntimamente grave de la biografía de Cortés. Fue el 16 de enero de 1525 y se presenta como consecuencia inexorable de una traición. La muerte de Olid, gravemente herido, por orden de quienes compartían con él la mesa en calidad de detenidos temporales, es uno de los enigmas de la «conquista» que hay que anotar en la serie nerviosa de ejecuciones abierta por Pedrarias.

Tras estos días tan azarosos, se abre un período acelerado de desapariciones. Diego Gutiérrez sucumbe en Costa Rica luchando ardorosamente contra sus pobladores. Juan de Grijalba lo hará de modo natural —de su propia muerte, diría con su peculiar modo de hablar Bernal, en 1527—, mientras recorría el istmo centroamericano. Antes había muerto en Granada (villa continental del sur de Méjico), también ejecutado por Pedrarias, el segundo Hernández de Córdoba, no el del Yucatán, llamado también Francisco; y de modo triste lo haría Pánfilo de Narváez en su navegación costera por el golfo, todavía pendiente de la recuperación de su anterior prestigio. Su armadilla, descompuesta por las inclemencias del tiempo, presenció cómo las olas lo arrojaban, para perderse definitivamente en las profundidades, del bote que le acercaba a las costas de Florida. Uno de los cinco supervivientes, Álvar Núñez Cabeza de Vaca, culminaría la mayor hazaña individual de la historia de los recorridos tierra adentro al llegar en solitario nada menos que a las tierras de California.

Desmesuradamente obeso, ya había muerto por entonces Diego Velázquez de Cuéllar, «de su propia muerte», tras saber que la Corona apostaba por Cortés. En 1531 le llegaría su hora en León, Nicaragua, a un hombre de 90 años, Pedrarias Dávila, ya separado de Panamá, pero todavía aferrado al poder de mandar en alguna parte de Tierra Firme. Unos meses antes, se arrojó por la borda al mar el cadáver de Diego de Ordás, envenenado. Había sido forzado a embarcarse para España para rendir cuentas de su incansable actividad exploradora por el Orinoco, debidamente autorizado sin duda. Fue uno de los más destacados capitanes de Cortés. La muerte violenta de Diego Becerra sobre las costas californianas, en 1532, tendrá el dramatismo adicional de que resultara asesinado por su piloto, Fortún Jiménez, a su vez inmolado algo después por los indios ya en 1534. Los cronistas de las expediciones hacia el Pacífico de Hernán Cortés, harán constar cuándo y dónde se alcanzaron estos territorios de triste memoria por otros españoles.

A estos hechos sucedió la desaparición de Simón de Alcazaba, en 1535, al borde de la Patagonia; la pérdida sin dejar huellas de Juan de Águilas en Uruguay, en 1537; y la dramática aventura —fatal para su protagonista— del más veterano de los Fernández de Lugo, en Santa Marta, seguramente todavía en 1536.

El balance de la destrucción de vidas

Nada será comparable al balance destructor de vidas implícito en las guerras civiles del Perú. La ejecución de Diego de Almagro en Cuzco, el 8 de julio de 1538, estuvo precedida en unos meses por la muerte en la batalla de Salinas de su mejor capitán, Rodrigo de Orgóñez (Ordóñez, escriben otros). En abril del mismo año, Orgóñez entregaba al modo caballeresco su espada al soldado que le había derribado de su montura; pero éste no pudo resistirse al impulso agresivo. Le había apuñalado repetidas veces. «Un felón —dicen las crónicas— le apuñaló y le cortó la cabeza y la expuso como trofeo».

Diego de Almagro fue muerto a garrote vil —casi clandestinamente— en la celda de su prisión, por orden de Hernando de Pizarro, que en absoluto supo medir la trascendencia de su acción, ni mucho menos, quiso someter la decisión al superior juicio o criterio de su hermano Francisco.

Lejos del Perú moriría, por entonces, el madrileño Diego Gutiérrez, también en Costa Rica y a manos de los indígenas; no pudo pasar más allá del territorio de Nicoya, en 1539. Diego de Alvarado, vindicando los derechos de Diego de Almagro a la posesión de Cuzco, moriría en Valladolid a los cinco días de haber sido herido en un desafío por el propio Hernando de Pizarro. En el año 1540 será Antonio Sedeño quien desfallezca en la isla de Santo Domingo, rodeado de su gente.

Mejor historiada que otras está la muerte de Pedro de Alvarado. Cerca de Guadalajara resultará atropellado por el caballo desbocado del escribano Baltasar de Montoya, de su mismo séquito, mientras contribuía con el prestigio de su nombre a la conquista de Nueva Galicia, el 4 de julio de 1541. Después de la muerte y del solemne enterramiento en Guatemala de don Pedro, sobrevendría el terrible accidente natural que enterró a su propia esposa entre las ruinas de la casa palaciega de los Alvarado.

Viene a continuación de esta negra crónica de sucesos luctuosos la alevosa ejecución, en la Ciudad de los Reyes (Lima), de Francisco de Pizarro, luchando junto a Chaves y al lado de su hermano de madre, Martín de Alcántara. Una herida en la garganta y un golpe en la cabeza, asestados por el soldado Borregán, aceleraron lo que estaba siendo objeto de los reiterados espadazos proporcionados por los almagristas Juan de Herrada (de Rada) y compañeros de conspiración. Era el 15 de julio de 1541. No mucho después, el obispo de Cuzco, el dominico Valverde —nervioso siempre y violento en ocasiones— caería asesinado en los últimos días del año a manos de los indios de Puná. Sus modos de requerimiento habían sido un factor decisivo, tanto para la prisión como para la condena a muerte de Atahualpa.

No es materialmente posible la cita ordenada de las muertes de los capitanes implicados en la contienda entre los herederos de Almagro y los de Pizarro. En el tiempo se cruzan con aquéllas las desapariciones, más discretas, de Hernando de Soto —otra figura del hecho de Cajamarca, junto a Pizarro— a orillas del Mississippi, en 1542, y de muchos de sus compañeros. Decisiva va a ser la guerra abierta del Perú, que no logra atenuar en la batalla de Chupas el enviado de la corte Vasco de Castro, donde verá morir a su lado a uno de sus capitanes, Álvaro de Holguín, atravesado por una bala de arcabuz. Sin poderlo evitar, Vasco de Castro llevó al cadalso al hijo del propio Diego de Almagro, cuando apenas contaba 22 años de edad.

Los problemas —problemas que siempre hay que inscribir en la nómina abierta por la ejecución de Vasco Núñez de Balboa— no serían encauzados por la autoridad del rígido virrey Blasco Núñez de Vela; el severísimo intérprete de las Nuevas Leyes de 1542 no se detendría en la muerte por golpe de daga del prestigioso Suárez de Carbajal, que se oponía verbalmente a sus ideas. Esta acción personal del Virrey le costaría la vida. La presión de sus enemigos le obligó a retirarse a Popayán, hacia el norte de Lima. Una disparatada batalla le perdió junto a Quito, ahora frente a un Gonzalo de Pizarro en total rebeldía. El 18 de enero de 1546, el vencedor lleva su crueldad hasta el punto de terminar mandando a un esclavo negro que cortase al Virrey la cabeza de un solo golpe de sable.

Meses más tarde, será una expedición de Orellana (a lo largo y a lo ancho del cauce del Amazonas) la que pierda a su entusiasta conductor el 29 de noviembre de 1546. No hay misericordia en el dictamen del oficialista Gómara: «murió miserablemente y toda la gente se perdió».

Con menos prisas y con más talento que Blasco Núñez, actuó el clérigo Pedro de La Gasca para doblegar a las huestes de Gonzalo de Pizarro. Las dotes militares de su mejor capitán, el veterano Francisco de Carvajal, no evitaron la ruina del hermano pequeño del conquistador del Perú. Previamente, la batalla de Huarina, el 26 de octubre de 1547, da ocasión a nuevas ejecuciones de capitanes de huestes; la batalla decisiva de Xaquixahuana hará el resto. Aquí, al suplicio del octogenario Carvajal se une la decapitación del propio Gonzalo. Dos capitanes que intentaron la huida del escenario, Centeno e Hinojosa, morirían en las campañas de los dos años siguientes, a pesar de haberse acogido al estandarte real antes de 1548.

Entre tanto, Chile había conocido la ruina y la muerte de más de un soldado distinguido. Las muertes, lejos de Chile, de Alonso de Monroy (Lima, 1544) y de Jorge Robledo (Antioquía, 5 de octubre de 1546), ésta por orden de un Sebastián de Belalcázar celoso, casi se superponen a las conspiraciones de Sancho de Hoz contra Valdivia; aquél, en 1546, no podrá evitar las consecuencias fatales del odio acumulado por los demás capitanes de Valdivia. No logró, una vez más, protegerse en la habitual clemencia del conquistador de Chile. El propio Belalcázar, más maniobrero que todos los demás, no sobrevivirá demasiado a su víctima, Robledo. Apresado y condenado a muerte, sólo evitará la inmediatez de la ejecución. Morirá en Cartagena de Indias en 1551, cuando sus enemigos se disponían a trasladarle a España para refrendar la condena.

Pedro de Valdivia, indulgente donde otros habían sido intransigentes, moriría en acción de guerra cerca de Tucapel en 1553, humillado por unos araucanos altamente excitados por la embriaguez de sus primeras victorias. Era sólo el comienzo de una guerra azarosa de 80 años de duración, que dejaría por el camino miles de soldados muertos, de toda condición. Las crónicas y las epopeyas, naturalmente, realzan a los capitanes muertos, ya que la «conquista» estaba siendo polarizada hacia la suerte de los capitanes. Y tan capitanes eran los españoles como los cabecillas de las rebeliones indígenas, según Alonso de Ercilla.

Jerónimo de Alderete sucumbe en Panamá y muy cerca de él en el tiempo lo hará Martínez de Irala, ya en la fase de dilatación de las conquistas. Nada fue, sin embargo, tan espectacular como la serie de condenas a muerte abierta por la ejecución de su jefe, Pedro de Ursúa, por el megalomaníaco Lope de Aguirre. La espantosa serie de crueldades fue cerrada en Barquisimeto con los episodios sangrientos y esperpénticos que preceden a la apocalíptica destrucción del único súbdito del rey de Castilla que se rebeló frontalmente contra la Corona.

Navegando junto a Nicaragua, perdió la vida Juan Vázquez Coronado, en 1564. Los tres caudillos del acuerdo más humano y más legal ofrecido por la historia de la «conquista» no tendrían igual suerte. Ya conocemos la de Belalcázar. Tan triste como ella fue la del alemán Federmann, despojado de todo y juzgado en Europa. Algo más agradable sería la de Jiménez de Quesada, tras superar sorprendentemente a todos sus contradictores. Disfrutó de una serena ancianidad en el escenario de sus merecimientos.

La azarosa vida del muy constante Juan de Garay —el último de los dilatadores de la «conquista»— se cerraría en la fecha tardía o remota de 1583, cuando iba a cumplir los 54 años de edad. Dejaba definitivamente fundada la ciudad de Buenos Aires. Pero, curiosamente, este coetáneo de Felipe II morirá a manos de los guaraníes para constatar la influencia de una tendencia que no podía interrumpirse, ni siquiera cuando en los dominios de los Habsburgo españoles no se ponía el sol, la tendencia a morir en los empeños.

Las demás muertes de los restantes conquistadores no tienen, a mi juicio, parecido significado. Se asemejan a las ya conocidas de Cristóbal Colón, en Valladolid; y de Hernán Cortés, en Castilleja, junto a Sevilla, en 1547, cuatro décadas más tarde. Ambas recuerdan la consunción amarga de Juan Sebastián Elcano en el olvido. Y es que las muertes de los conquistadores concentran dos órdenes de destinaciones humanas abrazadas por una desproporción. De su esfuerzo bélico heroico podía venir o una muerte violenta o una muerte olvidada. Nunca una muerte al amparo de una verdadera estirpe de continuadores o herederos a perpetuidad numéricamente significativa.

III

EL ENTORNO DESCUBRIDOR DE PEDRARIAS DÁVILA

En la capitulación para la conquista de Yucatán el pacto fue el siguiente: el conquistador se obligó a fundar dos pueblos de más de cien vecinos cada uno y dos fortalezas a su costa; había de partir para su viaje dentro del año siguiente a la fecha de la capitulación llevando la gente de España: se le nombró gobernador con ciento cincuenta mil maravedís de salario anual y capitán general con cien mil; se le hizo merced perpetua del oficio de alguacil mayor; tendría la tenencia de las fortalezas de por vida y las de dos herederos con salario anual de sesenta mil maravedís por cada fortaleza; se le hizo merced del oficio de adelantado con perpetuidad; tendría diez leguas cuadradas de tierra pero sin jurisdicción civil ni criminal... Las capitulaciones no abarcaron todo el derecho interno de las expediciones. Aunque importantes como contratos primeros y base legal de partida de las empresas, no comprendieron en realidad sino el permiso, la relación del caudillo con el rey y las franquezas generales para los pobladores; pero no decían nada de la organización de la hueste, la relación de los capitanes con los soldados, la relación de éstos entre sí, etc. ... Contra lo que comúnmente se ha creído, las capitulaciones no fueron lo más importante en la estructura de las huestes; junto a ellas valieron leyes, instrucciones, usos y costumbres de la guerra, hábitos de formación militar, reglas sobre las presas, cautivos, etc., sin cuyo conjunto la capitulación no puede indicar la verdadera naturaleza jurídica de las empresas. (S. A. Zavala, *Las instituciones jurídicas en la conquista de América*, 3.ª ed. rev. y aum., Porrúa, México, 1988, pp. 102 y 104.)

En el entorno descubridor de Pedrarias Dávila, el gobernador que lo fue, sucesivamente, de Castilla del Oro y de Nicaragua (1514-1531), hay que poner los nombres de Alonso de Ojeda, de Vasco Núñez de Balboa, de Pascual de Andagoya, de Francisco Hernández de Córdoba y de Sebastián de Belalcázar.

La selección de estos cinco nombres no es arbitraria. Marca cinco etapas en las conquistas con base en el istmo. Alonso de Ojeda muere, aproximadamente, cuando llega a Darién la importante expedición de Pedrarias. Vasco Núñez de Balboa compartirá durante cinco años con Pedrarias las graves responsabilidades del gobierno, para terminar haciéndose insoportable al Gobernador. Pascual de Andagoya, entre todos los conductores de huestes remitidos por Pedrarias, marcará la dirección correcta, hacia el Perú, por la que se lanzarán los más afortunados conquistadores del ámbito circuncaribeño. El explorador del Norte, Francisco Hernández de Córdoba, en parte substancial, repetirá la suerte de Balboa en el cadalso y dejará abierto el territorio en el que Pedrarias resultará encerrado desde 1526 por sus adversarios (Nicaragua). Sin salir de Castilla del Oro (Panamá), Belalcázar esperará hasta la muerte del anciano segoviano para lanzarse en pos de Francisco Pizarro y encarnar, mejor que nadie, el estilo de operar de su primer maestro.

Otros conquistadores, administradores, clérigos y cronistas vivieron también atrapados por el ejercicio autoritario del poder en manos de Pedrarias. La reunión de sus semblanzas podría ayudarnos a la comprensión del período que simboliza, pese a quien pese, su figura. El más activo de todos, Hernando de Soto —no del todo ajeno al modo de hacer las cosas del segoviano— alcanzará la fama siendo uno de los capitanes mayores de Francisco Pizarro. El más eficiente, el licenciado Gaspar de Espinosa, utilizará otros peones tras experimentar en sus carnes las dificultades de la conquista. Pero ni uno ni otro expresan tan limpiamente, como los cinco nombres citados, la ambición de Pedrarias.

LA TRANSICIÓN DEL NAVEGANTE AL DESCUBRIDOR

Alonso de Ojeda, gobernador de la Coquibacoa, «con su tierra y jurisdicción» —como rezaba la célula que le extendió, el 10 de junio de

1501, Nicolás de Ovando—, había sido alcaide (o castellano) del fuerte de Santo Tomás en La Española por voluntad de Diego Colón. Su personalidad inquieta explica, mejor que ninguna otra, la transición desde la figura de un navegante a la de un descubridor. Recientemente se han ocupado de Ojeda, Demetrio Ramos —*Alonso de Hojeda en el gran proyecto de 1501*[1]— y Manuel Lucena Salmoral —*Don Alonso de Hojeda: descubridor, primer gobernador y poblador de Colombia*[2]. Mario Góngora también le destaca en su obra, *Los grupos de conquistadores en Tierra Firme (1509-1530). Fisonomía histórico-social de un tipo de conquista*[3].

A Vasco Núñez de Balboa se le nombró adelantado del Mar del Sur, tras muchas vicisitudes, merced a la iniciativa de hombres, en su día, encuadrados en las huestes de Ojeda y Nicuesa. Se legalizó su mando en una cédula dada en Valladolid por el Rey Católico el 23 de septiembre de 1514. Previamente había sido reconocida su autoridad, de hecho, por Diego Colón. Su figura imprimirá a la conquista nuevos entusiasmos. También un nuevo estilo que, en absoluto, agradó a Pedrarias. Sus jornadas, meticulosamente preparadas, siempre de carácter terrestre y reducido radio de acción, buscaban un pacto de pacificación con la población indígena. Con toda razón, José Toribio Medina concede la mayor trascendencia al hecho del descubrimiento por Balboa del océano Pacífico y lo equipara con la hazaña, tan distinta, de Magallanes[4]. Los biógrafos de Balboa (Altolaguirre y Duvale o Constantino Bayle) se complacen en su imagen de «baquiano». Había llegado Balboa a las Indias en 1500. Con Rodrigo de Bastidas había reconocido las costas de Venezuela.

Contrariamente, Pedro de Arias de Ávila (Pedrarias) —Capitán General y Gobernador de Castilla del Oro a partir del nombramiento re-

---

[1] D. Ramos «Alonso de Hojeda en el gran proyecto de 1501», en *Boletín Americanista*, núms. 7, 8 y 9, Barcelona, 1961; «El retorno a España de Alonso de Hojeda en calidad de preso después de su segundo viaje», en *Revista Quinto Centenario*, núm. 3. Sevilla, 1982.

[2] M. Lucena Salmoral, *Don Alonso de Hojeda: descubridor, primer gobernador y poblador de Colombia*. Bogotá, 1970.

[3] M. Góngora, *Los grupos conquistadores en Tierra Firme 1509-1530. Fisonomía histórico-social de un tipo de conquista*. Santiago de Chile, 1962.

[4] J. Toribio Medina, *El descubrimiento del Océano Pacífico: Vasco Núñez de Balboa, Hernando de Magallanes y sus compañeros*. Santiago de Chile, 1914.

gio de 27 de julio de 1513— optará sin contemplaciones por dar carácter bélico a la conquista. El empeño descubridor de Balboa, desde la llegada a Darién de Pedrarias, se verá profundamente alterado por ello. Las nuevas operaciones de conquista ya no serán otra cosa que simples jornadas de reconocimiento o breves entradas de saqueo. Pedrarias, primero, recoge y desparrama la herencia de Alonso de Ojeda; después, se apropia de los avances de Balboa. Con Pedrarias en el poder, aparecerá un nuevo estilo de actuación dominado absolutamente no por las ceremoniosas tomas de posesión de la etapa anterior, sino por la idea de sometimiento y castigo [5].

Tres capitanes de Pedrarias, entre los muchos que movilizó en todas las direcciones, pueden servirnos como testimonios de tres modos de conducta: a) discreto por demás, el de Pascual de Andagoya; b) eficaz y peligroso, como fuera el de Balboa, el de Francisco Hernández de Córdoba; y c) astuto y hábil, el que se verá encarnado por Sebastián de Belalcázar.

Pascual de Andagoya, el protegido de Pedrarias, aparece dos veces en la historia de la conquista de América, separadas en el tiempo. En su expedición hacia el Sur (1522) como visitador de indios, recogerá noticias del Imperio inca que serán reveladoras para Pizarro, Almagro y Luque. Durante su presencia en el gobierno del Río de San Juan sufrirá dos vicisitudes: la muerte de su protector y brazo jurídico de Pedrarias (Gaspar de Espinosa) y el regreso alborotado a las Indias, desde España, de su enemigo Belalcázar, más reivindicativo que nunca de sus derechos territoriales (1837-1840). En ambas ocasiones se revelará la timidez de Andagoya. Raúl Porras Barrenechea, el mejor comentarista de su *Relación* [6] y el alemán Hermann Trimborn [7] coinciden en destacar su otra capacidad, una excelente capacidad, para la crónica. Andagoya, «un conquistador a medias, aunque buen cronista», había nacido hacia 1498.

---

[5] P. Álvarez Rubianos *Pedrarias Dávila. Contribución al estudio de la figura del «Gran Justador», gobernador de Castilla del Oro y Nicaragua.* Madrid, 1944.

[6] R. Porras Barrenechea, *Cronistas del Perú*, Lima, 1962; *Los cronistas del Perú (1528-1650).* Lima, 1944.

[7] H. Trimborn, *Pascual de Andagoya. Ein Mensch erlebt die Conquista*, Hamburgo, 1954. Los datos proceden de M. Fernández Navarrete, *Colecciones de los viajes y descubrimientos que hicieron por mar los españoles desde fines del siglo xv*, 3 vols. Madrid, 1954.

Francisco Hernández de Córdoba, durante algunos años, fue uno de los capitanes predilectos de Pedrarias. Entre 1523 y 1526 será un hombre fuerte en Nicaragua y Costa Rica. La vengativa actitud del anciano gobernador, al ejecutarlo, le convertirá en el símbolo de la autodestrucción que más veces se repetirá entre los conquistadores. Carlos Menéndez ha estudiado el caso en el que estaban implicados como observadores Cortés, Alvarado, Belalcázar y Soto [8]. No hay que confundirle con su homónimo desaparecido violentamente en el Yucatán en 1517.

Sebastián de Belalcázar será el más auténtico y severo continuador de la obra de Pedrarias. No importa que la historia de su fama nos lleve, a la muerte de Pedrarias, a verlo en Cajamarca, junto a los Pizarro; en Quito, junto a Almagro; y, en general, en todos los territorios donde la disputa por el poder se encona. Belalcázar tendrá mucho que ver con todos y cada uno de los protagonistas de las guerras civiles peruanas. Finalmente, tras enzarzarse en Bogotá con Federmann y Jiménez de Quesada, y tras expulsar a Pascual de Andagoya de Popayán, ejecutará a Jorge Robledo por la cuestión de Antioquía. Su carrera la había preparado Pedrarias nombrándole regidor de Santiago de los Caballeros de León desde 1527, cargo que ocupó hasta 1531. Diego Garcés Giraldo es su último biógrafo [9]. Tanto Demetrio Ramos [10], como Juan Friede [11], lo tienen en cuenta como figura singular.

Pedrarias se rodeó de otros capitanes que hoy llamamos capitanes menores, como Luis Carrillo y Juan de Fonseca, que favoreció en 1502 su adelantamiento a Venezuela. Su vida reúne muchos rasgos novelescos. En 1508 logró evadirse del pirata que le había capturado aprovechándose de un naufragio en el Caribe. Fue el primero de los marinos radicados en El Puerto de Santa María que se entusiasmó con las perspectivas abiertas por el descubrimiento [12].

---

[8] C. Menéndez, *Hernández de Córdoba. Capitán de Conquista en Nicaragua*. San José de Costa Rica, 1976.

[9] D. Garcés Giraldo, *Sebastián de Belalcázar*. Cali, 1986.

[10] D. Ramos, *El mito de El Dorado, su génesis y proceso*. Caracas, 1973.

[11] J. Friede *La expedición de Sebastián de Belalcázar a Santa Fe. Nicolás Federmann en el descubrimiento del Nuevo Reino de Granada*.

[12] F. Morales Padrón, *Los conquistadores de América*, Colección Austral. Madrid, 1974.

El retrato que le hace F. A. Kirkpatrick corresponde al segundo viaje de Colón:

> ...una partida exploratoria salió para Cibao capitaneada por Alonso de Ojeda, un típico conquistador, pequeño de estatura pero fogoso, hábil, alegre, valiente y no demasiado escrupuloso, fuerte y experimentado en todas las prácticas atléticas y militares gustando de los más diabólicos alardes de fuerza y nervios, siempre en lo más fragoso de la batalla, sin haber sido herido hasta el último combate.

Este retrato contrasta con el juicio crítico que Kirkpatrick añade a continuación: «el sistema de Ojeda era más combativo que diplomático y sus frecuentes luchas con los indígenas constituyeron una desafortunada introducción de la civilización europea en aquella tierra». Esta crítica no refleja en toda su complejidad al personaje que no vivió, como dice Kirkpatrick, «un año más en la pobreza aterrorizando en La Española a cualquier agresor de capa y espada», sino recogido en un convento, posiblemente haciendo confesión de culpas y apartado de las vanidades del mundo [13].

En los dos años que Colón estuvo ausente de La Española (entre el segundo y tercer viaje), Alonso de Ojeda tuvo problemas con Francisco Roldán, un revoltoso que obedecía al adelantado Bartolomé Colón a su modo. Por entonces, Ojeda descubría por su cuenta, con Américo Vespucio y Juan de la Cosa (1499-1500), y recorría a pie la isla Margarita y las verdes riberas del Orinoco. Regresó a España arruinado. Había sido apresado una vez por sus hombres, que no soportaban ni los ataques de los indios, ni la «broma» de los barcos, ni la enfermedad de los trópicos. Volvería al golfo de Urabá en 1503 con este inequívoco mensaje:

> Las Indias son un nuevo continente... Ir hasta él no va a seguir siendo empresa particular de unos visionarios navíos andaluces... La Monarquía Católica recaba para sí la dirección de la empresa... Es inadmisible que continúe en manos de unos incontrolados particulares su conquista.

---

[13] F. A. Kirkpatrick, *Los conquistadores españoles*, Colección Austral, vol. extra. Madrid, 1935.

Alonso de Ojeda, de hecho, aunque no de derecho, más que Bartolomé Colón, será el primer adelantado de aquellas tierras que se llamaron Nueva Andalucía. Ayudado por Nicuesa, pero abandonado por un Enciso reacio a acudir a su llamada, verá morir a Juan de la Cosa. «Se hizo tan crítica la situación de la mesnada, que Ojeda partió para La Española en busca de refuerzos, dejando sus hombres al cuidado de Francisco Pizarro». No volvería nunca a embarcarse.

> De manera absurda —escribe Morales Padrón— desaparecía de la escena uno de los más simpáticos personajes de la epopeya indiana. Tenía todo lo que un hombre podía desear. Sólo le aquejaba un defecto: el ser pequeño.

El origen noble de Alonso de Ojeda, su habilidad para inspirar confianza a las autoridades de España, su arrojo personal, todo se combinaba para hacer de él el primero de los verdaderos conquistadores. Incluso Bartolomé de las Casas lo describe con agrado:

> Era pequeño de cuerpo, pero muy bien proporcionado y muy bien dispuesto, hermoso de gesto, la cara hermosa y los ojos muy grandes, de los más sueltos hombres en correr y hacer vueltas y en todas las otras cosas de fuerzas, que venían en la flota y que quedaban en España. Todas las perfecciones que un hombre podía tener corporales, parecía que se habían juntado en él, sino ser pequeño.

La revelación del genio de Balboa

Francisco Pizarro y Vasco Núñez de Balboa —cuando todavía nadie sabe nada de la existencia de Pedrarias— venían actuando en la trayectoria de Alonso de Ojeda con los restos de las huestes del mismo Ojeda y de Nicuesa. Suman 180 hombres destrozados a quienes el mejor informado, Balboa, conducirá a Darién. La última retirada —religiosa, mística, misionera— de Alonso de Ojeda dará su ocasión para la revelación del genio de Balboa [14].

[14] R. Majó Framis, *Vida de los navegantes y conquistadores españoles del siglo xvi*, Aguilar. Madrid, 1946.

La fundación de Nuestra Señora de la Antigua del Darién, a viva fuerza, por Balboa en 1510, había seguido a una verdadera conquista. Balboa doblegó al cacique Cémaco y, ausente Nicuesa —en cuyo territorio habían penetrado los hombres salvados por Vasco Núñez de Balboa—, formó un ayuntamiento, el primero de Tierra Firme. Cuando aparezca, Nicuesa será mal recibido. En realidad, fue expulsado por el Cabildo. En la expulsión resultó afectado también Enciso, porque «los pobladores —sintetiza perfectamente Morales Padrón— no querían sobre sí nadie que representara la autoridad de Ojeda y Nicuesa». Como todos los baquianos, aquellos hombres querían independizarse y depender directamente de la Corona.

Diego Colón, en La Española, se inclinó por aceptar la situación de hecho engendrada en Tierra Firme y reafirmó la autoridad de Balboa. Lo mismo haría por su consejo el Rey Católico, que le designa capitán y gobernador interino del Darién. Enciso y el alcalde Zamudio no lo perdonarán nunca.

Con la misma idea de reparto de responsabilidades se dictaron las capitulaciones a favor de Juan Ponce de León para la conquista de Puerto Rico, fechadas en 1509. Ponce, será, jurídicamente hablando, el primer adelantado de las Indias. Por ellas se le hacía «teniente explorador y gobernador». Iban firmadas por Nicolás de Ovando. Diego Colón, al relevar a éste en La Española, procederá a la ratificación del cargo de Gobernador de San Juan a favor de Ponce, que el 23 de febrero de 1512 obtiene permiso para descubrir la tierra de Bimini, donde se suponía estaba la *Fuente de la eterna juventud*.

Mientras tanto, Diego Colón había enviado a Juan de Esquivel, compañero de Ojeda y distinguido en el segundo viaje de Colón, para la conquista de Jamaica. Se dice que Ojeda, enterado del encargo, juró que le había de cortar la cabeza al sevillano como se atreviese a tomar la isla que él, con toda razón, necesitaba controlar para actuar con seguridad en Tierra Firme. Antes de la llegada de Pedrarias, Esquivel fue eliminado de la competencia por negligente en la evangelización. En 1512, Francisco de Garay, un vasco, logra de Fernando el Católico las capitulaciones que le convertían en Gobernador de Jamaica.

Otro hombre de Diego Colón —Diego Velázquez de Cuéllar— también había mostrado su voluntad de conquista en fecha anterior a la expedición de Pedrarias, ahora en dirección hacia la isla de Cuba.

Diego Velázquez, originario de Segovia, era, en palabras lascasianas, de «condición alegre y humano, y toda su conversación era de placeres y agasajos, como entre mancebo no muy disciplinado». Gozaba de gran estimación por la jovialidad y llaneza con que trataba a sus inferiores, sin menoscabo de su dignidad ni del respeto debido a su persona y jerarquía, «gentil hombre de cuerpo y de rostro y así, amable por ello; algo iba engordando, pero todavía perdía poco de su gentileza». El «teele (jefe) gordo» le decían los indígenas.

La conquista de Cuba la emprendió, en 1511, Diego Velázquez. Este hombre, «celoso de su autoridad, de mediana instrucción, tenaz, dotado de sentido poético, valeroso... pero como todos los de su condición, obsesionado por su mando independiente... pensaba en sacudirse la subordinación de Santo Domingo tan pronto pudiese». A su lado tenía a Cortés, Alvarado, Bernal Díaz, Ordás, Hernández de Córdoba y Juan de Grijalba. El capitán Pánfilo de Narváez, todavía en Jamaica junto a Juan de Esquivel, también resultará atraído por Diego Velázquez. A principios de 1512, Narváez ya aparece en la fundación de Nuestra Señora de la Asunción. Será su servidor más fiel.

> Pánfilo de Narváez era hombre de persona autorizada, alto de cuerpo, algo rubio, que tiraba a ser rojo, honrado, cuerdo, pero no muy prudente, de buena conversación, de buenas costumbres y también para pelear con indios esforzados.

Narváez, con 100 españoles y cerca de mil indios (jamaicanos, haitianos y cubanos), acompañado por Bartolomé de las Casas, llegó a Carenas (futura La Habana). A finales de 1514, la isla de Cuba estaba totalmente explorada.

La voluntad de conquista ganaba, día a día, a todos los hombres citados. Sus afanes llegaban desde Florida —el hallazgo de Juan Ponce de León por *Pascua Florida*— hasta Yucatán. Pero estaban al rojo vivo en Castilla del Oro. Allí, Vasco Núñez de Balboa hablaba desde Darién de los grandes tesoros del templo del cacique Dabaida. Las islas caribeñas —La Española, Puerto Rico y Cuba— conquistadas y repartidas, ya no daban más de sí. Las enfermedades infecciosas, transmitidas ingenuamente, hacían estragos en los indios. La solución del problema era huir hacia adelante, como proponía Balboa, impulsado por su genialidad.

Mientras, en la Corte, Martín de Enciso creaba un ambiente desfavorable a Balboa; el tesorero Miguel de Pesamontes destruía, a su vez, la imagen de Diego Colón; el obispo Juan Rodríguez de Fonseca formaba, al modo maniqueo, dos nóminas con los españoles de Indias, la de los amigos y la de los enemigos; y en los púlpitos de La Española, un dominico apasionado, fray Antonio Montesinos, abría la polémica sobre el trato a los indios, que debilitaba todos los proyectos de expansión.

La palabra clave hasta entonces —*adelantado*, un cargo que atiende con plenas atribuciones a la justicia y a las necesidades militares en una región extrema del reino (tal fue la esencia del nombramiento a favor de Juan Ponce de León, al ser descubierta la Florida)— será sustituida por otra —*gobernador*—, una autoridad que expresa la voluntad de administrar un territorio ya conquistado con plena sujeción a la norma legal [15].

Así estaban las cosas cuando llegó al Caribe, Pedrarias. Éste dará la imagen pura del Gobernador que se rodea de conquistadores, que pronto harían suya Cortés, Pizarro y Valdivia.

PEDRARIAS DÁVILA, FUROR DEL SEÑOR

William H. Prescott, el Homero del Nuevo Mundo, en la *Historia de la conquista del Perú* —la obra de un «historiador romántico que intentará maridar las adquisiciones del Siglo de las Luces con las de la Europa incendiada por Napoleón, ya en los umbrales del historicismo», como dice J. M. Gómez-Tabanera—, se muestra particularmente duro con Pedrarias [16]. No es que le molesten todos los conquistadores. Hernán Cortés le resultaba grato y de Pizarro elogia casi todo, excepto sus atisbos de crueldad. La obra de este escritor ciego fue publicada en los Estados Unidos a finales de 1847 y gustó mucho. Estuvo justamente considerada como un alegato a favor de los conquistadores españoles. «En realidad —escribía a su español amigo, Pascual Gayangos, ha-

[15] A. García Gallo, «Los orígenes de la administración territorial de las Indias». *Anuario de Historia del Derecho Español*. Madrid, 1944.
[16] W. H. Prescott, *Historia de la conquista del Perú*, Colegio Universitario de Ediciones Istmo, prólogo de J. M. Gómez-Tabanera. Madrid, 1986.

blando de sí mismo—, podría considerarme español, ya que durante mis últimos 30 años —al menos con el alma— he vivido más en España que en mi propio país».

La ojeriza contra Pedrarias, un hombre implacable y vengativo, que vivió entre 1440 y 1531, no ha dejado de estar presente entre los historiadores de América. Demetrio Ramos Pérez, en el capítulo «Las grandes Conquistas» del tomo *Descubrimiento y fundación de los Reinos ultramarinos* [17], ofrece algunas de las razones que explican lo que llama deformación del personaje.

a)   Sus relaciones con los cronistas contemporáneos, especialmente con Gonzalo Fernández de Oviedo, no fueron buenas, por lo que llegó a ser su encarnizado enemigo... Bartolomé de las Casas no vaciló en considerarlo como «una llama de fuego que muchas provincias abrasó y consumió, por cuya causa le llamábamos *furor domini*». Vasco Núñez de Balboa, su rival, le culpa de falta de carácter, ausencia de escrúpulos, autoritario, «muy viejo... y muy doliente de grandes enfermedades».

b)   Los escritores románticos del siglo xix —el español Quintana y el norteamericano Washington Irving— convirtieron a Balboa en el modelo del buen conquistador y a Pedrarias en un horrendo victimario.

c)   Los modernos historiadores no distinguen entre el momento inicial (1509) de la presencia española en Tierra Firme —dominado por Balboa hasta su muerte, en 1519— y la activa etapa de creación de establecimientos que Pedrarias logra a partir de la fundación de Panamá.

d)   Los estudiosos de la estrategia de la «conquista» sitúan a Pedrarias en la dirección equivocada —las expediciones al Poniente (Nicaragua)— y a sus adversarios en la dirección correcta, las expediciones al Levante (Perú). En realidad, fue un caso de mala fortuna más que un error, ya que Pedrarias movió huestes en todas las direcciones.

e)   Los protectores de los indios se vienen empeñando en hacerle responsable de la escalada en la violencia, sin caer en la cuenta de que el cambio cualitativo en el trato ocurrió al mismo tiempo en todas las Indias y fue acelerado por la noticia del éxito conquistador de Hernán Cortés en Méjico a lo largo del año 1520.

---

[17] D. Ramos, *Historia General de España y América*, tomo VII, Rialp. Madrid, 1980.

Prescott no es, con todo, el historiador más duro con Pedrarias.

Entre los gobernadores coloniales —escribe— que debieron el empleo al rango que tenían en su país, se contaba a don Pedro Arias de Ávila o Pedrarias, como se le llama comúnmente. Estaba casado con una hija de doña Beatriz de Bobadilla, la célebre Marquesa de Moya, muy conocida como amiga de Isabel la Católica. Era hombre de alguna experiencia militar y de carácter muy enérgico. Pero, como después se vio, era de genio malévolo, y las bajas cualidades que quizás no se hubieran notado en la oscuridad de la vida privada, resaltaron, y quizás fueron creadas en parte por su encumbramiento repentino al poder; así como los rayos del sol obran benéficamente en un suelo generoso, y lo estimulan a la producción, mientras que sólo sacan del pantano vapores pestilentes y dañinos.

El comentario de Prescott se deriva de un dato histórico: «Diose a este hombre el mando del territorio llamado Castilla del Oro, el terreno escogido por Núñez de Balboa para teatro de sus descubrimientos». El buen éxito de éste dio origen a los celos de su superior, porque, como dice Prescott, «a los ojos de Pedrarias era un crimen hacer grandes servicios».

Fernando el Católico instruyó a Pedrarias en los mismos términos que Balboa le había aconsejado en su *Relación del descubrimiento del Pacífico.*

El asiento que se hubiere de hacer en el golfo de San Miguel en la mar del Sur debe ser en el puerto que mejor se hallase y más convenible para la contratación de aquel golfo, porque según lo que Vasco Núñez escribe, sería muy necesario que allí haya algunos navíos así para descubrir las cosas del golfo y de la comarca de él, como para la contratación de las otras cosas necesarias al buen proveimiento de aquello; e para que estos navíos aprovechen es menester que se hagan allá.

Pedrarias venía, pues, obligado por el Rey a seguir la pauta de Balboa. La zona fue llamada Castilla del Oro por la desbordada esperanza de encontrar tesoros que despertó en la Península su poblamiento.

LA FUNDACIÓN DE CIUDADES

La armada de Pedrarias levó anclas del puerto de Sanlúcar el 11 de abril de 1514. F. Oviedo consigna hasta 2.000 hombres embarcados en 22 naos y carabelas. Viajan con él, además de Gonzalo Fernández de Oviedo, el licenciado Gaspar de Espinosa —de larga historia en todo el juego de ejecuciones, juicios de residencia y expediciones que vino después— y el bachiller Martín Fernández de Enciso, un veterano, un «baquiano» que pasó a la historia por su utilísima *Summa Geographiae*. También iban embarcados Bernal Díaz del Castillo y los capitanes Hernando de Soto, Diego de Almagro, Sebastián de Belalcázar y Pascual de Andagoya. El 30 de junio, la armada clavó anclas en Santa María de la Antigua de Darién.

Balboa, un hombre sencillo, que calzaba alpargatas y vestía camisa de algodón, apareció ante el ampuloso lugarteniente general y Gobernador, que desembarcaba de modo aparatoso. Se enfrentaban un soldado de temperamento aventurero, adecuado para descubrir, con un funcionario capacitado para gobernar. Un símbolo del poder popular se erguía frente al hombre designado por la autoridad real. Esto es lo que hubieran observado los comuneros Padilla, Bravo y Maldonado, si hubieran llegado a Castilla del Oro en lugar de haber sido ajusticiados en Villalar.

El retrato de Balboa que hace Oviedo, parece una burla de Pedrarias:

> Y en la verdad tuvo valerosa persona, y era para muchos más que otros; ni tampoco le faltaban cautelas y codicias; pero junto con esto era bien partido en los despojos y entradas que hacía. Tenía otra cosa, especialmente en el campo, que si un hombre se le cansaba y adolecía en cualquier jornada que él se hallase, no lo desamparaba; antes bien si era necesario, iba con una ballesta a le buscar un pájaro o ave, y se le mataba y se la traía; y le curaba, como a hijo o a hermano suyo, y lo esforzaba y animaba.

López de Gómara añade, contra Pedrarias, que Balboa fue «amado de soldados». Las jornadas de Balboa habían tenido como objetivo principal el descubrimiento; se movieron en un escenario local, el Darién, sin rebasar su carácter terrestre. No así las jornadas de Pedrarias, mucho más ambiciosas, que alcanzaron la totalidad del istmo. Las entradas de Balboa, muy lentas y bien preparadas, tenían el propósito de asegurar el dominio de la tierra. Las expediciones de Pedrarias, en todas las direcciones y a ritmo endiablado de entradas y regresos, ambicionaban el botín. Eran generalmente mixtas, por tierra y por mar. Una de ellas, la de Juan de Ayora —un militar con extensa hoja de servicios en la metrópoli— escandalizó por la magnitud del botín arrancado precisamente a los jefes indios que Balboa había tratado como amigos. En Paná, el obispo Quevedo y fray Bartolomé de las Casas; y en la Corte, Pedro Mártir de Anglería, denunciaron su crueldad. Esta entrada provocó la rebeldía indígena de modo irreversible. Se escandalizan todos, porque Pedrarias «nunca ha castigado los daños y las muertes que se han hecho en las entradas, ansí de los caciques, como de indios».

Pedrarias, todavía en buenas relaciones con Balboa, organiza huestes muy cortas para sus entradas —unos 800 hombres—. Sólo la de Balboa hacia el Sur, en busca de las tierras y del tesoro del cacique Dabaiba, alcanzó a ser una hueste normal de 190 hombres. Su fama de pacificador no impidió que el capitán así adelantado recibiera un flechazo en la cabeza. Su segundo, Luis Carrillo, recibió algunos más, lo que le supondría la muerte al regreso a Santa María. Únicamente la expedición punitiva con la que Pedrarias intentó vengar la desaparición de Francisco Becerra (12 caballos y 250 hombres), tenía el volumen ideal para ser una hueste eficaz. Sirvió de base para la fundación de Acla.

El entorno descubridor de Pedrarias se fue cargando de agresividad. La boda por poderes de Balboa con una hija del Gobernador no arregló nada. Su ejecución, el 12 de enero de 1519, tras ser detenido en el río de las Balsas por Francisco Pizarro y juzgado por Gaspar de Espinosa, precede al salto que Pedrarias dará desde el Atlántico hasta el Pacífico para fundar, el 19 de agosto, la ciudad de Nuestra Señora de la Asunción de Panamá.

Desembarazado de Balboa, Pedrarias se obsesionará con la fundación de ciudades. La fundación de Natá, el 20 de mayo de 1522, siguió todas las «formalidades requeridas y estipuladas por la Corona: esto es el trazo de la ciudad a cordel y regla, el reparto de los solares para la iglesia, la plaza, el concejo y los vecinos, el señalamiento de tierras ejidales y el establecimiento de los límites jurisdiccionales» —escribe Demetrio Ramos—. Quizás por ello, Pedrarias, preocupado por el riesgo de ser relevado, fue siempre afortunado a la hora de soportar juicios de residencia.

El gobierno de Pedrarias rebasó en el tiempo la conquista de Méjico por Hernán Cortés. Llegó, con 90 años, a tener algún conocimiento de la conquista del Imperio de los incas. En 1527, Pedrarias dejó Panamá tras la llegada del nuevo Gobernador, Pedro de los Ríos, y se instaló en León, Nicaragua, quizás para seguir mandando.

La mejor biografía de Pedrarias se la debemos a Pablo Álvarez Rubiano. También Alfredo Castillo Calvo ha reunido magníficos datos sobre la época. Es difícil, con todo, precisar el esquema de ideas estratégicas del personaje, porque, en definitiva, la fuerza de su personalidad se expresó en múltiples direcciones y dispuso de muchas voluntades coherentes con la suya. Su figura queda históricamente enmarcada por dos ejecuciones capitales —la de Vasco Núñez de Balboa y la de Francisco Hernández de Córdoba—. Lo grave de ambas está en la intolerancia al menor atisbo de comportamiento independiente que revelan. Por causa de ello, Pedrarias ha pasado a la historia como un hombre celoso de su autoridad. Pero también merece pasar como un formador de los conquistadores que a su muerte actuaron con su peculiar estilo lejos del istmo de Panamá. En esta lista habría que incluir a todos los compañeros de Francisco Pizarro, particularmente a Hernando de Soto, y a exploradores tan afortunados como Orellana.

UNA HERENCIA, UN DESPOJO Y UN AFÁN

Lo primero que España halló en las que por algún tiempo se llamaron tierras de perdición, fue un Mediterráneo cuajado de islas, frente a las que pronto se dibujó una segura Tierra Firme. A ella dirigieron sus esfuerzos los españoles que pronto conocían a las mil maravillas los puertos, esteros, ensenadas, ríos y habitantes de lo que se designó con los nombres de Veragua y Castilla del Oro, a la que se sumó la región de Urabá, en la costa septentrional de América del Sur.

Estas palabras de Manuel Ballesteros Gaibrois aparecen en *Recuerdo y presencia de Francisco Pizarro*, una pequeña joya literaria aparecida en 1942 [18]. Nos hacen ver cómo el futuro conquistador del Perú pasó a servir, primero, a Alonso de Ojeda en su desgraciada expedición a Urabá, luego a Balboa y, más tarde, a Pedrarias. La cita de estos tres nombres expresa la vigencia en Pizarro de una herencia, la de Ojeda; de un despojo, el de Balboa; y de un afán, el de Pedrarias, que se superponen al fracaso de su primer usuario (Pascual de Andagoya), «cuyo primer enemigo siempre fue —dice Manuel Ballesteros— su propia irresolución».

El espíritu de Ojeda exigía la búsqueda del secreto de la tierra; el espíritu de Balboa, la creación de la posibilidad de ir tierra adentro hacia lo absolutamente desconocido, para abrir el camino de las especias; y el espíritu de Pedrarias, la afirmación de un dominio señorial o feudal.

Para entender mejor a los futuros conquistadores del Perú recordemos la hazaña de Balboa tal como pudo serle contada al gobernador Pedrarias a su llegada al istmo.

El 31 de mayo de 1513 se daba en España la primera orden destinada a preparar una armada que iría al Darién. Significaba ello la anulación de Balboa y el aprovechamiento por otro de todo lo conseguido por él hasta el momento. Exactamente tres meses después, el 1 de septiembre de 1513, Vasco Núñez de Balboa partía de La Antigua con 190 españoles y unos 800 indios. Iba a buscar la mar del Sur. Contaba para ello con los informes de Panquiano, los refuerzos que le llegaron de La Española, la paz hecha con los caciques vecinos y su tenacidad.

«La corta hueste —sigue diciendo Morales Padrón— navegó de La Antigua a Puerto Careta cerca de la futura Acla». Importa mucho retener el adjetivo que se da a la hueste de Balboa, «corta», y la naturaleza del primer movimiento, «navegó». De ninguna manera podrá decirse algo parecido de la expedición de Pedrarias, una hueste larga que también navegó, pero no para tomar posesión de algo nuevo sino para arrebatarle a Balboa lo que ya estaba bien conseguido.

---

[18] M. Ballesteros Gaibrois, *Recuerdo y presencia de Francisco Pizarro*. Madrid, 1942.

Por dos veces tomó Vasco Núñez posesión del mar: en las playas del golfo de San Miguel, el 29 de septiembre y el 29 de octubre, en una islita situada mar adentro. Fue la de Balboa —el comentario es de Morales— una de las más bellas tomas de posesión que el mundo americano pudo contemplar.

Llegó a la ribera —escribe su gran admirador Fernández de Oviedo— a la hora de vísperas, y el agua era menguante [19]. La tropa, cansada, se reclinó como pudo a la sombra de los árboles y aguardó a la pleamar... Francisco Pizarro era uno de los veintitantos que contemplaban en silencio el teatral acto balboano.

El regreso de Balboa a La Antigua, el 19 de enero de 1514, «yendo de tribu en tribu, de cacique en cacique, recogiendo oro y pactando alianzas», fue apoteósico. Balboa escribe y transmite al Rey sus propuestas en manos de un oficial real, Pedro de Arbolanche, que debió de cruzarse con Pedrarias en alta mar. Pedrarias, que había iniciado su ruta en abril del mismo año, y el nuevo Gobernador de Castilla del Oro —que no incluía Veragua— tardarían unos meses en saber que Balboa debería seguir como adelantado del Mar del Sur y a cargo del Gobierno de la provincia de Panamá y Cuba «debajo y so la gobernación de Pedro Arias de Ávila».

Era una solución salomónica muy típica de la burocracia real, a su vez perfecto anticipo del principio moderno de la subordinación de un mando operativo eficiente (Balboa) a un poder político, que carece todavía de apoyo popular y que no tiene conocimiento concreto de la situación (Pedrarias). El 29 de junio de 1514, Balboa prepara para el recién llegado un amplio informe que a Fernández de Oviedo le pareció perfecto. «E en todo dixo la verdad». Pero Pedrarias abre juicio de residencia a Balboa por haber dañado a Enciso y por haber expulsado a Vinuesa. Es el primero de los malentendidos.

Las noticias reunidas en su *Relación* por un hombre de Pedrarias, Pascual de Andagoya, debieron conmover al viejo cortesano... «en un mes murieron setecientos hombres de hambre y de enfermedad de modorra». El mismo Pedrarias cayó enfermo. Para deshacer el entuerto, el

---

[19] G. Fernández de Oviedo, *Historia general y natural de las Indias, islas y tierra firme del Mar Océano*, Biblioteca de Autores Españoles, Madrid, 1959.

obispo Quevedo propone la recuperación de la autoridad de Balboa que finalmente se produce en marzo de 1515.

> La Corona, queriendo premiar a Balboa sin restarle atribuciones a Pedrarias, encendió la rivalidad entre ambos, porque el descubridor tendería siempre a desligarse en su cargo y proseguir sólo sus exploraciones, mientras que Pedrarias quería hacerle sentir su total autoridad y dependencia.

Para el análisis del drama disponemos de los testimonios de dos cronistas rivales entre sí, Fernández de Oviedo y Pascual de Andagoya. También, el testimonio de Las Casas. Ambos, Balboa y Pedrarias, por razones distintas entraron en competencia desleal. El prestigio de Balboa se salvaba si culminaba una nueva hazaña. El de Pedrarias se confirmaba si la hazaña era plenamente suya. La ejecución de Balboa dejaba todos los honores en manos de Pedrarias.

> La rubia cabeza del descubridor fue hincada en un palo alzado en la plaza e desde una casa, que estaba diez o doce pasos donde los degollaron como carneros, uno tras otro —dice Oviedo—, estaba Pedrarias, mirándolos por entre las cañas de la pared de la casa o bohío.

Esta alevosa muerte ha merecido múltiples juicios en sí mismos contradictorios. Unos ven el conflicto entre el sentido medieval del poder (Balboa) y el renacentista (Pedrarias). Otros, el conflicto entre la religión (obispo Quevedo, al lado de Balboa) y la política (Pedrarias y Enciso). La rivalidad dejó sobre la tierra el cuerpo de un caudillo nato, reeducado en América, aventurero e individualista, organizador, hábil realizador de alianzas con los indígenas, audaz, poseedor de ideas propias.

> Aún no sabemos —comenta Morales Padrón— si su muerte fue un acto de ferocidad, obra de un anciano de semíticos atavismos o una medida de represión contra quien había sido homicida, reo, prófugo de La Española y había revuelto los asentamientos continentales deponiendo y expulsando gobernadores.

Pedrarias demostró que tenía un fuerte carácter —«cortesano viejo que lo sabía hacer muy bien, capaz de todo»—, dice Oviedo. Diego de

Almagro complica el juicio al afirmar enigmáticamente: «lo que hizo Núñez de Balboa no era cosa de hombres»[20].

Y es que Pedrarias vivió rodeado de aduladores. El más hábil de ellos resultó ser Gaspar de Espinosa, cuyas entradas en Tierra Firme, particularmente la de diciembre de 1515, le pareció gravísima a Las Casas, hasta el punto de llamarle «el espíritu de Pedrarias y el furor de Dios encerrado en ambos». La síntesis de la biografía de Balboa, escrita por J. R. Martínez Rivas, resalta lo más positivo de su carácter: no iba con el carácter de Balboa atropellar por las buenas a los nativos. «Careta y los suyos, aunque prisioneros, fueron tratados con la mayor de las consideraciones». Se atrajo pacíficamente a la mayoría de las tribus vecinas, vinculándose con ellas. La paz reinaba en la región controlada por los europeos. Era el único hombre de la colonia que tenía suficiente prestigio, fuerza y autoridad para mantener unidos a sus habitantes.

De Pedrarias se insinúa lo negativo. Pedrarias descendía de una noble familia de Arias, Segovia, de origen judío. «En su juventud se destacó por la galantería y la gallardía con que luchaba en los torneos recibiendo por ello los apodos de El Galán y El Justador». Se hace ver su experiencia en las guerras de Portugal, África e Italia y en el apoyo de la familia de su esposa Isabel de Bobadilla y Peñalosa a los derechos de Isabel la Católica. Se insiste en la protección de Juan Rodríguez de Fonseca, tantos años Presidente del Consejo de Indias. Se señala, asimismo, el excesivo peso de la mano ejecutiva de su alcalde mayor, Gaspar de Espinosa, por la que pasaron todos los privilegios a los conquistadores del ámbito caribeño durante el ciclo de Pedrarias.

En 1525, Pedrarias, que teme ser inmediatamente relevado de su gobierno en Panamá, mandará en persona la expedición contra Francisco Hernández de Córdoba, a su juicio, un oficial rebelde. Su genio, se nos dice en las crónicas, se había agriado aún más con la defección de un subalterno. Es, también, por entonces cuando se desentiende económicamente del proyecto Pizarro-Almagro-Luque. Su sucesor, Pedro de los Ríos, un cordobés discreto que tenía la confianza de los consejeros de Indias, le marginará completamente en 1526. Pedrarias optará por instalarse en una parte de los dominios con que había so-

---

[20] B. Vicuña Mackenna, *Diego de Almagro*, Santiago de Chile, 1889.

ñado, Nicaragua, no sin dejar sembrado en todos sus colaboradores y adversarios, un estilo agresivo de gobernar.

PASCUAL DE ANDAGOYA, UN FIEL SUBORDINADO

Una elite nueva de conquistadores había llegado con la expedición de Pedrarias. Venía en ella Hernando de Soto, natural (como Balboa) de Jerez de los Caballeros, que será heredero suyo; llegaba un hombre maduro, Diego de Almagro, que hará lo propio, aunque sólo durante un tiempo; y Sebastián de Belalcázar, que también correrá detrás de Pizarro como vástago de Pedrarias. Las últimas aventuras de Belalcázar, mejor que dilataciones de la conquista del Perú, serán ampliaciones del dominio de Tierra Firme, hecho suyo por Pedrarias a la muerte de Balboa. El clérigo Luque (empresario de Almagro y Pizarro) también será hechura de Pedrarias hasta que éste se refugie en Nicaragua. El capitán Montejo materializaría en Yucatán, algo más tarde, un propósito concebido por aquél. Gonzalo Fernández de Oviedo y Pascual de Andagoya, cada uno a su modo, dejarán testimonio de la dependencia del espíritu de Pedrarias, en el que se moverán estos nuevos conquistadores.

Pedrarias se había internado varias veces por el país en busca de minas de oro. Lo practicó incluso antes de desembarcar en Santa María de La Antigua, con notables pérdidas en vidas humanas. «En casi un mes —escribe Pascual de Andagoya— habían fallecido unos setecientos europeos». Las críticas al Gobernador las había hecho suyas Balboa en carta fechada el 26 de octubre de 1515:

> ...es onbre muy acelerado en demasía, es onbre que no le pena mucho aunque se quede la mitad de la gente perdida en las entradas, nunca a castigado los daños y muertes de onbres que se an hecho en las entradas ansy de los caciques como yndios, a dexado de castigar hurtos de oro y perlas que los Capitanes han hurtado en las entradas muy claramente, y Capitán a sido que dio de lo que traía hurtado seiscientos pesos de oro y no se habló más de ello.

Pedrarias opinaba muy mal de las cualidades de Vasco —mentiroso, codicioso, envidioso, cruel, ingrato, desobediente—. Más indulgente fue con las cualidades de sus capitanes y con sus defectos. Tres de ellos nos resultan particularmente interesantes —Pascual de Andagoya, Francisco Hernández de Córdoba y Sebastián de Belalcázar— para la historia de la conquista.

Andagoya era caballero distinguido. Había penetrado con éxito en 1522 hasta el mismo límite trazado en su día por Balboa —el puerto de Piñas—. Pero el mal estado de su salud le obligó a reembarcarse de nuevo. Abandonó la empresa que le había ordenado Pedrarias y se convirtió en el cronista de todos los descubrimientos del ciclo. No nos dice nada —los *Annales del Perú* de Montesinos son más explícitos— de una caída de caballo que le dejó maltrecho al hacer gala de sus facultades de jinete delante de los indios. Cuenta en su lugar que se cayó al agua por accidente y estuvo a punto de ahogarse, y que curó muy tarde de la enfermedad así contraída [21], posiblemente para disculparse del abandono.

Andagoya había llegado a Castilla del Oro siendo un mancebo. Creció a la sombra de Pedrarias. Muerto el Gobernador, reclamó para sí la lugartenencia dejada libre por el difunto Gaspar de Espinosa en el Río de San Juan, a fines de 1538.

Una cédula real de 23 de marzo de 1540 ratificaba su cargo de presidente en lo que era para Andagoya una realidad independiente —la gobernación del Río de San Juan (franja costera entre la desembocadura del río y la gobernación de Pizarro)—. Dos viejos conocidos de los tiempos de Pedrarias, Andagoya y Belalcázar, polemizarían verbal y físicamente por ello. La hueste de Andagoya, que contaba el 15 de noviembre de 1540 con 250 hombres y que había dejado 50 hombres en el puerto que le acercaba a Panamá, el de Buenaventura, optó por la acción militar. Su acercamiento a Cali por la ruta de la sal perjudicaba los derechos de uno de los más famosos perulelos, el capitán Jorge Robledo. Ambos serían víctimas de la reacción de Belalcázar.

Belalcázar no aceptó la delegación que el presidente Andagoya había hecho en el Cabildo de la ciudad para el dictamen sobre sus derechos. Los hombres de Belalcázar (sagaces, desconfiados, astutos) hacen de tal modo las cosas que Andagoya lo pierde sucesivamente todo,

---

[21] P. de Andagoya, *Relación de...*, presentada por R. Porras Barrenechea en *Cronistas del Perú*. Lima, 1962.

hasta su libertad. Conducido éste a Popayán, el reducto de Belalcázar, muestra poca experiencia en los repartos de zonas de influencia. Será liberado con ocasión de la llegada del visitador Vaca de Castro. Andagoya no lograría nunca su reivindicación como conquistador. Hasta su muerte, en 1547, precisamente en Lima, tuvo su pluma oportunidades de acción; pero no así su espada ni tampoco la vara de mando en circunscripción alguna.

Francisco Hernández de Córdoba, una víctima

Francisco Hernández de Córdoba será el segundo de los capitanes de Pedrarias. Recorre, en 1523 —en compañía del joven Sebastián de Belalcázar—, toda la zona central del istmo. Decreta las fundaciones de León y Granada sin encontrar lo buscado, un paso marítimo entre los dos océanos. Será Belalcázar quien rinda cuentas a Pedrarias, el 25 de abril de 1525, de lo sucedido, y quien, a pesar de haber sido enviado por su jefe Hernández de Córdoba, con otras miras, contribuirá al fatal desenlace de su capitán.

> En Nicaragua estaba —escribe en su esbozo biográfico Manuel Lucena Salmoral— y en la ciudad de León, cuando en 1526 vio llegar a Pedrarias en persona, que venía a hacer justicia entre los rumores de que Hernández de Córdoba pensaba alzarse con la tierra. El gobernador actuó con celeridad y resolución, pues, como dice el cronista Fernández de Oviedo, le hizo un juicio a la soldadesca e le hizo cortar la cabeza, e no sin pesar a los más su muerte.

El comentario de Lucena es sarcástico: «Belalcázar, hombre inculto y analfabeto, seguía aprendiendo de Pedrarias modelos y actitudes de buen gobierno», pero no fórmulas de conciliación. La ejecución de Francisco Hernández, Hernán Cortés la interpretó en su *Carta de relación* de otro modo más personal, pero igualmente celoso. Bernal también lo cuenta (capítulo CCXXXVI): «amigos íntimos de Pedro Arias de Ávila, gobernador de Tierra Firme, vieron que Cortés había enviado presentes a Francisco Fernández... tuvieron sospecha que quería dar aquellas provincias e tierras a Cortés».

López de Gómara indulta a Cortés de toda sospecha.

Cortés escribió a Francisco Hernández rogándole tuviese por Pedrarias, y no por otro, aquella tierra y gente que le fue encomendada; mientras tanto, que tuviese por el Rey, y le envió cuatro acémilas cargadas de herraje, y algunas herramientas para trabajar en las misiones; lo cual fue una de las causas porque Pedrarias degolló después a Francisco Hernández.

Cortés distingue prudentemente los derechos de Pedrarias y los de sus capitanes. A su juicio, las cosas van tan mal en Tierra Firme para Pedrarias como para Diego Velázquez en la isla de Cuba. El conflicto de lealtades era la especialidad de un Cortés avisado. No cabe pensar que se quemara en uno de ellos. Afirma Gómara:

> Gabriel de Rojas que así se llamaba el capitán de Francisco Hernández o porque estaba cerca Hernán Cortés, o porque le llamaba Francisco Hernández, se volvió entonces a donde vino, pues según pareció, Francisco Hernández estaba en aprieto con un motín que hacían contra él los capitanes Sosa y Andrés Garabito, porque se quería quitar de Pedrarias.

Sebastián de Belalcázar, un continuador

Es curioso que Gómara, tan parco en mencionar a los capitanes de Cortés, se demore en narrar los problemas de los capitanes. Ninguno de ellos aprendió tanto de Pedrarias como Sebastián de Belalcázar. Este conquistador labriego debió de nacer antes de 1490 en un villorrio castellano (o en un gran pueblo andaluz). Belalcázar de Castilla, dice Fernández de Oviedo; Benalcázar de Córdoba, dice el Inca Garcilaso. Nada sabemos seguro de su primer viaje a América —en 1507 (Lucena Salmoral) o en 1513 (Morales Padrón)—. El cronista Castellanos lo presenta como «hombre mediano pero bien compuesto y algunas veces de severo gesto»; el cronista Oviedo, «como hombre de bien e buen compañero e bien quisto de todos aquellos con quienes ha militado o tratado»; el licenciado Gaspar de Espinosa, su gran protector, tanto en vida de Pedrarias como después de su muerte, como «muy escogido hombre y buen capitán, uno de los más señalados compañeros que tuve en la conquista»; y otro cronista amigo de Jorge Robledo, la víctima de Belalcázar, Pedro Cieza de León, concede que «era un hombre de buena intención, salvo que como era de poco saber, gobernábase por consejero».

A mi modo de ver, fue Belalcázar un hombre elemental que se regía por un código de amistades y odios. Con razón se le contempla como el último de los conquistadores, el que más tiempo se resiste a ser relevado por los fundadores de ciudades pacíficas. Prescott insiste, asombrado de la supervivencia de su autoridad, en sus cualidades militares. Se asombra también de su instinto político que le lleva en las guerras civiles del Perú a ponerse siempre del lado del principio de la autoridad real. Fue un clásico hombre de frontera que abandona lo apacible y que salta a la zona conflictiva. De La Española salta al Darién, del Darién a Natá (recién fundada por Pedrarias); de aquí a Nicaragua; y de Nicaragua al Perú. Se lleva bien aprendidas las reacciones autoritarias y ejemplares de Pedrarias. De San Miguel de Paira saldrá, sin permiso de Francisco Pizarro, para Quito. Irá después a Popayán, para soñar finalmente con el dominio de Antioquía.

Belalcázar fue un perseguidor de mitos (el de El Dorado y el del País de la Canela), «arrastró en su carrera la frustración de ser un segundón... en Castilla del Oro, en la conquista de Nicaragua y Honduras, en Perú». Donde fue primero, lo fue por poco tiempo. Las disputas por sus derechos le hicieron odioso a los compañeros (Andagoya y Robledo), que también eran hombres de la escuela de Pedrarias. Hasta es posible que ya residiera en Castilla del Oro cuando Vasco Núñez de Balboa descubrió la Mar del Sur y se creyera apoyado por una mayor antigüedad. Pudo encontrarse luchando aún antes en Santo Domingo, lo que excluye el nacimiento en 1490, o, al menos, lo hace sospechoso de tener mayor edad que esos 18 años de su primer combate en Indias.

Cuando la hueste de Belalcázar salió de Nicaragua, hacia mayo de 1532, con dos navíos y 70 hombres con caballos y pertrechos, que había adquirido a costa de venderlo todo, acababa de morir Pedrarias, en León, el 6 de marzo anterior. En la isla de Puná, a las órdenes de Pizarro, demostrará excepcionales condiciones de jinete. Sólo le aventaja otro mancebo educado por Pedrarias, Hernando de Soto, cuya vida sería paralela a la suya en lo de saltar de una obediencia a otra y en lo de alejarse de la órbita del futuro Marqués de las Atavillas (Pizarro) en la primera ocasión.

Belalcázar, que estuvo en el hecho de Cajamarca, percibió del rescate de Atahualpa la misma cantidad que el artillero griego Pedro de Candía. Sólo le superaron en oro los hermanos Pizarro y Hernando de Soto. Es asombroso que se ocupara en dictar cartas para el Emperador desde la temprana fecha del 11 de noviembre de 1533.

Se le ha calificado de traidor a Pizarro por su decisión de ir a Quito sin que nadie se lo mandara. Y es que las explicaciones que entonces dio no parecen convincentes: ni el Gobernador de Guatemala, Pedro de Alvarado, le disputaba seriamente Quito, ni la retirada del jefe inca Rumiñani le había movilizado en su persecución, ni la petición de alianza, por parte de los indios quiteños, tenían sentido. Lo correcto es pensar que Belalcázar iba tras el mito de El Dorado y que ambicionaba una gobernación propia.

> Belalcázar —señala con agudeza Lucena Salmoral— preparó bien su expedición, contando con los refuerzos que le llegaban desde Nicaragua y dejó a San Miguel prácticamente indefensa.

El tamaño de sus huestes solía ser el ideal. A Quito llevó unos 200 hombres, de los que iban a pie menos de 50, con gran número de indios y puercos en abundancia. Su conducción fue correcta. Belalcázar no logra grandes victorias en batallas campales, pero franquea los pasos de montaña, carga bien con sus jinetes y fuerza con habilidad lo más difícil, el paso de los ríos. El 24 de mayo de 1534 entra en Quito, cuando Rumiñani ya lo había saqueado e incendiado. La furia salvaje de la conquista se apoderó de Belalcázar, dicen las crónicas, para explicarnos sus crueldades.

La interrupción de sus afanes conquistadores le llega porque Pedro de Alvarado, desde Guatemala, que ahora sí que estaba a su vista, con una hueste larga (12 buques, 450 soldados, 270 caballos y 2.000 indios), le apremia. Alvarado se había hecho a la mar el 23 de enero anterior. El recorrido había sido una hazaña de Alvarado que Diego de Almagro, poniéndose al lado de Belalcázar, redujo a pequeños límites. Los tres conquistadores, en el techo del mundo, llegaron a un acuerdo. Vendida su parte, Alvarado se retiró.

La obsesión por un mando independiente

Sebastián de Belalcázar quedó en Quito como teniente del gobernador Pizarro y Almagro reconoció, de momento, la autoridad de Pizarro en ese espacio. Era el mes de diciembre de 1534. Seis meses más tarde, Belalcázar parece huir hacia adelante, hacia El Dorado, que era su rumbo y que quedaba al norte de Quito. Mientras, Almagro sueña con el Sur, con la fundación de Nueva Extremadura (Chile).

Otra vez nos sorprenderá la campaña epistolar de este capitán analfabeto, dirigida a lograr títulos para descubrir fuera de los territorios que se adjudicaban a Pizarro o a Gaspar de Espinosa (Río de San Juan). Belalcázar, en el empeño, tropezará con Quesada y Federmann, y decidirán, los tres, acogerse al arbitraje de la Corona en la Península.

Con renovado afán, zarpará Belalcázar de vuelta para las Indias el 26 de julio de 1540 desde Sanlúcar de Barrameda. Recalará en Santa María la Antigua de Darién, donde vuelve a formar una importante hueste de 380 hombres y 100 caballos. La gobernación de Popayán le había sido, a su juicio, usurpada por Lorenzo de Aldana, primero, y luego por Pascual de Andagoya. Dos de sus capitanes, Añasco y Ampudia, habían encontrado una muerte horrible. No habría ya paz para él ni para sus adversarios si no se le restituía todo, más aún desde que, en julio de 1541, conoció la noticia de la muerte de Francisco Pizarro a manos de los almagristas.

Belalcázar había sido padrino de bautismo del joven Diego de Almagro; pero contribuyó decisivamente a su derrota y muerte por obedecer al virrey Vaca de Castro. También hubo de luchar contra Gonzalo de Pizarro y, finalmente, por su cuenta y riesgo, llegó hasta la cruel ejecución de Jorge Robledo.

> Hay algo que no encaja y pensamos que no son los años, sino sus pésimas condiciones de gobernante. Belalcázar fue siempre un conquistador, un soldado, y como tal incapaz de ejercer un gobierno colonial. Era un representante de una especie en vías de extinción que había subsistido porque Popayán, con la consecuencia de Antioquía, fue una conquista tardía o postrera. Belalcázar fue el vagón de cola del tren de la conquista.

Esta observación, que debemos a Lucena Salmoral, toma buena nota de su incansable sino guerrero. Lo cierto fue que en la batalla de

Añaquito, el 18 de enero de 1545, donde a su lado muere el virrey Núñez Vela, víctima del único éxito importante de Gonzalo Pizarro, le deja psicológicamente roto y ganado por lo que se llamó la lepra del Perú. No tiene piedad para Jorge Robledo, al que dio garrote un negro en su presencia.

> Determinó el Adelantado —escribe un cronista— tomar este parecer sin que bastasen a aplacarle las intervenciones de los religiosos y otros buenos deseos.

Desde años atrás, Belalcázar estaba predestinado para la alcaldía de una localidad concreta a espaldas de la expedición que Pizarro preparaba para la conquista de Cuzco (San Miguel). Su primera carta al Emperador, de 11 de noviembre de 1533, demuestra que él cumple un papel independiente de Pizarro, pero que sigue vinculado por el capitán Gabriel de Rojas a Nicaragua. Ello le obligaba a salir hacia el Norte y a escapar de la autoridad de Pizarro en el Perú. Aquí puede estar la clave de su conducta.

> Nuestro punto de vista es que Espinosa tenía informaciones de que existía un territorio muy rico al norte del Perú, que resultó ser luego —escribe Lucena Salmoral— Antioquía, y que él supuso primero que era Quito, luego Popayán y finalmente la gobernación del Río de San Juan (aquí se acercó bastante), que capituló conquistar fácilmente.

Con esta idea de obtener un mando independiente operó siempre Belalcázar. Jamás olvidó su conexión con la autoridad real en cada momento. Todas las de Belalcázar fueron huestes conquistadoras de ese mando territorial. La que sacó de Quito, hacia principios de enero de 1536, llevaba 300 soldados e infinidad de indios cargueros. Cuando a principios de 1539 (marzo) se produjo el contacto en Bogotá con Federmann y Jiménez de Quesada, como la hueste de Belalcázar era tan débil como las otras dos, se impuso la negociación y se decidió el viaje de los tres, el 13 de julio de 1539, para España en la nao *Nuestra Señora de la Concepción* [22].

---

[22] J. Friede, *Nicolás Federmann en el descubrimiento del Nuevo Reino de Granada*. También *Gonzalo de Quesada a través de documentos históricos*. Estudio biográfico. Tomo I Bogotá, (1509-1550). 1960.

Jiménez de Quesada, descubridor y conquistador del Nuevo Reino de Granada, no pudo sacar más fruto de su hazaña que el título de mariscal... Federmann no sacó ni eso, pues la gobernación de Venezuela siguió en manos de Jorge Spira... Belalcázar, que sacó la mejor tajada de los tres, debía ser el gran perdedor porque no tenía al parecer, jurisdicción propia. La del Nuevo Reino de Granada fue adjudicada a Santa Marta y entregada a Lugo. La de Quito era de Francisco Pizarro. En cuanto a la de Popoyán... no estaba muy claro.

Con otra hueste descenderá al llano de Jaquijahuana para liquidar a Gonzalo Pizarro y ponerse a las órdenes del representante del poder real, Pedro de La Gasca. Era el 9 de abril de 1548.

Quince meses después —julio de 1549— desde Popayán prepara todavía Belalcázar jornadas contra los indios para obligarles al trabajo en las minas. Un juicio de residencia le costó una pena de muerte que no hubo necesidad de ejecutar porque, aunque obtuvo la gracia de ser trasladado a España, murió en Cartagena de Indias el 25 de abril del año 1551.

IV

HERNÁN CORTÉS Y SUS CAPITANES

Era Hernán Cortés de buena estatura, rehecho y de gran pecho; el color ceniciento, la barba clara, el cabello largo. Tenía gran fuerza, mucho ánimo, destreza en las armas. Fue travieso cuando muchacho, y cuando hombre fue sensato y así tuvo en la guerra buen lugar y en la paz fue alcalde de Santiago de Barucoa... Allí cobró reputación para lo que después fue. Fue muy dado a mujeres y se dio siempre. Lo mismo hizo al juego, y jugaba a los dados a maravilla bien y alegremente... Fue muy gran comedor, y templado en el beber. Sufría mucho el hambre con necesidad... Era duro porfiando, y así tuvo más pleitos de los que convenía a su estado. Gastaba liberalísimamente en la guerra, en mujeres, por amigos y en antojos... Vestía más pulido que rico, y así era hombre limpísimo. Se deleitaba en tener mucha casa y familia... Era devoto, rezaba y sabía muchas oraciones y salmos de coro; grandísimo limosnero... y algunas veces tomó a cambio dinero para limosna, diciendo que con aquél rescataba sus pecados. (F. López de Gómara, *La conquista de México*, ed. de José Luis de Rojas, Historia 16. Madrid, octubre de 1987, página 492.)

La biografía de los grandes capitanes de la historia universal es, en todos los casos, la expresión vital de un proceso de formación de una nueva ética. De alguna manera, podemos decir que la moral del éxito anima y estimula un cambio de perspectiva, según el cual acciones que anteriormente eran consideradas poco recomendables pasan a ser elementos de un modelo de conducta digno de ser seguido por quienes se sitúan en la estela del correspondiente gran capitán.

No debe entenderse, a nivel teórico, que los grandes capitanes sean fundadores de escuelas de filosofía moral. El esquema de ideas sobre el que se funda la nueva ética es esencialmente vulnerable a la crítica de los expertos y eruditos y, desde luego, a la crítica histórica. Lo que se intenta decir tiene sentido, exclusivamente, en el ámbito de la realidad social contemporánea a los hechos. Si adoptamos, por ejemplo, el punto de vista de la ética de los valores de Max Scheler, tenemos que decir que la nueva ética fundada por un gran capitán no le dice nada a un «santo» ni precisa en modo alguno el destino del «genio». Es, en definitiva, una ética de «héroes» y para héroes. No apunta a la vida en su integridad, ni a la magnitud de la obra bien hecha, sino a la grandiosidad del hecho sobresaliente, a la hazaña.

La formación de una nueva ética, en el caso de Cortés, vino acompañada del favor de una tendencia que había dado sus frutos en los discursos teoréticos de Maquiavelo, en la praxis política realmente seguida por el Rey de Sicilia y de Aragón, don Fernando el Católico, y en el proceder militar de Gonzalo de Córdoba. La nota común a todos estos ejemplos es la confianza creciente del hombre de la época —el del Renacimiento— en su propia razón como guía para el establecimiento de las normas de convivencia, como ha señalado José Antonio Maravall al estudiar las vicisitudes de la guerra de las comunidades de Castilla.

En Hernán Cortés, como en muchos de sus contemporáneos, esta confianza en la propia razón venía acompañada de una paralela desconfianza en la capacidad de los demás para percibir el cambio de perspectiva. Cortés desconfía, sobre todo, de sus inmediatos superiores y de sus inmediatos subordinados en la medida en que no se incorporan a su ideal francamente o no le aceptan como definidor del camino a seguir. Las virtudes morales de Hernán Cortés entran en conflicto con lo que estos hombres de su mismo estamento social —o de estamentos fronterizos con el suyo— afirman como virtuoso.

Cortés, como buen dialéctico, se sale del conflicto mediante una doble maniobra de elevación y de sumersión. Por elevación, identifica su punto de vista con el que supone mantiene la Corona y, por sumersión, legitima sus derechos al ejercicio de la autoridad en su elección, promovida desde las bases sociales de una comunidad de españoles. Esta maniobra conduce a la descalificación, fundamentalmente, de los dos sectores portadores de la autoridad tradicional, la nobleza y la burocracia castellanas. El balance final de su operación dialéctica es la fundación de una ética estamental distinta de la ética de los estamentos tradicionales, pero coherente, sin embargo, con su personal estimación de lo que era ético, allí y entonces, en Nueva España: la ética de los conquistadores.

El enlace entre lo más personal de la ética de Hernán Cortés y lo más comunitario de la ética estamental por él fundada, se establece en tres tiempos y en torno a tres virtudes clásicas en el devenir de cualquiera de las éticas de condición militar de las que la civilización occidental guarda memoria: la fidelidad a una vocación, el compromiso con las lealtades y el sentimiento del honor. Cortés, como los grandes capitanes de la historia, no comparte con nadie la fidelidad a su vocación. Distribuye oportunamente, de forma bilateral y por períodos de corta duración, los recíprocos compromisos de lealtad, y dibuja sobre el horizonte final de los servicios y de los sacrificios de todos los componentes de su hueste un género de vida honorable. Fidelidad, lealtad y honor constituyen el tríptico sobre el que se legitiman las acciones de la nueva ética, que es, en una medida importante, una ética de situación, aunque se presenta en los documentos como una ética de responsabilidad.

El comportamiento de Hernán Cortés —sobre todo cuando se analizan las *Cartas de relación*— está vinculado, prioritariamente, al dato personal e intransferible de lo que él entiende por vocación o misión. Este dato está en el origen de todas sus decisiones graves. También está en correspondencia con la serie de situaciones que para los miembros de su hueste se van creando en tanto situaciones que entrañan el riesgo de perecer. La comunidad de hombres libres que ha superado el trance aparece cargada de merecimientos y elevada a un nivel más alto de consideración social que el inicial.

La fidelidad y el honor son el alfa y el omega de la nueva ética y, como tales, se dibujan de una vez por todas. La virtud que rige el punto de partida de la personalidad moral o carácter de Cortés es la fidelidad; según se atengan o no a las exigencias de esa fidelidad, los seguidores de Cortés serán fieles o se convertirán en traidores. La virtud que rige el punto de arribada es el honor; según defrauden o satisfagan las exigencias del honor, los hombres de Cortés se convertirán en nobles o seguirán siendo plebeyos.

El tránsito entre la fidelidad –de la que responde Cortés– y el honor –del que responden todos en ayuntamiento– está surcado de lealtades difíciles de culminar felizmente. Sólo siendo permanentemente leales a todos y cada uno de los compromisos exigidos por una situación cambiante se puede alcanzar el privilegio final de formar parte del nuevo estamento. La lealtad, en este proceso, reúne lo verdaderamente problemático. La historia de la conquista de Méjico es la historia de un conflicto de lealtades, que debe ser contemplado a la luz prioritaria de la fidelidad al empeño de Cortés y sobre el contraluz del propósito general del ennoblecimiento, a través de la acción arriesgada, de que hacen gala los hombres de sus huestes.

Resumamos: la *fidelidad a la vocación* es el eje diamantino de la interpretación de una tarea que en Cortés aparece como esencial; el *compromiso de la lealtad* es la referencia ineludible para la emisión de cualquier juicio de valor sobre la conducta de los hombres (españoles o no) implicados en la empresa; y el *sentimiento del honor,* que es la legitimación final de las acciones ya culminadas. Éste es el tríptico de las virtudes concretas desde donde es posible entender la ética de Hernán Cortés y la de sus capitanes.

Tres virtudes básicas: fidelidad, lealtad, honor

Desde Segura de la Frontera (Méjico), con fecha 30 de octubre de 1520, Hernán Cortés había remitido a Carlos I de España una carta extensa en la que figuraba este párrafo significativo:

> Por lo que he visto y comprendido cerca de la similitud que toda esta tierra tiene a España, así en la fertilidad como en la grandeza y fríos que en ella hace, y en muchas otras cosas que la equiparan a ella, me pareció el más conveniente nombre para esta tierra era llamarse la Nueva España del Mar Océano y así en nombre de vuestra Majestad se la puso aqueste nombre. Humildemente suplico a vuestra Alteza lo tenga por bien y mande que se nombre así.

Cortés, asociando a una misma postura a todos sus capitanes, se siente fundador de una estructura política idéntica a la que los Reyes de España –los Reyes Católicos Isabel y Fernando de su infancia– venían generando en todos los lugares por donde quisieron engrandecer sus reinos —Granada, el sur de Italia y Navarra, particularmente—, como recordaba Cortés al embarcarse para las Indias en vida de don Fernando.

Al conquistar Méjico, Cortés creía muy sinceramente estar cumpliendo la voluntad de su soberano, y se dolía de que sus mandos inmediatos en Cuba —Diego Velázquez, en concreto, y cuantos hombres le obedecían ciegamente— no lo entendieran del mismo modo y consideraran suficiente la interesada instalación española en las islas del Caribe. Para esos españoles sin grandeza de ánimo todo concluía en los rescates de interés comercial. Ninguno de ellos era capaz de soñar con una empresa que arrancase para España los secretos de la llamada Tierra Firme e hiciera más grande la figura de España.

Ni Cortés, ni sus *capitanes,* ni los soldados o *mílites indianos* obedientes a éstos, procedían de unas academias de formación militar. Tampoco habían vivido el proceso de depuración legalista que para las relaciones de mando y obediencia ha forjado la modernidad. La obediencia, la disciplina y la subordinación, en su tiempo, eran el fruto de la acción de mando en concreto, del prestigio ganado por Cortés día a día en los peligrosos trances de la conquista y no consecuencia de una educación en el hábito de la obediencia, propia de profesionales.

Pienso que es útil tenerlo en cuenta al rememorar la grandiosa epopeya. Habrá que hacerlo sin omitir luces ni sombras. Fidelidad, lealtad y honor fueron, en aquella circunstancia, las tres virtudes a las que se hubo que apelar en exclusiva. Nada tiene de extraño que, en ocasiones, resultaran quebradas por el peso de las adversidades y que en su contraste con los restantes principios de ética vigentes en la España del siglo XVI se produjeran gravísimas distorsiones. Sobre todo, estallaría el conflicto entre la ética personalista de Cortés y la ética evangélica de los reformadores, empeñados en vivir dentro de las concepciones más limpias, por ejemplo, de Erasmo y de Tomás Moro.

Para entender los textos que nos han llegado sobre la hazaña —me referiré, sobre todo, a las *Cartas de relación,* de Cortés, y a la *Historia verdadera de la conquista de Méjico,* de Bernal Díaz del Castillo— hay que partir del supuesto de que nuestras tres virtudes básicas no fueron vividas por todos del mismo modo [1].

---

[1] H. Cortés, *Cartas de Relación,* Cartas y Documentos, Porrúa. Méjico, 1961.

El primero de los capitanes, Hernán Cortés, se centró obsesivamente en la prioridad de la fidelidad al designio de los Reyes de España. La docena de hombres sobresalientes, que para entendernos llamaremos *los capitanes,* vivió con angustia conflictos gravísimos de lealtades. *Las huestes de los mílites indianos,* más o menos selectos, implicadas en la aventura, soñaban, en realidad, con un salto hacia la nobleza gracias al merecimiento de honores y recompensas que su participación en la empresa ponía de relieve. Nos referiremos, en general, a la hueste larga de Cortés y no a las huestes cortas que Cortés encomendó temporalmente a alguno de sus capitanes para una tarea concreta.

El genio de Cortés supo poner de acuerdo su personal idea de la fidelidad con la vigilancia del compromiso de lealtad de sus capitanes y con el sostenimiento del sentido del honor de su gente.

La fidelidad. —La virtud básica de Cortés; reclamó un verdadero seguimiento hasta el fin de una vocación personal y desembocó en una interpretación exactísima de la voluntad regia. La fidelidad fue en Cortés seguimiento de un destino personal.

La lealtad. —La virtud básica de los capitanes; engendró un estrecho lazo, una promesa o compromiso entre dos niveles casi iguales de la línea jerárquica de mando —la igualdad absoluta en los extremos de la promesa hubiera llevado al compañerismo—. La lealtad establecía para cada capitán una relación con Cortés que requería el cumplimiento sincrónico, por las dos partes, de lo pactado. «Sirvo, luego me debes protección», le decían en la Edad Media los vasallos a su Rey. Sólo la ruptura de la lealtad —clave del *Poema de mío Cid*—, por una de las partes, podría liberar a la otra de la promesa. La relación con Cortés por parte de los capitanes abrió durante la conquista más de un conflicto de lealtades.

El honor. —La virtud básica de los soldados o mílites propició en ellos el sentimiento de pertenencia a un grupo social más noble que el de los demás hombres de España. El honor, hace medio milenio, no era una toma solitaria de conciencia de un deber íntimo que contradice a las órdenes concretas o a las reglas generales. El honor que los soldados de Cortés buscaban, exigía el reconocimiento de un salto cualitativo hacia la consideración social. Sólo ellos habían realizado una hazaña que la mayoría de los españoles ni siquiera intentaba. Era un tipo de honor que quería ser valorado, tanto frente a la «nobleza de estirpe», hija de las hazañas de los antepasados, como frente a la «nobleza de toga», hija de la burocracia de la Corte y de las habilidades aprendidas en las aulas universitarias por los letrados.

Los soldados honrados de la conquista se saben seres sobresalientes, nada vulgares, nobles, en definitiva, aunque reconocen sus graves culpas en la moral privada y aún en la pública si al trato con los indios se refiere.

Pues bien, en los textos de Cortés se percibe:

1) Que Cortés piensa poco en el *honor de sus soldados* (apenas cita nombres de distinguidos);

2) que acepta como suficiente la existencia de un número de capitanes (muy corto) que deben serle *plenamente leales:* sus capitanes mayores Pedro de Alvarado, Gonzalo de Sandoval y Cristóbal de Olid;

3) que se reafirma a sí mismo como protagonista exclusivo y excluyente de la *fidelidad al designio de la Corona.*

El texto de Bernal Díaz del Castillo opera en sentido contrario:

1) Lo esencial para Bernal (un soldado de origen hidalgo indiscutible y en posesión de una amplia hoja de servicios en las Indias) es la probanza de méritos;

2) lo inmediatamente aceptado por él es la notable valía de todos los capitanes (mayores y menores):

3) lo susceptible de duda es el proceder, a su juicio ambiguo, de Hernán Cortés, a quien sin embargo parece querer y admirar profundamente.

EL DESIGNIO CORTESIANO

Es cierto que Hernán Cortés, en los años que vivió en Cuba (anteriores a la expedición a Méjico), no se había mostrado particularmente deseoso de encabezar aventuras ni aun de participar en ellas, como Grijalba, Alvarado, Ordás, Olid o el mismo Bernal Díaz. Sus primeras actuaciones desembocaron en un notable enriquecimiento y el principio de una carrera burocrática local bastante prometedora. Nadie reconocía en Cortés una capacidad notable para un empresa guerrera.

Esta imagen de comerciante afortunado no favoreció su promoción al primer lugar jerárquico de la expedición a Tierra Firme que,

por fin, aprobó el gobernador Diego Velázquez. Sin la circunstancia de
haber pagado la mayor parte de los gastos y de haber prometido excelentes beneficios a quienes le acompañaran, no se explica el ejercicio
creciente de la autoridad por parte de Cortés. Es más, el primer recorrido marinero, desde Santiago hasta la futura ciudad de La Habana,
contorneando la isla de los Pinos, dejó a la nave que mandaba Cortés
rezagada. Como navegante, tuvo problemas que los demás responsa-
bles de buques sorteaban fácilmente. Todo parecía anunciar un futuro
en el que Cortés sería escasamente apreciado como jefe en los momentos de peligro.

La promoción verdadera de Cortés al primer puesto se produjo en
lo que denominamos Tierra Firme. Es entonces cuando Cortés rompe
la dependencia con Diego Velázquez. Una junta de capitanes llena el
vacío de poder con una elección nueva en favor del extremeño de Medellín. Éste es el punto de partida de la acción responsable de mando
que Cortés asume, ya sin ambigüedades, con ánimo de conquista. Todavía no se había mostrado capaz del ambicioso empeño con que su-
gestionó a sus hombres.

Desde entonces, Cortés es el jefe de una expedición que ha roto
una legalidad en nombre de un designio más alto. Y Diego Velázquez
—el eslabón que unía a este puñado de españoles con la Monarquía
española— pasa a convertirse en el estorbo para que Cortés no sirva ese
designio.

Lo curioso de esa interpretación del gesto de la hueste de Cortés
contra la autoridad de Velázquez no es que lo acepten los capitanes
mayores y los menores. Éstos le eligieron a sabiendas de cuál era el
objetivo de Cortés. Lo verdaderamente digno de atención es que el
emperador Carlos y una buena parte de sus consejeros castellanos lo
dieran por bueno y, en definitiva, sacrificaran los derechos que poseía
el Gobernador de Cuba, para encumbrar al extremeño con títulos no-
tabilísimos[2].

Es que Cortés transmite en todas direcciones la convicción de estar en lo cierto. En sus encuentros con Moctezuma, tanto él como sus
hombres operan como subordinados a una idea grande a la que Moc-

---

[2]   M. Hernández Sánchez-Barba, *Hernán Cortés*, Historia 16, Protagonistas de
América. Madrid, 1987.

tezuma debe también subordinarse. Aunque los hechos posteriores situaron a toda la estructura de poder aborigen bajo la autoridad de los capitanes de Cortés, está claro que, dialécticamente, Cortés se presentó como un subordinado más del emperador Carlos en un doble sentido, material y espiritual. El ideal que mueve a Cortés es la Monarquía Católica, el ayuntamiento voluntario de reinos en una empresa común que se concreta en España y se ofrece al Señor Jesús para hacer viable una evangelización de indios. Cortés pide a Moctezuma que acepte ser subordinado nuevo del mismo Señor al que Cortés sirve.

La fidelidad a este designio, para Cortés, lo justifica todo. La lealtad que exige a sus capitanes se mide por el acercamiento a esta interpretación. Su odio a Velázquez procede exclusivamente de la certeza de que éste queda muy por debajo de la nobleza y grandiosidad del empeño que Cortés ha dibujado.

Un segundo elemento se mezcla en Cortés para justificar sus más crueles y violentas decisiones: la seguridad de los suyos. Durante la aventura, Cortés pide todos los esfuerzos, por sobrehumanos que fueran, a sus gentes para que sus planes sean satisfechos. Pero les protege absolutamente de los riesgos innecesarios, es decir, de las actitudes blandas que podrían incrementar su vulnerabilidad. Servir con fidelidad al Rey-Emperador y proteger la vida de sus hombres, mientras la empresa dure, son cosas más importantes que mostrar con delicadezas y honores lo agradecido que está a sus capitanes y soldados por los sacrificios que hacen. Lo que Cortés cuida hasta el extremo es la integridad física de su hueste.

Bernal Díaz del Castillo, en el capítulo CCIV de su *Historia verdadera de la conquista de la Nueva España* nos ha ofrecido un retrato de Cortés que no está muy alejado del que le hizo Gómara. Sus rasgos no anuncian el alma del conquistador, sino sólo su aspecto o apariencia. Con todo, el efecto social de seguimiento se cumple, porque el afán de imitación de una conducta personal se pone al alcance del español medio [3].

...pasaré adelante, y diré su proporción y condición de Cortés. Fue de buena estatura y cuerpo bien proporcionado y membrudo y la co-

---

[3] B. Díaz del Castillo, *Historia verdadera de la conquista de la Nueva España*, Historia 16, Protagonistas de América. Madrid, 1986.

lor de la cara tiraba a algo a cenicienta, e no muy alegre; y si tuviera
el rostro más largo, mejor le pareciera; y los ojos en el mirar amoro-
sos, y por otra parte graves... y era cerceño y de poca barriga y algo
estevado y las piernas y muslos bien sacados, y era buen jinete y diestro de todas armas, así a pie como a caballo, y sabía muy bien me-
nearlas... Oí decir que cuando mancebo, en la isla Española fue algo
travieso sobre mujeres, e que se acuchillaba algunas veces con hombres esforzados y diestros, y siempre salió con victoria... En todo daba
señales de gran señor... ni tampoco traía cadenas grandes de oro, salvo una cadenita... con un joyel con la imagen de Nuestra Señora la
Virgen Santa María, con su hijo precioso en los brazos... Servía una
buena taza de vino aguado... Era muy afable con todos nuestros capitanes y compañeros, especial con los que pasamos con él de la isla
de Cuba la primera vez; y era latino, y oí decir que era bachiller en
leyes... Era algo poeta... y rezaba por las mañanas en unas horas, e
oía misa con devoción... y era limosnero. Cuando juraba decía: «En
mi conciencia»... y cuando estaba muy enojado arrojaba un lamento
y no decía palabra fea ni injuriaba a ningún capitán ni soldado; y era
muy sufrido.

La descripción pasa de lo físico a lo moral. Cortés es un gran señor que no se deja llevar por los demás:

> Era muy porfiado, en especial en cosas de la guerra que, por más
> consejo y palabras que le decíamos sobre cosas desconsideradas de
> combates que nos mandaba dar cuando rodeamos los pueblos gran-
> des de las lagunas... le dijimos que no subiésemos arriba... sino que
> les tuviésemos cercados... y todavía porfió contra todos nosotros, y
> hubimos de comenzar a subir, y corrimos harto peligro, y murieron
> diez o doce soldados y todos los demás salimos descalabrados y he-
> ridos.

La crítica se une al aplauso con calculada ambigüedad. En su contacto, el personalismo de Cortés y el colectivismo de Bernal echan
chispas. Sólo se calma el conflicto dialéctico haciendo entrar en escena
la función moderadora de los demás capitanes.

> Y demás desto, en el camino que fuimos a las Higueras, a lo de Cris-
> tóbal de Olí cuando se alzó con la armada, yo le dije muchas veces

que fuésemos por las sierras, y porfió que mejor era por la costa; y tampoco acertó.

Bernal vuelve pronto al juicio positivo sobre Cortés: «Pues en las guerras de Tlaxcala, en tres batallas se mostró muy esforzado capitán»... Pero insinúa una enmienda:

> prender al gran Moctezuma dentro de sus palacios... también digo que lo prendimos por consejo de nuestros capitanes y de todos los más soldados... Y otra cosa que no es de olvidar de la memoria, el quemar delante de sus palacios a capitanes del Moctezuma porque fueron en la muerte de un nuestro capitán que se decía Juan de Escalante, y de otros siete soldados; de los cuales capitanes indios no me acuerdo sus nombres, poco va en ello, que no hace a nuestro caso.

Bernal está empeñado —mejor aún, obsesionado— por reducir la verdadera historia de la conquista de Méjico al diálogo entre los capitanes y los soldados honrados:

> ...siempre andaban juntos con Cortés todos los capitanes por mí nombrados, y aún ahora los torno a nombrar, que fueron Pedro de Alvarado, Cristóbal de Olí, Gonzalo de Sandoval, Francisco de Morla, Luis Marín, Francisco de Lugo y Gonzalo Domínguez y otros muy buenos y valientes soldados que no alcanzábamos caballos porque en aquel tiempo diez y seis caballos y yeguas fueron los que pasaron desde la isla de Cuba con Cortés y no los había, aunque nos costaran a mil pesos; ¿y cómo el Gómara dice en su *Historia* que sólo la persona de Cortés fue el que venció lo de Otumba? ¿por qué no declara los heroicos hechos que estos nuestros capitanes y valerosos soldados hicimos en esta batalla? Así que, por estas causas tenemos por cierto que ensalzar a Cortés le debieron de untar las manos, porque de nosotros no hace mención.

LA DESCALIFICACIÓN DE LA AUTORIDAD DE VELÁZQUEZ

El primer momento crítico en que aquel planteamiento cortesiano de novedad ética fue puesto a prueba se abre con la *descalificación de la autoridad de Diego Velázquez.* Velázquez, a juicio de Cortés, ignora el contenido de la pretensión de los Monarcas de Castilla. Lo ha sustituido por otro menos noble, el comercio o rescate de bienes negociables. El segundo momento aparece en la *réplica durísima a la defección de Cristóbal de Olid.* Fue una reacción pletórica de fenómenos inducidos, indeseados e indeseables para Cortés. Sigue el repliegue de su lugarteniente Cristóbal de Olid a la esfera de influencias de Diego Velázquez, cuando había sido enviado a Honduras o golfo de las Hibueras.

La polémica se sostiene sobre el *permanente conflicto de Cortés con los representantes de los estamentos nobiliarios o burocráticos,* como Francisco de Garay, Pánfilo de Narváez o Luis Ponce de León. Cortés luchará, en sus visitas a España, por dejar definitivamente sentado que el éxito de la conquista había creado una elite digna de consideración social y, a su vez, obligada a comportamientos dignos que, a su juicio, estaban al alcance de quienes le habían servido.

El tema de la fidelidad a la vocación está dominado por un propósito político permanente. El tema de la lealtad aparece convertido en contingente, porque contingente es en Cortés la apelación a las armas. El tema del honor está subordinado, no al nacimiento de cada cual, sino al ejercicio de las virtudes militares propiamente dichas, al valor y a la disciplina. El derecho a recibir honores —a ingresar en el estamento de los conquistadores— llega de la resolución táctica con que cada hombre actúa frente al enemigo.

Cortés se autodefine como político creador de un reino. Se convierte, incidentalmente, en estratega militar porque fracasa en el intento pacífico de transmisión de la soberanía. Pero no desdeña su condición, más incidental todavía, de mando en las operaciones tácticas. Le veremos combatir en primera línea con el mismo ardor y superior pericia que sus capitanes más esforzados. Así se lo exige el código del honor a quienes aspiran a mantener su derecho a mandar o a seguir mandando después de combatir arriesgadamente.

Cortés entiende la fidelidad como un atributo de su persona. Es él, y sólo él, quien se sostiene en el deber de ser fiel al propósito de fundación de un reino nuevo. El deber le llega por revelación en lo íntimo de su ser de lo que conviene al Rey de España en aquellas lejanas tierras. Las personas que se interponen legalmente entre Cortés y la Corona son recibidas con exquisito cuidado, pero al mismo tiempo son sometidas a una observación inapelable, la de su fidelidad al propósito de la Corona tal como lo define Cortés.

En las *Cartas de relación,* el propósito de Cortés se explica de una vez por todas:

> Pues como llegase a la dicha tierra llamada Yucatán, habiendo conocimiento de la grandeza y riquezas de ella, determinó de hacer, no lo que Diego Velazquez quería, que era rescatar oro, sino conquistar la tierra y ganarla y sujetarla a la Corona Real de Vuestra Alteza; y para proseguir su propósito, sintiendo que algunos de los de su compañía temerosos de emprender tan gran cosa, que se le querían volver hizo un *hecho troyano* y fue que tuvo manera, después que desembarcó toda la gente, de dar al través con todas las armas y fustes de la armada, y haciendo justicia de dos o tres que le amotinaban la gente, anegó y desbarató todas las naos haciendo sacar la madera y clavazón de ellas a la costa, con presupuesto que, viendo lo españoles que no tenían en qué volver, ni en qué poder salir de aquella tierra, se animasen a la conquista o a morir en las demandas.

Cortés explica en la *Primera carta* la reprobación por parte de su hueste de la pretensión menor que parece sustentar Diego Velázquez.

> ... pués él (Cortés) veía cuanto al servicio de vuestras majestades convenía que esta tierra estuviese poblada... le requerimos que luego cesase de hacer rescates de la manera que los venía a hacer, porque sería destruir la tierra en mucha manera, y vuestras majestades serían en ella muy des-servidos... y que lo mejor que a todos nos parecía era que en nombre de vuestras reales altezas, se poblase y fundase allí *un pueblo en que hubiese justicia.*

El propósito al que Cortés va a ser fiel tendrá múltiples corolarios. No es el menor la identificación que en los momentos de peligro se hace de la seguridad de la hueste y del real servicio:

> convenía al real servicio de vuestra majestad y a nuestra seguridad —dice al prender por primera vez a Moctezuma— que aquel señor estuviese en mi poder y no en toda su libertad, porque no mudase el propósito y voluntad que mostraba en servir a vuestra majestad, ma-

yormente que los españoles somos algo incomportables e inoportunos y porque enojándose nos podría hacer mucho daño [4]...

La seguridad de la hueste es identificada con el servicio del Rey. Las providencias se someten a la doble rúbrica... «porque así conviene mucho al servicio de vuestra alteza y a la seguridad de nuestras personas». Todos los preparativos para la recuperación de la muy grande y maravillosa ciudad de Tenochtitlán son la culminación de esta frase:

> ...y así se concluyó aquella jornada, en que vuestra majestad fue muy servido, así por la pacificación de los naturales de allí como por la seguridad de los españoles que había de ir y venir por las dichas provincias de la Villa de Vera Cruz.

Velázquez es la raíz de todos los males: «...cortando la raíz de todos los males que es este hombre, todas las otras ramas se secarán y yo podré más libremente efectuar mis servicios comenzados y los que pienso comenzar». Velázquez es descalificado porque estorba al servicio al Rey y porque hace daño al primer servidor de Su Majestad, que es Cortés. Éste no deja de presumir de la razón que le asiste, sobre todo en las cuestiones planteadas por Pánfilo de Narváez y por Cristóbal de Olid. Cortés conoce el sentido que tiene el comportamiento del que fue su primer jefe en la aventura y actúa «conociendo las mañas que el dicho Diego Velázquez siempre ha querido tener para dañarme y *estorbar que no sirva*».

Francisco de Garay y Pánfilo de Narváez, dos adversarios

Cortés no quiere en absoluto reconocer su antigua condición de capitán a las órdenes de Diego Velázquez, que, en realidad, fue efímera. Bernal, malévolamente, recuerda hasta la saciedad las expediciones de los años en que ni siquiera era Cortés uno de esos capitanes para hablar bien de aquellos que Gómara descalifica.

---

[4] H. Cortés, *Cartas de relación*, introducción de M. Hernández Sánchez-Barba, Crónicas de América, núm. 10, Historia 16. Madrid, 1985.

Como eran personas valerosas, concertóse con ellos —se entiende Velázquez— que el Juan de Grijalva, que era deudo del Diego Velázquez, viniese por Capitán General, e que Pedro de Alvarado, viniese por capitán de un navío, Francisco de Montejo de otro y Alonso de Ávila de otro. Diego Velázquez puso ballestas y escopetas y cierto rescate y otras menudencias y más los navíos... Pues antes que pase más adelante porque nombraré algunas veces a estos hidalgos que he dicho venían por capitanes y parecerá cosa descomedida nombrarles secamente, sepan que el Pedro de Alvarado fue un hidalgo muy valeroso... e así mismo el Francisco de Montejo hidalgo de mucho valor.

La obsesión de Bernal contra la versión de Gómara se revela en el elogio a los capitanes, como Grijalba, que nunca estuvieron en la aventura cortesiana.

...el Juan Grijalba muy gran voluntad tenía de poblar con aquellos pocos soldados que con él estábamos y siempre mostró un grande ánimo de un muy valeroso capitán, y no como lo escribe el cronista Gómara.

Llega a decir Bernal que acertó Velázquez en 1518 con el «envío de Olid, persona de valía muy esforzado en ayuda de Grijalba».

Pues todos los más soldados que allí nos hallamos decíamos que volviese el Juan de Grijalva, pues era buen capitán y no había falta en su persona y en saber mandar.

Bernal construye, en su ancianidad, una versión de los hechos a favor de los capitanes desaparecidos. Se acuerda de Olid, «el muy esforzado, que fue maestre de campo en la toma de la ciudad de Méjicoy en todas las guerras de la Nueva España»; de Pedro de Alvarado, que «era muy apacible y tenía gracia en hacer gente de guerra»; y de un hidalgo «que se decía Juan de Escalante, muy amigo que fuese de Cortés».

Bernal convierte a Grijalba en sobrino de Diego Velázquez —ambos habían nacido en Cuéllar—. De sus hechos «no trajo más que heridas del anterior descubrimiento de Francisco Hernández de Córdoba... Salió herido en el río Tabasco, pero sacó mucho oro, ropa de algodón y lindas cosas de pluma». Eran de Grijalba los cerca de 200 hombres unidos a Cortés en la isla Trinidad [5].

Con alguna malicia describe Bernal las relaciones de Cortés con dos de los capitanes de Velázquez, Francisco de Garay, el Gobernador de Jamaica con aspiraciones sobre la costa del Pánuco; y Pánfilo de Narváez, el lugarteniente que en 1528, recuperada la confianza de los sucesores del ya fallecido Velázquez, se perdería tristemente en las aguas de la costa entre el río de Las Palmas y la Florida.

Cortés en realidad, no fue cruel ni con Garay ni con Narváez, a los que tuvo prisioneros largo tiempo. Les invitó a su mesa. El primero de ambos, tras la abundante cena del día de Navidad de 1523, fallecerá de «un dolor de costado con el aire saliendo de la iglesia». «Murió pobre —dirá el cronista— descontento, en casa ajena, en tierra de su adversario». El segundo será liberado con galantería y devuelto a la isla de Cuba. Nada similar ocurrirá en el conflicto con Cristóbal de Olid.

Cortés resuelve los problemas planteados por Francisco de Garay y Pánfilo de Narváez sin intermediarios, propiciando una ruptura de las expediciones en dos sectores, el que se devuelve a La Española por inservible para el propósito de Cortés y el que se incorpora a su designio estratégico de conquista y repoblación. El problema planteado por Cristóbal de Olid, que Cortés no ataca de frente, sino a la espera de acontecimientos que tarda en conocer, producirá en cambio un gran desconcierto en la mente, lúcida hasta entonces, del conquistador.

La hueste de Pánfilo de Narváez, como la de Francisco de Garay, actuó sin sorprender a la hueste de Cortés. Su expedición era sólo una prolongación de Diego Velázquez. No había sombra de deslealtad en ella. El caso de Cristóbal de Olid, tal como se le presenta a Cortés por muchos de sus subordinados más leales, supuso, en cambio, un grave cambio de postura. Aparece jurídicamente como una devolución a Velázquez de lo que Cortés retuvo indebidamente. Olid rompe con Cortés. Entrega a Velázquez no tanto un fragmento de tierra como un principio, el principio sobre el que Cortés estaba legitimando su actuación: la sustitución del rescate por la conquista. De ahí la posición central que tiene este conflicto en todas las crónicas de la conquista de Méjico.

---

[5] J. de Grijalba, «Itinerario de la armada del rey católico a la isla de Yucatán en la India, el año 1518», *Crónicas de la conquista de Méjico*. Méjico, 1939.

El relato de la crisis puede seguirse tanto en las *Cartas de relación* como en los escritos de Bernal Díaz del Castillo, donde aparece un Cortés falto de energía que cuenta con la réplica de otros más que con la suya. Esta expedición a las Hibueras da pie a las mayores censuras y al retrato más triste del conquistador que salió de la pluma de Bernal. Cortés deambula por un espacio que no debió recorrer. Sus subordinados lo resuelven todo —la ejecución del rebelde Olid y la reversión en la capital de Méjico de los rebeldes a la obediencia. A Cortés le cuesta decidirse. Duda sobre el punto de destino de sus movimientos y sobre la ruta, cuando no sobre la elección del momento de actuar. La defección de Cristóbal de Olid, cuando Cortés ya estaba directamente legitimado para mandar por la Corona, produjo en la moral del conquistador una quiebra.

Y es que la ética de Cortés en cuestiones de lealtad era mucho más flexible que en cuestiones de fidelidad. Para Cortés, cada compromiso tiene principio y fin en función de las circunstancias y de las conveniencias estratégicas del momento. Cortés se liberaba con facilidad de sus compromisos de lealtad en estas dos coyunturas: cuando su mantenimiento ponía en peligro la empresa o cuando tenía fundada sospecha de que la otra parte se había salido del trato. Rompe pactos de lealtad, pero las rupturas le dejan desequilibrado.

Las críticas de Bernal al oportunismo ético de Cortés se aplican también al trato que dio a Moctezuma y, sobre todo, a la ejecución de Guatemuz —no por azar en plena expedición a las Hibueras—. Son las horas bajas de Cortés que Bernal no oculta:

> También quiero decir que como Cortés andaba mal dispuesto y aún muy pensativo y descontento del trabajoso camino que llevábamos e como había mandado ahorcar a Guatemuz e a su primo el señor Tacuba sin tener justicia para ellos... pareció ser que de noche no reposaba de pensar en ello y salíase de la cama donde dormía a pasear en una sala adonde había ídolos... y descuidóse y cayó más de dos estados abajo y se descalabró la cabeza y calló, que no dijo cosa buena ni mala sobre ello, salvo curarse la descalabradura, y todo se lo pasaba y sufría.

Cortés tiene remordimientos. No sabe conciliar su alma caballeresca con el empeño que le domina. Siendo tan experto en percibir el sentido negativo de los actos de Olid en orden a la satisfacción del empeño conquistador, no encuentra la manera de sostener un repertorio complejo de palabras dadas. Los conflictos de lealtades le desbordan y hasta, en ocasiones, le angustian cuando los hombres se separan del ideal de la conquista.

No fue sobre la lealtad donde se forja la irrupción del estamento noble que Cortés creía estar constituyendo con los suyos, sino sobre el honor, un honor que no está basado en la herencia, sino en la conducta. Esta consideración inunda las páginas del libro de Bernal Díaz del Castillo, cuya pretensión es, de punta a punta, la probanza de méritos.

El texto de Francisco López de Gómara, capellán y confidente de Cortés, había sido una apología individual del héroe, un canto a la ética, a la personalidad moral, al carácter del jefe de la mayor expedición: «Tenía gran fuerza, mucho ánimo, destreza en las armas. Fue travieso cuando muchacho y cuando hombre fue sentado; y así tuvo en la guerra buen lugar». Coherente con esta visión, el emperador Carlos percibe, desde el principio, el buen lugar que tiene en la guerra un súbdito de la Corona como Cortés. Pero esta interpretación, compartida en Nueva España y en Europa, tenía para Bernal el inconveniente de la personalización de los méritos en un hombre solo.

Cortés cuidaba tanto tal vez de su propio ennoblecimiento como del de los subordinados más fieles de su hueste, pero lo hacía en dos tiempos. Lo urgente era la resolución del contencioso con Velázquez sin difamar a sus capitanes, Garay y Narváez. Lo subsidiario, la autorización, por medio de él, del ennoblecimiento de los suyos. Pasa, por tanto, a segundo plano, en las *Cartas de relación* de Cortés, dirigidas a los sucesivos titulares del principio monárquico, el reconocimiento de los méritos de la hueste. Cortés concentraba sobre su personal fidelidad a la vocación todas las posibilidades de su gente. Bernal, en cambio, individualizaba los méritos de una serie muy concreta de nombres propios, entre ellos el suyo.

TRES CAPITANES MAYORES

Cuando en los relatos de la conquista se habla de los capitanes de Cortés se puede entender que se trata:

a) de una lista bastante amplia de hombres capaces de recibir misiones independientes de larga duración;

b) de un reducido equipo de hombres sin cuyo concurso el propio Cortés se vería forzado a demorar la decisión en los momentos críticos.

Esta distinción nos lleva a considerar una línea de separación entre quienes parecen imprescindibles a todas horas y quienes, temporalmente, asumen responsabilidades de mando o de administración. Llamaremos a los primeros *capitanes mayores* y a los segundos *capitanes menores*, no sin señalar que en todo momento funcionó la norma de adjudicar cargos de relieve, con realismo jurídico, a favor de los capitanes mayores. Son éstos:

a) los que mandan los buques más relevantes de la expedición de salida;

b) los que se reúnen para elegir a Cortés, rota la dependencia de Velázquez;

c) los que acompañan a Cortés en la primera entrevista cordial con Moctezuma;

d) los que, tras la crisis padecida en ausencia de Cortés por causa de la réplica de Pánfilo de Narváez, reciben la orden de apresar a Moctezuma;

e) los que, en el esquema operativo para el asalto a la capital, Tenochtitlán, mandan efectivos importantes;

f) los que, una vez dominada la capital, encabezan expediciones de ambicioso recorrido;

g) los que son citados por Cortés en su encuentro con el emperador Carlos, ya en España, como excepcionalmente distinguidos.

Este sondeo de nombres desemboca en tres capitanes mayores —Pedro de Alvarado, Gonzalo de Sandoval y Cristóbal de Olid— y en media docena más de capitanes menores que, en su momento, reduciremos a una nómina significativa de sólo tres.

Los tres capitanes mayores impresionan por su personalidad. Cuando Cortés les cita ante el Emperador, dos de ellos han muerto: Olid, ajusticiado en las Hibueras por haber vuelto a la obediencia de Diego de Velázquez, en lugar de seguir en Honduras el designio cortesiano; y Sandoval, junto al monasterio de La Rábida, cuando acompañaba a Cortés en la busca del Emperador, por causa de una inoportuna enfermedad surgida en los 49 de navegación de regreso desde Veracruz a Palos.

Pedro de Alvarado (1483-1541) fue el aventurero sempiterno, el hombre arriesgado, temerario y emprendedor que une a su condición noble la imperiosa necesidad de mostrar con obras la alcurnia de su estirpe. En 1510 llegó a La Española, acompañado de cuatro hermanos. Había nacido en Badajoz. Los aztecas le llamaban Tonatio, que quiere decir «el sol», por lo extraordinariamente rubio de su barba y cabellera. En todo momento aparece como el hermano mayor, es decir, como lugarteniente de Hernán Cortés.

Bernal nos lo pinta como ser apacible y con gracia para hacer gente de guerra:

> Era de muy buen cuerpo y ligero, y facciones y presencia y así en el rostro como en el hablar en todo era agraciado, que parecía que estaba riendo, de gentil cuerpo y buena manera, vicioso en el hablar demasiado.

El diálogo Cortés-Alvarado carece de sombras profundas. Hubo en el número dos de la conquista de Méjico un exceso de celo religioso y una falta de flexibilidad diplomática que Cortés intentará corregir, a veces severamente. Pero en la interpretación generosa de la fidelidad al designio cortesiano nada será comparable al incansable afán aventurero de Alvarado; es el hombre que sabe mandar y que manda siempre en la trayectoria general trazada por Cortés, aunque como ejecutante se muestre exagerado, torpe y cruel [6].

La selección de la elite de sus capitanes queda absolutamente formalizada en las *Cartas de relación* de Hernán Cortés según un esquema ternario (Alvarado, Olid y Sandoval). Alvarado siempre es citado en primer lugar:

> El segundo día de Pascua mandé salir a toda la gente de pie y de a caballo a la plaza de esta ciudad de Tesnico para ordenarla y dar a los capitanes la que había de llevar para tres guarniciones de gente que se habían de disponer en tres ciudades que están en torno a Temixtitán. Y de una guarnición hice capitán a Pedro de Alvarado y le di treinta de caballo, diez y ocho ballesteros y escopeteros y ciento

---

[6] J. M. García Añoveros, «El Adelantado Pedro de Alvarado, conquistador de Guatemala en el tiempo de Cortés». *Congreso Hernán Cortés y su tiempo*, Cáceres, 1985.

cincuenta peones de espada y rodela, más veinticinco mil hombres de
guerra de los de Tracaltecal y éstos habían de asentar su real en la
ciudad de Tambo.»

De otra guarnición hice capitán a Cristóbal de Olid, al que di
treinta y tres de a caballo, diez y ocho ballesteros y escopeteros, ciento sesenta peones de espada y rodela y más de veinte mil hombres
de guerra de nuestros amigos y éstos habían de asentar su real en la
ciudad de Cuyoacán.

De la tercera guarnición hice capitán a Gonzalo de Sandoval, alguacil mayor, y dile veinticuatro de caballo, cuatro escopeteros y trece ballesteros y ciento cincuenta peones de espada y rodela, cincuenta
de ellos mancebos escogidos que yo traía en mi compañía y toda la
gente de Guajucingo, Chururtecal y Calco que había más de treinta
mil hombres... Para los trece bergantines con que yo habría de entrar
por la laguna dejé trescientos hombres, todos los más gentes del mar
y bien diestra.

Esta selección de tres capitanes refrenda otras selecciones anteriores menos tensas. En el capítulo LXXVII del libro de Bernal Díaz, tras
el bautizo de las jóvenes cacicas, se procede a su reparto por este orden: Alvarado, Juan Velázquez de León, Cristóbal de Olid, Sandoval
y Alonso de Ávila. En el capítulo XC, para ver a Moctezuma en la
primera ocasión, Cortés designa, por este orden a Alvarado, Velázquez,
Ordás y Sandoval. Antes de ambos acontecimientos —en el primer
alarde de la isla Cozumel (capítulo XXVI) y en la designación de un
capitán para cada uno de los 11 navíos (capítulo XXVIII)—, la lista de
capitanes, siempre encabezada por Alvarado, se prolonga con Puertocarrero y Montejo, emisarios después de Cortés, para España. Siguen
Olid, Ordás, Velázquez de León, Juan de Escalante, Francisco de Morla y Ginés Montes. Para la primera incursión tierra adentro, los señalados por Cortés fueron Alvarado y Francisco de Lugo cada uno con
un centenar de soldados y 15 ó 12 ballesteros. Cortés, en el capítulo
XXXII, distingue a los buenos jinetes (Olid, Alvarado, Puertocarrero,
Escalante, Montejo y Alonso de Ávila) de quienes no lo son, como
Diego de Ordás.

La terna sobresaliente de Cortés quedó fijada, definitivamente, en
un capitán audaz para las incursiones (Alvarado), un maestre de campo
para el orden de batalla (Olid) y un alguacil mayor para la logística (Juan
de Escalante). De momento, Velázquez de León y Ordás, sospechosos

de amistad con Diego Velázquez, «estaban en cadenas en los navíos». Pero Cortés «los sacó e hizo tan buenos y verdaderos amigos de ellos como adelante verán» —escribe Bernal en el decisivo capítulo XLIV—.

Pedro de Alvarado, el lugarteniente

Los cuatro hermanos de Pedro de Alvarado contribuyeron a la conquista de la isla de Cuba a las órdenes de Diego Velázquez. Acompañaban en 1518 a Grijalba, aunque operaron con notable autonomía. Con estos antecedentes, los Alvarado se las prometen felices al lado de un Cortés todavía inexperto en 1519. Después de lo de Méjico y Guatemala encontraremos a los cuatro asomados al océano Pacífico, cerca de Pascual de Andagoya, en las costas de Colombia, junto a Gonzalo de Ávila y quemándose al contacto con el dominio de Pedrarias, en Nicaragua. Adherido al castigo de Cristóbal de Olid en 1526, contemplaremos al mayor, Pedro, tenso y agresivo frente a Nuño de Guzmán, el rival impenitente de todos los cortesianos puros; lo tendremos amargado en torno a Quito, entre 1534 y 1535, en el mayor fracaso militar y económico de su carrera; y, lo que es más significativo, lo veremos por dos veces en España en loor de multitud. Su muerte, en 1541, reúne todas las notas de una intervención poco meditada [7].

La hueste ideal que Pedro de Alvarado mandaba con soltura podría ser la constituida por él en noviembre de 1523: 300 infantes, 150 caballos, 44 piezas o tiros de artillería y 3.000 indios aztecas. Es la hueste que le dio tres victorias sucesivas en batallas campales y le condujo, irresistible, a la fundación de Santiago de los Caballeros, en Guatemala. Era una hueste algo mayor que las que le encomendó Hernán Cortés en las jornadas decisivas de la conquista de Méjico, compuesta de 90 a caballo, 200 a pie y un buen escuadrón de indios amigos. Esta será la hueste que Alvarado maneja a la perfección. Cuando recurra a efectivos mayores y opere lejos de las directivas de Cortés, la suerte le dará la espalda [8].

---

[7] A. Altolaguirre y Duvale, *Vasco Núñez de Balboa*. Madrid, 1914; *D. Pedro de Alvarado, conquistador del reino de Guatemala*. Madrid, 1927.

[8] A. Recinos, *Pedro de Alvarado, conquistador de Méjico y Guatemala*. Fondo de Cultura Económica. México, 1952.

Cortés aplicaba otro concepto de hueste —una hueste corta— para los capitanes menores. Así, a Diego de Colón le da, por las mismas fechas, únicamente 30 de a caballo, 100 españoles de a pie, dos tiros y muchos efectivos aliados.

> No le dio más gente —escribe Gómara— por estar aquella tierra entre Chiapa y Cuahutemaltán, donde iba Pedro de Alvarado y entre Hibueras, a donde luego había de partir Cristóbal de Olid.

Todos coinciden en afirmar que Pedro de Alvarado

> era de muy linda gracia sí en el rostro como en su persona. Con su temperamento duro y osado, tenía mucho más de soldado que de hombre político.

Solía contestar de este modo a quienes le reprocharon por vía judicial que ni siquiera leía a los indios el requerimiento:

> Así convino que se hiciera por el bien de la tierra y de los conquistadores, porque si se hubiera hecho de otra manera, bien pudiera ser que nos hubieran matado con su modo de proceder y traiciones cuyo resultado hubiera sido que Su Majestad no tuviera los reinos y vasallos que le hemos conseguido.

El 18 de diciembre de 1527 será nombrado Gobernador y Capitán General de Guatemala y sus provincias. Más adelante, obtiene permiso del Emperador para descubrir, conquistar y levantar poblaciones en cualesquiera islas que descubriera hacia el Mar del Sur. Entonces, Alvarado embarca su hueste más larga en 12 naves de vela, con 450 españoles, 100 ballesteros y escopeteros, y 270 a caballo, además de la consabida masa de esclavos negros e indios de servicio.

Alvarado, lejos de la tutela de Cortés, no permanecerá en Guatemala ni siquiera la mitad del tiempo de su gobernación de 15 años. De ello proviene lo controvertido de su imagen. Bernal le defiende. Pero Francisco de Montejo, irritado por la disputa de Honduras, le califica como el «hombre más crudo que había conocido para con los indios». Todos coinciden en lo inmoderado de su hablar. Sólo le salva su inequívoca fidelidad al Emperador. Bartolomé de las Casas dice que «excedió a todos los conquistadores pasados y presentes por la enorme cantidad y número de abominaciones que llevó a cabo». Remesal nos da la clave final: «más quiso ser temido que amado de todos cuantos le estuvieron sujetos, así indios como españoles».

Prescott, el historiador americano más conocido del siglo pasado, despacha de modo hostil la existencia de Alvarado: «Vida fundada en la injusticia, ejecutada con tenacidad que concluyó desastrosamente», nos dirá cuando se lo encuentre firmando una venta de efectivos militares y de barcos con Sebastián de Belalcázar en el Perú, durante las jornadas del sitio de Cuzco.

Su religiosidad final es expresiva del sentir de aquellos seres. Preguntado por lo que más le dolía tras el arrollamiento producido por el caballo del escribano Montoya, dijo: «El alma; llévenme do confiese y la cure con la resina de la penitencia y la lave con la sangre preciosa de nuestro Redentor».

La leyenda de Alvarado está vinculada a su condición excepcional de jinete: el mítico *salto de Alvarado* equivale hoy a ochenta metros. Fundó Guatemala, pero no como posición satélite de la capital mejicana, sino como foco imponente de irradiación de poder. Incluso en su muerte, arrastrado por su propio caballo, será el prototipo del conquistador que reúne lo más apasionante de cuantas biografías han sido compuestas hasta hoy. Aquel salto no existió nunca, ni siquiera en la forma, más digna de crédito, de salto de pértiga a la que se inclinan los historiadores [9].

GONZALO DE SANDOVAL, LA REVELACIÓN DE LA CAMPAÑA

A su lado, Gonzalo de Sandoval, el joven de Medellín, apenas utilizado por Cortés para la aproximación a Tenochtitlán, debe pasar a la historia como la revelación de la campaña. El prestigio de Sandoval nace en las circunstancias difíciles de la expedición y ya no declina nunca.

[9] A. de Remesal, *Historia general de las Indias Occidentales y particular de la Gobernación de Chiapa y Guatemala*, 2 vols., Fondo de Cultura Económica. Guatemala, 1932.

La irresistible ascensión de Sandoval a la capitanía se materializa en la sucesión al desgraciado Juan de Escalante, el sevillano amigo de Cortés. Escalante había quedado en Villa Rica de la Vera Cruz como capitán y alguacil mayor... Era «hombre muy bastante y de sangre en el ojo». La muerte de Escalante en la primera emboscada agresiva de los aztecas fue contemporánea de la noticia de la llegada a la costa de Pánfilo de Narváez. Era el primer fallo de la obra de Cortés. Sandoval, nombrado alguacil mayor, va a mostrar su inmensa capacidad de enderezamiento de entuertos a satisfacción de todos.

Sandoval será, para Bernal,

> de buena voluntad y no nada malicioso se hace querer de todos los vecinos... A los que halló que estaban enfermos los proveyó de comida lo mejor que podía... Hacía todas las cosas como conviene hacer, todo lo que los buenos capitanes son obligados... era muy avisado y de buen consejo, quería tener sus soldados enteros, no le viniese algún desmán.

Como todas, la relación Cortés-Sandoval también presenta tensiones. Cortés le critica duramente por los resultados de un combate que no debió librar... —«luego tornarán a ser amigos»—. Es una relación, en definitiva, clara y sincera donde juega mucho la diferencia de edad.

Sandoval no fue sólo el hombre que resolvió la captura de Narváez, sino también una de las tres piezas maestras de la conquista de Tenochtitlán: «muy varón en sus cosas, siempre estaba muy apercibido él, y sus soldados armados». Con las posteriores experiencias militares de Gonzalo de Sandoval podría escribirse ese excelente tratado de táctica de pequeñas unidades, que echa de menos Pérez Prendes.

La predilección de Cortés por Sandoval fue progresiva. El hecho de su prematura muerte a la llegada de ambos a España contribuyó mucho a la idealización de su recuerdo, que se transmite de Cortés a Gómara y de Gómara a Bernal. En la conquista de Tenochtitlán, Cortés llega a poner a las órdenes de Sandoval 20 jinetes y 80 soldados, «los más sanos que había en todos tres reales». En todas las referencias personales, Sandoval sale bien parado y bien situado en los despliegues: «El Sandoval —dice Bernal— era muy ardidoso y cuando le mandaban cosa de importancia no dormía de noche... tuvo aviso de que le estaban esperando en dos malos pasos».

Bernal llega a poner en boca de Cortés esta frase encomiástica: «¡O Gonzalo de Sandoval! en cuan gran cargo os soy, y cómo me quitais grandes trabajos».

Sandoval manda con soltura huestes cortas de 100 soldados, 50 jinetes, dos tiros y 15 arcabuceros y ballesteros, así como 8.000 traxcaltecas y mejicanos. Están por debajo de las huestes que se asignaron a Alvarado para ir a Guatemala y a Olid para irse a las Hibueras, que eran de más de 400 españoles, la primera con 135 caballos, y la segunda sólo con 22 (pendientes de compra en Cuba por parte de Alonso de Contreras).

Los éxitos de Sandoval se enlazan sin solución de continuidad. Bernal, que tiene celos del protagonismo que Gómara daba a Pedro de Ircio, lo describe «de buena voluntad y no nada malicioso» y se fija más que Gómara en las habilidades de Juan Velázquez, «muy de palacio y de buen cuerpo, membrudo y de buena presencia y rostro y la barba muy bien puesta». Acertadamente, Sandoval fue el designado para prender a Pánfilo de Narváez.

> Yo os mando que prendais el cuerpo de Pánfilo de Narváez, e si se defendiese, matadle, que así conviene al servicio de Dios y del rey nuestro señor.

La narración por Bernal de la captura de Narváez es prolija (capítulo CXXII). Sandoval

> sube de presto las gradas arriba... y le tiraban saetas y escopetas, y con partesanas y lanzas, todavía las subió él y sus soldados... y fuimos muchos de nosotros y el capitán Pizarro venir a ayudar al Sandoval... oímos voces del Narváez que decía «Santa María, váleme; que muerto me han y quebrajado un ojo»... Y con todo esto no les pudimos entrar en el «cú» donde estaban hasta que un Martín López, el de los bergantines, como era alto de cuerpo, puso fuego a las pajas... y vinieron todos los de Narváez rodando las gradas abajo; entonces prendimos a Narváez.

El relato de Bernal, con todo, busca más el mérito de la colectividad que el de Sandoval. En la salida de Méjico, de noche, «para que fuesen a la delantera peleando, señalaron a Gonzalo de Sandoval y a Francisco de Saucedo, el Pulido y a Francisco de Lugo y a Diego de

Ordás e Andrés Tapia». Los destacados siempre son los capitanes, más que un solo capitán... «Oímos voces que daba Cristóbal de Olí y Gonzalo de Sandoval y Francisco de Morla».

Cuando cita las acciones individualizadas de Sandoval —la victoria de Chalco, la traída de la madera para construir bergantines, etc.—, Bernal no oculta sus virtudes:

> Y como el Sandoval era muy avisado y de muy buen consejo, puso los escopeteros y ballesteros por delante, y los de a caballo mandó que de tres en tres se hermanasen, y cuando hubiesen gastado los ballesteros y escopeteros algunos tiros, que todos juntos los de a caballo rompiesen por ellos a media rienda y las lanzas terciadas, y que no curasen alancear, sino por los otros, hasta ponerlos en huida, que no se deshermanasen; y mandó a los soldados de a pie, que siempre estuviesen hechos un cuerpo y no se metiesen entre los contrarios hasta que se lo mandase; porque, como le decían que eran muchos los enemigos... y estaban entre aquellos malos pasos... quería tener sus soldados enteros, no le viniese algún desmán.

En el contexto de esta magnífica exposición de un plan perfecto de operaciones, Bernal pone un contrapunto, al recordar que el jinete Gonzalo Domínguez murió de una mala caída:

> He traído esto aquí a la memoria deste soldado, porque este Gonzalo Domínguez era uno de los mejores jinetes y esforzado que Cortés había traído en nuestra compañía y teníamosle en tanto en las guerras, por su esfuerzo, como al Cristóbal de Olí y a Gonzalo de Sandoval.

Los elogios a Sandoval no cesan de proferirse: «Cuando se vio libre de esta refriega dio muchas gracias a Dios»... «como había tenido tres batallas, no se quisiera meter por entonces en hacer más de lo que Cortés le mandara». Pero Cortés no quiso escuchar a Sandoval, enojado... «y destas palabras que Cortés le dijo recibió mucha pena el Sandoval».

El mérito del cerco de la gran ciudad de Méjico, en opinión de Bernal, está equilibrado entre Alvarado, Olid y Sandoval. Pero aun siendo así, hay una crítica de Sandoval. Éste no aceptó el mérito de García-Holguín al prender al Guatemuz... «Cuando alcanzó a Holguín le dijo que le diese el prisionero y el Holguín no se lo quiso dar»... «El Sandoval dijo que él era general de los bergantines y que el Holguín venía debajo de su dominio y mando». Era el 13 de agosto de 1521. Aquella captura del sucesor de Moctezuma significaba la victoria decisiva. Sandoval se apropió, de modo abusivo, del mérito de un subordinado.

No es que Sandoval fuera para Bernal un perfecto capitán. Nos ha dejado el testimonio de una dura represalia de capitanes mejicanos, «que les dieron la guerra y les mataron los sesenta soldados que dicho tengo», pero los elogios vuelven, gracias al trato personal y cariñoso que Bernal recibe en Naco cuando el cronista enferma. De aquí pasa a la narración de la muerte de Sandoval. Y deja constancia del triple luto de Cortés (por su padre, por su mujer y por Sandoval) que llevó en sus primeros recorridos por España.

> Pasó Gonzalo de Sandoval que fue capitán muy preeminente... Tuvo dél grande noticia, y de sus heroicos hechos, su majestad, y murió en la villa de Palos, yendo que iba con don Hernando Cortés a besar los piés a su majestad.

CRISTÓBAL DE OLID, UNA DECEPCIÓN

La figura de Cristóbal de Olid, natural de Baeza o Linares, está pidiendo una clarificación histórica [10]. En plena angustia por la pérdida de la expedición de Juan de Grijalba —previa a las gestiones de Cortés—, Olid fue el hombre en quien confió Diego Velázquez. En la organización primera de la expedición cortesiana era el más enterado de todos. Figura siempre junto a Cortés y aparece absolutamente entregado a sus designios. Bernal le define como «extremado varón, no era para mandar sino para ser mandado». En los combates, su capacidad de arrojo llegaba al límite.

Estaba casado con una hermosa portuguesa. Su tragedia empieza cuando parte para las Hibueras, Honduras, el 11 de enero de 1524, con cinco navíos grandes y un bergantín, 400 peones y varios miles de

---

[10] R. H. Valle, *Cristóbal de Olid, conquistador de México y Honduras.* Méjico, 1948.

pesos para comprar caballos en Cuba. La misión que le ha dado Cortés consiste en la fundación de una ciudad en una zona que parece rica.

Todo aparece confuso, dramático y trágico en este paso de Olid por Cuba. El propio Cortés se resistía a ver en Olid a un traidor, pero los hombres que él envió para aclarar las cosas no se anduvieron por las ramas. Invirtieron la situación que encontraron y, con sospechosa prisa, dejaron consumada la ejecución de Cristóbal de Olid. Mientras, Cortés caminaba penosamente hacia las Hibueras en sus horas más bajas, sin saber exactamente nada de lo que estaba pasando y sin acabar de entenderlo cuando se lo contaron.

Francisco López de Gómara ha reunido para la historia los cargos que Hernán Cortés tenía contra Olid: se escribió y concertó con Diego Velázquez para alzarse contra Cortés con aquella gente armada y de tierra que a su cargo llevaba; tomó para sí lo que Alonso de Contreras y Diego Velázquez le dieron, caballos y vituallas, en lugar de comprarlos con los miles de castellanos que le adelantó Cortés; fundó, sin ánimo de hacerlo en nombre de Cortés, el pueblo que Olid llamó Triunfo de la Cruz, junto a Puerto de Caballos; mostró, en privado, odio y enemistad a Cortés y a sus cosas; dejó de cumplir el envío de una hueste para descubrir el estrecho que debería unir los dos océanos y, en su lugar, entró en conflicto con un hombre que tenía títulos reales, para poblar, Gil González de Ávila; mató a muchos españoles para quedarse solo en aquella tierra que no era pobre, etc.

La hueste que sacó Cortés hacia las Hibueras para reprimir a Olid era una hueste de las que venimos llamando ideales por su equilibrada envergadura —150 caballos además de otros 150 soldados a pie—, «muy en orden de guerra» y asistidos por 3.000 indios y mujeres. Desde demasiado lejos, le apoyarían tres carabelas con cuatro piezas de artillería por si llegaba, junto al río Tabasco, la hora de combatir.

El trance fue particularmente doloroso para Cortés. Había sido Olid la pieza fundamental de la conquista en todas las ocasiones críticas. Escapó con vida de la Noche Triste y destacó por su arrojo en Otumba, Tlaxcala y Tabasco. Su delito, para Cortés, era la deslealtad —un delito mucho mayor que el de Diego Velázquez, «raíz de todos los males», o que el de Pánfilo de Narváez, en su momento convertido en hombre libre, quizás por los ruegos de su mujer. «Os pedimos, señor —escribe al Emperador en la *Quinta carta de relación* (3 de septiembre de 1526) que las cosas pasadas con Cristóbal de Olid nos perdonéis, porque también fuimos forzados como esta otra vez».

Dos capitanes menores: Juan de Escalante y Diego de Ordás

En la memoria de Cortés, el nombre de Juan de Escalante quedó grabado como un malogro, y en su estela creció la figura de Gonzalo de Sandoval. Junto a Sandoval van a cobrar relieve dos nombres más, que tendrán en común con Escalante la preferente dedicación a la administración del territorio y la legalización de las actas fundacionales. Se trata de Diego de Ordás y de Francisco de Lugo. Serán, aquí y ahora, nuestros tres capitanes menores. El primero, Escalante, valioso sin duda, ha quedado marcado por lo prematuro de su desgracia. Su mayor éxito consistió en la captura de Francisco de Garay, uno de los dos adversarios leales de Cortés. El tercero, Francisco de Lugo, nos servirá para entender la clave medinense de la historia de Bernal Díaz del Castillo.

Juan de Escalante era persona de mucho valor, gran amigo de Cortés y enemigo de Diego Velázquez «porque en la isla de Cuba no le dió buenos indios». En el capítulo LVIII del libro de Bernal se nos narra la ceremoniosa presentación que Cortés hace en Veracruz de su alguacil mayor.

> Delante dellos tomó Cortés por la mano al Juan de Escalante y les dijo: «Este es mi hermano» y que lo que mandase que lo hicieren.

Nos dice Bernal que era «persona muy bastante para cualquier cargo». Bernal, celoso siempre, se opone al protagonismo de Pedro de Ircio, «al que no le habían dado cargo ninguno, ni aún de cuadrillero, ni era para ello; ni es justo dar a nadie lo que no tuvo, ni quitarlo a quien lo tuvo». Y es que, a través de Ircio, Escalante acababa de avisar a Cortés de la llegada a Veracruz de la flota de Francisco de Garay.

La muerte de Escalante a manos de los indios está íntimamente unida a la decisión cortesiana de capturar a Moctezuma. El ataque del cacique mexicano Cualpopoca, en una zona que los españoles llamaron Almería, ocasiona nueve españoles muertos y deja a Escalante malherido: «Vinieron nuestros amigos los totonaques al capitán Juan de Escalante e quejáronse reciamente que los mexicanos les venían a robar y destruir sus tierras».

Escalante no estaba bien dotado de soldados. «Todos los más vecinos que quedaban en la Villa Rica estaban dolientes y eran hombres de la mar». Y así, «llegó con sus pobres soldados —dice Bernal— hasta un pueblo que llaman Almería y le puso fuego y les quemó las casas».

La noticia de la dolorosa muerte de Escalante afectó primero a los capitanes Alvarado, Sandoval, Velázquez de León, Francisco de Lugo y Alonso de Ávila. Llegó a Cortés unida a la noticia de la decapitación de Argüelles, natural de León y soldado avisado. Entonces, por orden de Cortés y delante de Moctezuma, «trajeron a Cualpopoca y a un hijo suyo y a otras quince personas principales que fueron culpadas de la muerte de los españoles. Cortés los sentenció y condenó a quemar», aunque cuidó que fuera Moctezuma el juez.

La calidad de una muerte, la del capitán Escalante, ponía así en marcha el proceso que rompía todas las confianzas, la de los caciques en Moctezuma y la de Moctezuma en la tolerancia de los españoles. Debe considerarse, pues, un acontecimiento decisivo.

El segundo de los capitanes menores, Diego de Ordás, era natural de Tierra de Campos. Había sido mayordomo mayor (*sic*) de Diego Velázquez. Era, pues, un sospechoso. En definitiva, se mantendría fiel a la nueva alianza que, secretamente, en Santiago de Cuba, le ofrece Cortés. Ordás había tomado parte en expediciones anteriores. Figuró al frente de uno de los grandes buques en el primer movimiento de la hueste hacia la costa (como Alvarado, Olid, Escalante y otros) y también entre quienes elevaron a Cortés a Capitán General y Justicia Mayor en Tierra Firme.

Su fama personal está vinculada a la subida, con dos compañeros, al volcán Popocatépetl —la *montaña que fuma* de los tlaxcaltecas—. «Hombre de consejos —escribe Bernal—, Cortés quería tenerlo en su compañía». Fue un hábil merodeador de pueblos que solía volver con muestras de oro. Simboliza el permanente interés del conquistador nato por los reconocimientos. Muere, años después, cuando con títulos legales de alto rango, encabeza recorridos por las cuencas altas del Orinoco. Su imagen para la historia es clara, a pesar de los antecedentes mercantiles de su personalidad. En realidad, supo superar hábilmente todos los conflictos de lealtades. Cortés se mostró siempre agradecido por sus servicios [11].

Para Cortés, Ordás fue leal, «si cierto respondía muy bien por todos nosotros y le dieron una encomienda de señor Santiago y por armas el volcán». Antes se había confesado admirador suyo. «Cortés se opone a que Ordás se vaya —escribe Bernal— porque era hombre muy entendido y bien esforzado, hombre de buenos consejos y quería tenerlo en su compañía».

Lo más notable de Ordás era su irresistible curiosidad:

> Y como uno de nuestros capitanes, que se decía Diego de Ordás... era hombre entendido y esforzado, dijo al capitán que él quería ir a ver aquel río (Tabasco), y qué tierras había y qué manera de gente era.

Diego de Ordás (1480-1532) había nacido en Castroverde (o Valverde). Llevaba en Cuba tantos años como el propio Velázquez. Cortés acertó a ganarse su confianza. Ordás derrochó bravura al cubrir la retirada de Cortés que precede a la batalla de Otumba. En 1523 vuelve a España y se entrevista con el Emperador, que le otorga el corregimiento de Segura de la Frontera y el título de caballero. Se le concede un volcán por escudo de armas. Cortés siempre creyó que trabajaba en España a su favor, y no se equivocaba.

En 1531 se le nombra adelantado, Capitán General y Gobernador del territorio extendido entre el golfo del Marañón y el cabo de Vela. Como otros conquistadores, Ordás ha escapado de la órbita de Cortés. Se siente atraído, como muchos otros, por el mito de El Dorado. Su hueste penetra admirablemente unos 800 kilómetros aguas arriba del Orinoco, pero las envidias culminan con una persecución innoble. Un envenenamiento en alta mar, cuando era conducido a España por sus adversarios, acabó con sus sueños.

---

[11] E. Otte, «Nueve cartas de Diego de Ordás», en *Historia mejicana*. Méjico, julio-septiembre, 1964.

FRANCISCO DE LUGO Y CRISTÓBAL DE OLEA, DOS MEDINENSES

El problema básico que impulsó a escribir a Bernal no era la fidelidad de Cortés al gran designio de la Monarquía Católica, ni tampoco el difícil juego de lealtades que el gesto de ruptura con las capitulaciones del Gobernador de Cuba había desencadenado entre los capitanes (mayores y menores) de Cortés, sino el hecho mismo de la creación de un nuevo estamento noble constituido por los conquistadores, es decir, por los *mílites de la hueste indiana* que, desde la primera hora, lo arriesgaron todo por seguir al genial extremeño. El libro de Bernal Díaz del Castillo está consagrado al enaltecimiento del mayor número de los conquistadores de la primera hora.

Bernal nos cuenta, mezclado entre los historiales de cientos de mílites, su propio caso. Había embarcado para Indias a los 20 años de edad, siguiendo a Pedrarias Dávila, en 1514. Pudo incluso ser testigo de la ejecución de Núñez de Balboa en el istmo de Darién. Participó en la empresa privada de Francisco Hernández de Córdoba, en febrero de 1517 (Yucatán), y en la empresa pública y oficial de Juan de Grijalba, en 1518 (Tabasco). Todo ello antes de que Cortés diera un solo paso hacia el peligro —mientras el joven revoltoso se divertía y enriquecía en Cuba.

La obra histórica de Bernal es un escrito tardío que se vincula a la probanza de méritos. Se escribe para retener en su beneficio, por su condición de conquistador, encomiendas de indios en Méjico, Tabasco y Chiapas (donde conoció a Bartolomé de las Casas). El fiscal general del reino de Castilla, Juan de Villalobos, había dictaminado «que no procedía proveer cosa alguna porque no había sido tan conquistador como decía».

El casi nonagenario Bernal, que muere en Guatemala para ser enterrado en la catedral junto a Pedro de Alvarado, no logró plenamente sus objetivos; pero dejó escrito un testimonio de acciones concretas que hoy nos parecen asombrosas y que demuestran la condición de todo un pueblo. Verdaderamente, aquellos hombres de la conquista merecían distinciones y consideraciones sociales, es decir, honores superiores a los que venían recibiendo de los oficiales reales.

Un personaje llamado Francisco de Lugo, capitán, amigo y deudo de Bernal Díaz del Castillo, aparece citado 100 veces en la *Historia verdadera*. En este caso, la obsesión de Bernal por presentar la conquista como obra de todos —y no como hazaña personal de Cortés— se polariza hacia los hombres de su inmediato entorno, a los que más tienen que ver con Bernal mismo, es decir, hacia sus paisanos de Medina del Campo.

Francisco de Lugo era de Medina del Campo. Había tenido un papel relevante en el nombramiento de Cortés, en el proceso de Moctezuma y en la resolución favorable a Cortés de numerosas intrigas entre españoles que llegaron a las manos. Bernal parece desear ser una su propia suerte a la de este hombre, que también era hidalgo y que había conocido una juventud cercana a quienes ocupaban cargos reales en el Castillo de la Mota, como el propio Bernal.

Los tres capitanes menores aquí recordados —Escalante, Ordás y Lugo— representan bien a una lista mucho más larga, en la que se mezclan nombres de algún miembro de la tropa de Pánfilo de Narváez, como Francisco de las Casas el que dio orden de ejecutar a Olid. La historia deberá estudiar con algún detenimiento y mayor serenidad los conflictos de lealtades en los que todos anduvieron empeñados. Pero, en cualquier caso, deberá reconocer la envergadura de los méritos y la magnitud de los sufrimientos de todos los capitanes menores de la conquista. Juan Velázquez de León será, para Bernal, uno de los más injustamente olvidados por Cortés. De ahí que, en la *Historia verdadera*, todo lo que le destaca aparece tratado con afecto. Murió heroicamente en los puentes durante la Noche Triste.

Bernal incide muchas veces en el heroísmo de un caso particular, el del mancebo, también de Medina del Campo, Cristóbal de Olea. En él vamos a centrar nosotros también el comentario final sobre la hazaña de Cortés.

Cristóbal de Olea salvó, por dos veces consecutivas, la vida de Cortés. La primera, en el ataque a Xochimilco, una gran ciudad a dos leguas y media de Méjico, que tenía una laguna de agua dulce donde «quedó el Olea muy malamente herido de tres cuchilladas y se desangraba»; la segunda, en torno a la calzada de Tenochtitlán, «donde le llevaron vivos para sacrificar a 72 soldados e hirieron en una pierna a Cortés y perdió la vida el Olea». Olea era el ejemplo increíble de fidelidad a la persona del jefe que menos debía ser olvidado por Cortés.

Antonio de Solís, en el libro V, capítulo XVIII, de su *Historia*, se muestra altamente admirado del comportamiento de Cristóbal de Olea. Le cita también por su nombre, como Bernal en la *Historia de la con-*

quista de Méjico. En cambio, la *Tercera carta* de Hernán Cortés al Emperador, que anota las mismas precisiones, mezcla episodios donde, gracias a la abnegación de algún mancebo subordinado, es salvado físicamente de las manos de quienes ya le tenían atrapado. Sólo la palabra «mancebo» permite identificar a Cristóbal de Olea como el doble salvador de la vida de Cortés.

En otro lugar de sus *Cartas de relación*, habla Cortés de Cristóbal de Guzmán, «mancebo criado mío... la muerte del cual puso a todo el real en tanta tristeza que hasta hoy está reciente el dolor de los que lo conocían...». Pero aunque describe los muchos salvamentos de que fue objeto —claramente se trata de los dos sucesivos, protagonizados por Cristóbal de Olea—, nunca cita este nombre. La tendencia cortesiana a la omisión de las referencias personales que pudieran servir para la probanza de méritos irrita a Bernal Díaz del Castillo cuando, ya anciano, se desespera por la tardanza en el reconocimiento de sus servicios.

Hubo, pues, en la gigantesca empresa de la conquista de Méjico un juego entre tres virtudes militares, conciliables entre sí, pero no idénticas. La virtud sobresaliente —la *fidelidad* de Cortés— exigía el seguimiento sin vacilaciones de una vocación profunda. La virtud sobresaliente de sus capitanes, la *lealtad*, brilló en condiciones difíciles —tan difíciles que entre ellos mismos muchas veces se acusaban de desleales tanto en los capitanes como en los mílites—.

La virtud sobresaliente de los soldados de la hueste radicaba en el sentimiento del *honor*. Es lo que justifica y ennoblece sus sufrimientos. Fidelidad, lealtad y honor nos dan la clave ética de la epopeya mejicana.

Los relatos de Cortés, López de Gómara, Bernal Díaz del Castillo, Antonio Solís y de cuantos otros pueden dar testimonio de la epopeya, no contradicen esta impresión general.

Pudo haber una relación entre el dato de la muerte de Isabel la Católica en Medina del Campo, la villa natal de Bernal, la decisión de Fernando el Católico a favor de las encomiendas de Indias allí tomada y la salida para Indias de Hernán Cortés. La hay entre lo aprobado sobre las encomiendas en la Junta de Burgos (1512) y la llegada a la isla de Santo Domingo de los jerónimos del vecino monasterio de Mejorada. De aquí que la figura del medinense Bernal Díaz del Castillo se asocie no sólo a estos monjes de la órbita del cardenal Cisneros —fray Luis de Figueroa, fray Alonso de Santo Domingo, fray Bernardino de Manzanedo, etc.—, sino a todos los conquistadores medinenses —Francisco de Lugo, Cristóbal de Olea, Francisco de Medina, Cristóbal de Morante y Rodrigo Morejón de Lobera—, que, en gran parte, habían sido hombres de Pánfilo Narváez. La impronta de Medina del Campo gravita sobre los conquistadores de Méjico de modo notable.

La clave puede estar en la síntesis simbólica de estos tres episodios protagonizados por medinenses: 1) el de Francisco de Bobadilla, el comendador de la Orden de Calatrava que apresó a Cristóbal Colón en su segundo viaje; 2) el de Álvaro de Lugo, regidor de Medina durante la guerra de las comunidades; y 3) el de Francisco de Bobadilla y Daza, vivido en la isla de Bommel (Países Bajos) años después y del que se deriva la tradición del patronazgo de la Inmaculada Concepción a favor de la Infantería española. Medina del Campo irradia a lo largo del siglo XVI una mentalidad donde se aglutinan el legalismo del primer episodio (la fundación de reinos para la Corona), las libertades del segundo (el sometimiento de las comunidades a la Corona) y el providencialismo del tercero— (el acogimiento lírico de la piedad mariana para quienes luchan lejos de su patria).

V

LOS CAPITANES DE FRANCISCO PIZARRO

> Avia mandado don Francisco Pizarro que el general Hernando Pizarro y los capitanes Soto, Mena, Belalcázar, con los españoles de a cavallo armados a punto de guerra estuvieren sobre aviso para salir a Atabalipa con los enemigos porque Atabalipa le avia mandado dezir que estuviesen escondidos y así los cavallos atados. Pusiéronse unos tirillos en lugar alto que estava disputado para ver los juegos o hazer los sacrificios y que Pedro de Candía los soltase cuando se hiziese cierta seña que concertaron entre todos hiziese, a la cual los de a cavallo e peones avian con determinación de salir, estando el gobernador hasta quince rodeleros solamente. (P. Cieza de León, *Descubrimiento y conquista del Perú*, Grupo Z Cultural, cap. XLV, p. 217, Madrid, 1984.)

Francisco Pizarro, como Hernán Cortés, tuvo a sus órdenes capitanes mayores y capitanes menores. Si ponemos los ojos en el hecho decisivo que lo cambia todo —la audaz captura de Atahualpa en la gran plaza de Cajamarca—, podríamos estar tentados a excluir al gran ausente Diego de Almagro. Pero no debemos hacerlo. Almagro fue considerado durante largo tiempo como el primero de los capitanes de Pizarro.

Los capitanes mayores de Francisco Pizarro fueron, por este orden, Diego de Almagro, Hernando Pizarro y Hernando de Soto. Como menores actuaron, entre otros, Sebastián de Belalcázar, los hermanos Juan y Gonzalo Pizarro y Pedro de Candía, el artillero. El proceso de autodestrucción del equipo de colaboradores del conquistador del Perú, finalmente, produjo tres sectores rivales que conviene denominar pizarrista, almagrista y oficialista (o realista).

Pizarristas fueron los cuatro hermanos de Pizarro y muy pocos más, como Francisco de Carvajal (el demonio de los Andes), Gabriel de Rojas, Hernán Ponce de León y el ya citado Pedro de Candía, un griego competente en tiros de cañón a distancia. Almagristas terminarán siendo Rodrigo Orgóñez, Cristóbal de Mena y, naturalmente, el equipo de Juan de Rada, que asesinó a Pizarro y a sus acompañantes. Necesariamente almagrista fue el mestizo Diego de Almagro *el Mozo*. Oficialistas (o realistas), cada uno a su modo, resultaron Hernando de Soto, Sebastián de Belalcázar y Pedro de Valdivia, incorporado algo después que los demás. También terminarían en oficialistas Lorenzo de Aldana, Diego Centeno y Jorge Robledo, tres piezas excéntricas en las primeras fases de la guerra intestina del Perú que, en ocasiones, se despegaron del conflicto, aunque no tanto como Hernando de Soto y Francisco de Orellana, más prestos a la escapada hacia otros escenarios y cuyos destinos finales estarían en La Florida y en el Amazonas.

PIZARRO, TENIENTE DE LEVANTE

Manuel Ballesteros Gaibrois es el historiador que con más habilidad acumula las expresiones de admiración hacia Francisco Pizarro [1].

> Hombre entero, tiene la suprema calidad humana del amor al prójimo. Le vemos asistir a los enfermos en las jornadas de la costa —en sus dos primeras salidas—, trabajar como uno más en la construcción de refugios en la isla del Gallo y dolerse en el alma de la necesidad política de suprimir a Atahualpa.

Ballesteros destaca en el conquistador unos rasgos no demasiado alejados de los de su modelo: Cortés. Posee un «carácter inquebrantable, de una sola pieza, de hombre muy hombre».

> los retratos... nos han dejado una imagen bastante exacta de él. Alto y cetrino, con la tez oscurecida y curtida del campesino extremeño, había dejado crecer sus barbas, que blanqueaban... Sabía mirar de

---

[1] M. Ballesteros Gaibrois, *Recuerdo y presencia de Francisco Pizarro*, Ediciones de la Vicesecretaría de Educación Popular. Madrid, 1942.

frente y derecho... resistente, disciplinado, enérgico, decidido, atrevido, valeroso, audaz, prudente, ambicioso de gloria, inculto y religioso... Funda conventos de religiosos y tiene especial fervor por la Virgen de la Merced.

Pero la nota dominante será su capacidad para el mando:

En el arte de la guerra, capitán excepcional de pequeñas fuerzas... una mezcla de intuición genial de estrategia y de la costumbre de lucha en las Indias... Estrategia de la más amplia visión... Un sentido subconsciente, subterráneo, le dictaba la posesión de puntos estratégicos... Triunfa en la guerra de Túmbez —al desembarcar— y logra la victoria en las emboscadas que se le tienden a lo largo del «real de los incas», camino del Cuzco. Su obra maestra, sin embargo, es la «batalla» de Cajamarca... lo principal es abatir al jefe indígena.

Los capitanes de Pizarro culminarían juntos lo que Morales Padrón llama la conquista del Incario. Actuaron sobre las huellas de una expedición ordenada por Pedrarias en 1522, aunque con otras miras[2], la de Pascual de Andagoya:

Andagoya —sigue diciendo Morales Padrón—, conquistador a medias, aunque buen cronista, fracasó en su intento por falta de ventura o por falta de conocimientos, como dice Fernández de Oviedo. Tal vez por lo último, dado su estrato social y condiciones. Andagoya era un hombre, según el cronista citado, «de noble conversación y virtuosa persona», que mal debía avenirse con aquel mundo incómodo y semibárbaro de América. Hombre nacido hacia 1498, pasó al Darién con Pedrarias, de quien debió ser paje o criado. Pedrarias le casó con una doncella del séquito de su mujer, le enriqueció y le hizo participar en las expediciones del licenciado Espinosa y de Balboa. Fue de los fundadores de Panamá, de la cual fue alcalde en 1527.

La figura de Andagoya aparece como la antítesis de lo que serían Pizarro y sus capitanes. Su modo afectuoso de proceder con los indios le permitió convertirse en el hombre mejor informado sobre el

---

[2] F. Morales Padrón, *Las grandes conquistas de Indias*, Estudios Americanos. Madrid, 1957.

sector de la costa colombiana del Río de San Juan. Accidentalmente tullido e impedido para montar a caballo, hubo de declinar sus bien ganados derechos de exploración hacia Levante nada más iniciar su aventura.

Se dedicará a escribir una excelente relación de los sucesos de Pedrarias. Desde el siglo pasado los conocemos gracias a Fernández Navarrete. Con su espíritu apaciguador volverá a la vida activa para el gobierno de la zona del Río San Juan a la muerte del licenciado Espinosa y hubo de doblegarse a las exigencias de Belalcázar que sí era un conquistador de raza. Andagoya fue toda su vida un descubridor (en tiempo de conquista) donde Belalcázar será un conquistador (en tiempo de fundaciones). Ballesteros, siempre comprensivo con los animosos, hará del discutible Belalcázar «uno de los mejores hombres que hubo en América, de temperamento decidido y condiciones poco comunes».

Pedrarias discernía entre hombres de paz, como Andagoya, y hombres de guerra, como Pizarro, su «teniente de Levante». En abril de 1525, escribe al emperador Carlos y le dice:

> Al Levante por la Mar del Sur tengo enviada otra armada como le he escrito a V.M. a descubrir con el Capitán Pizarro, mi teniente de Levante, con muy buena gente y buenos aderezos.

Morales Padrón describe muy bien el reparto de responsabilidades. Desgraciadamente, Pizarro verá crecer un equipo mal avenido de capitanes, sobre todo si se compara al de Hernán Cortés, mucho mejor articulado.

> De 1508 a 1522, el capitán Pizarro —un título otorgado por los historiadores con alguna gratuidad para tan remotas fechas— militaba bajo diversos caudillos: Ojeda, Enciso, Balboa, Morales, Pedrarias... aprendiendo el arte de la guerra indiana.... Estando en Panamá, escucha las noticias de Andagoya, que le sugieren la conquista del Incario. Asociado con dos amigos suyos, Diego de Almagro y el clérigo Hernando Luque, forman una compañía descubridora. Por el convenio establecido, Pizarro dirigía las huestes, Almagro procuraría pertrechos y el cura Luque aportaría fondos, que eran de Gaspar de Espinosa.

LA INSISTENCIA CONQUISTADORA DEL CAPITÁN EXTREMEÑO

La aventura de Pizarro en el Perú ha sido mil veces narrada. Aquí nos interesa sólo como pretexto para ir desvelando una nómina de capitanes evidentemente más compleja que la de Cortés. No nos sirve para determinarla el texto de la capitulación de Toledo, que firma la emperatriz Isabel el 26 de julio de 1529 [3], porque otros capitanes no citados en ella irrumpirán en escena antes de que se consume el hecho decisivo de la plaza de Cajamarca.

Por la capitulación, un grupo de aventureros —los *Trece de la Fama*— se verá convertido en hidalgo. Pizarro obtiene los títulos de Gobernador, adelantado y alguacil mayor, mientras Almagro queda en teniente de la fortaleza de Túmbez y se ha de conformar con el gesto de la legitimación de Diego, su hijo mestizo. Luque se convierte de modo nominal en obispo de Túmbez y en protector general de los indios. Nada se dice de los demás capitanes, esencialmente divididos por el dato de su doble recluta, bien en el Panamá de Pedrarias, bien en Trujillo, la villa natal de los hermanos Pizarro: Hernando, el único legítimo y el mayor de todos, Juan, Gonzalo y Martín de Alcántara, éste sólo hermano de madre.

La hostilidad entre los mílites atraídos por Almagro en Panamá y los compañeros y familiares de Pizarro abrirá paso al futuro conflicto de lealtades. No obstante, algunos de los capitanes se distinguirán como independientes en el momento crítico de la marcha hacia el interior, a título personal. Será el caso de Soto y de Belalcázar.

En las crónicas, los capitanes de Pizarro aparecen jerarquizados desde muy pronto. La oportunidad suprema para ello se dará en el despliegue previo a la emboscada de Cajamarca. El protagonismo pasa de Hernando de Soto a Hernando Pizarro y desde ambos, al compás de los movimientos de Belalcázar y de los disparos de Pedro de Candía, a la figura del indiscutible jefe supremo de los españoles, Francisco Pizarro. El retraso en la llegada de Almagro al corazón del Perú —el centro de gravedad de la operación decisiva— introducirá una nueva jerarquía entre los capitanes de la vanguardia o de la retaguardia no

---

[3] M. Ballesteros Gaibrois, *Descubrimiento y conquista del Perú*, Salvat. Barcelona, 1964.

intuida en las capitulaciones de Toledo. Al reclamo de prebendas, acudirán, día tras día, hombres nuevos en la zona, como Pedro de Alvarado y Pedro de Valdivia, para engendrar una confusión que Cortés no toleró en Méjico. La propensión a la autonomía, que en Méjico encarnaría el desventurado Cristóbal de Olid, se incrementó en Perú hasta lo infinito.

> Ninguno —exclama Morales Padrón— quiere permanecer sedentario en las tierras primeramente ganadas. Jiménez de Quesada se mueve persiguiendo El Dorado, más que fantasma; Pedro de Valdivia no se sentirá bien en sus posesiones de Charcas y se va a Chile; tampoco Gonzalo Pizarro y se irá a la Amazonia; Cortés no cesa de lanzar expediciones al Norte y al Sur, por mar y por tierra; este Pedro de Alvarado no está tranquilo hasta que no cruza el Ecuador o no marcha a morir a Nueva Galicia.

El texto revela una insistencia conquistadora en los capitanes que va más allá de la voluntad de Francisco Pizarro:

> ¿Qué les impele de este modo? ¿Las riquezas? ¿La fama y la honra? ¿El servicio al rey? ¿El proselitismo religioso? Todo en un tiempo les mueve. La voz de Bernal Díaz nos pone un fondo a estas preguntas: Todo lo trascendíamos, todo lo queríamos saber.

La referencia a Bernal no debe distraernos del problema de Pizarro, mucho más aparatoso que el de Cortés. Las tres versiones más comentadas de la conquista del Incario —la crónica de Francisco López de Jérez (*Verdadera relación de la conquista del Perú*); la narración de Pedro Cieza de León (*Descubrimiento y conquista del Perú*); y la historia discretamente novelada del norteamericano del xix, William H. Prescott (*Historia de la conquista del Perú*)— cumplen análogo cometido al de Bernal: los capitanes de las huestes se yerguen frente al conquistador y reclaman su oportunidad para ser famosos.

Las tres versiones de la conquista nos dan tres nóminas de capitanes. La crónica del escribano de Pizarro, Francisco de Jérez, prima a los fieles al *pizarrismo*; la crónica de Cieza, algo más tardía, aplaude a los *oficialistas*, acogidos al amparo del estandarte real; y la historia de Prescott, se compadece de los *almagristas* más señalados por el infortunio.

El pizarrismo de Jérez contiene muchas notas comunes al sistema cortesiano de valores. El relato del soldado Diego de Trujillo —que se adjunta a la crónica de Jérez— participa de idéntica actitud[4]. Francisco Pizarro aparece inaccesible a la altura de la magnitud de su éxito. No así Hernando y Gonzalo Pizarro, que replicarán a las pretensiones de los oficiales reales con imprudencias que Francisco nunca comete. Son menos maniobreros que su hermano. Tratan a los demás capitanes —incluido Diego de Almagro— como adversarios cuyo destino debería ser análogo en todo al que Cortés dio a Pánfilo de Narváez: la prisión; o, lo que es más grave, al que sus capitanes dieron a Cristóbal de Olid: el cadalso.

El capitán oficialista, en el momento narrado por Cieza[5], hace todo lo contrario que el pizarrista. Espera que la situación propicie un pacto entre los oficiales reales (Virreyes) y los capitanes descontentos por el cariz tomado por los acontecimientos de Lima.

El capitán oficialista se comporta como en su día Cristóbal de Olid o Pánfilo de Narváez: ofrece sus servicios a la autoridad legal y pide un privilegio como premio a la cooperación ofrecida. Los hábitos de Pedrarias y de Velázquez de Cuéllar reaparecerán en los capitanes de Pizarro atraídos por el oficialismo, Soto y Belalcázar sobre todo.

El capitán almagrista sueña con la repetición en Perú de los modos de actuación de Pedro de Alvarado respecto a Cortés en Méjico. El arbitraje de los conflictos se deposita en el jefe supremo, Francisco de Pizarro, el legítimo gobernador de todos. Pero entre Cortés y Alvarado nunca se cruzó nada parecido a un hermano de Cortés de las características del hermano de Pizarro, don Hernando. Esta injerencia será exactamente, la que según Prescott, hará diferentes los estilos de la gobernación de Méjico y la de Perú[6].

La crónica pizarrista del escribano Jérez

Jérez distingue en su relato lo fácil de la estrategia de Pedrarias —obtener botín en las incursiones tierra adentro y explotar minas apenas alejadas de Panamá— de lo audaz de la estrategia conquistadora de

[4] F. López de Jérez, *Verdadera relación de la conquista del Perú*, ed. de C. Bravo, Historia 16. Crónicas de América, núm. 14. Madrid, 1985.
[5] P. Cieza de León, *Descubrimiento y conquista del Perú*. También, *Obras completas*, ed. de C. Sáenz de Santa María, CSIC, Instituto Gonzalo Fernández de Oviedo. Madrid, 1984.
[6] W. H. Prescott, *Historia de la conquista del Perú*. Madrid, 1847.

Pizarro. Viene a hacer lo mismo que Gómara hizo con Cortés. Pizarro, como Cortés, va siempre en vanguardia, respeta a los indios que no le ofrecen resistencia y acepta la alianza de los débiles para destruir a los fuertes. Pizarro, como Cortés, elige itinerarios de aproximación al núcleo enemigo por líneas indirectas, es decir, algo separadas de las posiciones naturales de espera. Prefiere dejar a salvo los restos de la estructura de poder, que acaba de derribar, para beneficiarse del hábito indio de obedecer a sus propios caciques. El Pizarro de Jérez es el mismo héroe que Manuel Ballesteros ha descrito en *Recuerdo y presencia de Francisco Pizarro.*

Jérez (1479-1565), un sevillano que presumía de haber ido a las Indias siendo un niño, idealiza al conquistador del Perú:

> Oscuro soldado, de humilde origen, había ido escalando por su esfuerzo personal la dura cima del mando y del poder. Primero fue a costa de sufrimientos corporales en las difíciles jornadas del descubrimiento, luego a base de energías y vigor militar en los amargos trances de la conquista y por último, gracias a la actividad y don de gobierno, a través de los espinosos caminos de la organización, poblando y construyendo ciudades, municipios y conventos.

Jérez había dejado transcurrir cerca de 20 años —toda su juventud— en la estela de la gobernación de Pedrarias, en cuya expedición figuró como de linaje limpio y antiguo, es decir, de calidad [7].

> Quedó en Acla, como conquistador de la dicha provincia de tierra firme y celoso del servicio de su majestad; en este dicho tiempo de los veinte años fue por su persona a las entradas y conquistas que le fuera mandado por el dicho Pedrarias Dávila con él y con sus capitanes.

Todo hace pensar que Jérez era hombre discreto y que se mantuvo ajeno a las intrigas de la corte de Pedrarias. Es la tesis razonable de Concepción Bravo Guerreira. Se vincula a Pizarro desde la primera sa-

---

[7] C. Bravo Guerreira, Introducción a la *Verdadera relación de la conquista del Perú de Francisco de Xerez*, Historia 16, Madrid, 1985. También, *¿Fue Francisco de Xerez el autor de la Relación Sámano?* Escuela de Estudios Americanos. Sevilla, 1976.

lida, el 14 de diciembre de 1524, aunque no fue uno de los *Trece de la Fama*, porque se embarcó para regresar a Panamá con Pedro Tafur, el piloto fiel a los designios del sucesor de Pedrarias en Panamá, don Pedro de los Ríos. No obstante, sus relaciones con Pizarro volvieron a ser excelentes una vez que Jérez se reincorporó a la aventura.

> Si los Romanos tantas provincias sojuzgaron fué con igual o poco menor número de gentes, y en tierras sabidas y proveídas de mantenimientos usados, y con capitanes y ejército pagados. Más nuestros Españoles, siendo pocos en número, que nunca fueron juntos sino doscientos o trescientos y algunas veces, ciento y aún menos. Y el mayor número fué solo una vez veinte años ha, que fueron con el capitán Pedrarias mil trescientos hombres... Y los que en diversas veces han ido, no han sido pagados ni forzados, sino de su propia voluntad y a su costa han ido.

Raúl Porras Barrenechea, al comentar la biografía de Jérez en su obra *Las Primeras crónicas de la conquista del Perú*, habla de un conflicto entre Jérez y el fiscal Juan de Villalobos[8]. Lo cierto es que Jérez se unió a Pizarro en la primera ocasión que tuvo para ello. «Yendo corriendo en un caballo cayó de él y se hizo pedazos una pierna, hoy día anda cojo de ella». Lo cuenta el escribano de Belalcázar, Juan de Porras, y lo ratifica, de otro modo, Rodrigo de Cantillana:

> Estando en la dicha Cajamarca el dicho Francisco López quebró una pierna, quien fue siempre servidor de su majestad y secretario del dicho marqués don Francisco Pizarro.

El lisiado Jérez volvió a Sevilla el 3 de junio de 1534 y vino de retorno al Perú en 1554 cuando la estrella de todos los Pizarro ya estaba eclipsada. Su crónica, valiosísima, fue publicada sólo unas semanas después de su primer regreso a Sevilla. Tiene todos los visos de haber sido redactada en Cajamarca, antes del conflicto entre Pizarro y Almagro. En ella, Pizarro es objeto de una lealtad sin condiciones y de una admiración sincera, sin asomo de adulación, y Almagro es tratado con respeto. La crónica de Jérez, «uno de los primeros conquistadores

---

[8] R. Porras Barrenechea, *Las primeras crónicas de la conquista del Perú*. Madrid, 1949.

de las provincias de la Nueva Castilla», como se reza en la portada de
la primera edición de su obra, expresa la ruptura de los dos Pizarro y
Almagro frente a Pedrarias y no el choque entre ambos socios.

> En Panamá hubo gran contradicción de parte de Pedrarias y de otros,
> diciendo que no se debía proceder a tal viaje, de que su majestad no
> era servido. El capitán Almagro, con el poder que llevaba de su com-
> pañero tuvo mucha constancia en lo que los dos habían comenzado
> y requirió al gobernador Pedrarias que no los estorbase, porque ellos
> creían con ayuda de Dios, que su majestad sería servido de aquel via-
> je: A Pedrarias fue forzado consentir que hiciese gente.

Este comentario de Jérez corresponde a lo sucedido en marzo de
1526. Nos habla, todavía, de lo fecundo de la amistad entre Pizarro y
Almagro:

> Los dos capitanes partieron en sus dos navíos con ciento y setenta
> hombres, e iban costeando la tierra; y donde pensaban que había po-
> blado saltaban en tierra con tres canoas que llevaban en las cuales
> remaban sesenta hombres, y así iban a buscar mantenimientos. Desa
> manera anduvieron tres años pasando grandes trabajos, hambres y
> fríos: y murió de hambre la mayor parte de ellos, que no quedaban
> vivos cincuenta; sin descubrir hasta en fin de los tres años buena tie-
> rra... Y esta buena tierra que se descubrió fue desde el río de San
> Juan, donde el capitán Pizarro se quedó... y el otro navío envió con
> el capitán Diego de Almagro a Panamá para traer más gente.

El suceso de Cajamarca

Según Jérez, había sólo dos capitanes verdaderamente mayores, el
capitán Almagro y el capitán Pizarro, «que anduvieron tres años pasando grandes trabajos, hambres y fríos». Hay que progresar mucho en la
narración para ver entrar en escena a los demás. Cuando aparece Hernando de Soto en la playa de Túmbez —tercera salida de Pizarro—, Jérez disimula la importancia del refuerzo.

> Como fué llegada toda la gente que en la isla había quedado, el Go-
> bernador mandó hacer una grande balsa de madera y por el mejor

paso del río mandó pasar a un capitán con cuarenta de caballo y ochenta de pié... y mandó a este capitán que les hiciese guerra pues eran rebeldes y habían muerto a los cristianos.

El capitán que de este modo se pone a las órdenes de Pizarro es Hernando de Soto. Lo sabemos por la crónica de Diego de Trujillo, «que fué con él», pero no por Jérez. Tampoco nombra Jérez al capitán enviado por Pizarro «contra cuatro caciques que viven en la sierra que no querían venir de paz» (Sebastián de Belalcázar). Y es que Jérez, como Gómara, practica el culto a la personalidad del primer jefe. Trujillo, como Bernal, escribe más pendiente de dar a cada uno lo suyo. Ni siquiera nos da Jérez el nombre de Juan Pizarro al notificar la llegada de «sesenta y siete de a caballo y ciento diez de pié, tres de ellos escopeteros y algunos ballesteros» al valle de Piura. Piura sería el punto donde Francisco Pizarro tomó la decisión de dirigirse a Cajamarca por la ruta indirecta, que luego se reveló extraordinariamente acertada para la estrategia de la conquista del Perú.

Jérez cita a Hernando de Soto, simplemente, como «éste capitán». Lo hace maliciosamente durante la crisis por él provocada tras el asalto al templo de Caxas y a sus 500 mujeres consagradas al culto. A Pizarro le llama sistemáticamente «el Gobernador». Hay que esperar a las actuaciones de Hernando Pizarro para que Jérez se digne dar un nombre propio distinto a Francisco Pizarro.

> El capitán Hernando Pizarro pasó, y los indios de un pueblo que está a la otra parte vinieron a él en paz, y aposentóse en una fortaleza cercada»... «Y como hubo pasado, se fué el Gobernador a aposentar a la fortaleza donde el capitán estaba; y mandó llamar a un cacique, del cual supo que Atabalipa (Atahualpa) estaba delante de Cajamarca en Guamachuco».

El pizarrista Jérez vincula la gloria de Francisco Pizarro a la cooperación de Hernando Pizarro, cuyo retrato, en los demás cronistas, incluye claramente una descalificación: «Tenía facciones feas y desagradables y buena estatura. Era resuelto y poco escrupuloso. Poseía una arrogancia que hería el amor propio de los demás».

Hernando Pizarro —según Jérez— mandará eficazmente la vanguardia en el paso de la gran cordillera de los Andes hasta Cajamarca, mientras Hernando de Soto actúa como un extraordinario explorador de lo desconocido. Ambos tendrán a su cargo el momento más decisivo de la captura de Atahualpa. Tras ella, Hernando Pizarro efectuará, con crueldad suma y exaltado nerviosismo, la razzia más agresiva de cuantas precedieron a la ejecución de Atahualpa. Será él quien viaje a Sevilla en 1534 a cargo del tesoro y quien se entreviste con el emperador Carlos en Calatayud para traerse a las Indias unas nuevas capitulaciones todavía más duras de digerir por Almagro que las gestionadas por Francisco. Hernando será en la batalla de Las Salinas el hombre clave de la victoria militar contra Rodrigo Orgóñez y del aplastamiento físico y moral de Diego de Almagro. Para el pizarrista Jérez, los demás capitanes, Pedro de Valdivia, Alonso de Alvarado y Gonzalo Pizarro, en ese momento álgido de la guerra civil, serán solamente unos capitanes subordinados a Hernando que no acaban de enterarse de la gravedad del episodio.

Jérez no personaliza apenas las efemérides que narra, ni siquiera cuando describe comportamientos de jefes incas. El centro de su narración está ocupado por Francisco Pizarro. Cuando en Cajamarca hubo una larga espera «a que Atabalipa viniese o enviase a darle aposento», el Gobernador «envió un capitán con veinte a caballo a hablar a Atabalipa y a decir que viniese a hablar con él». Jérez no tiene interés en decirnos que se trataba de Soto. Pero sí detalla que «desde que al poco rato comenzó a llover y caer granizo... el Gobernador mandó a los cristianos que se aposentasen en los aposentos del palacio y el Capitán de la artillería con los tiros en la fortaleza». Naturalmente, tampoco cita a Pedro de Candía por su nombre. Lo hará, años más tarde, el cronista Pedro Pizarro y Orellana [9] con notable delicadeza hacia su persona.

El relato de Jérez, muy preciso en la narración del suceso de Cajamarca, recalca que los hermanos Francisco y Hernando fueron la clave de la operación.

> El Gobernador y el Capitán General andaban requiriendo los aposentos de los españoles... Estas y semejantes palabras decían el Gobernador y el Capitán General a los cristianos para los animar.

---

[9] P. Pizarro y Orellana, *Relación del descubrimiento y conquista de los reinos del Perú* (1572), ed. de Guillermo Lohman Villena, Pontificia Universidad Católica de Perú. Lima, 1978.

El mérito de la operación dirigida por los dos hermanos se explica por el fracaso de los capitanes incas que se les oponían:

> Con gran turbación procuraban más huir por salvar sus vidas que de hacer guerra... Todos los que traían las andas de Atabalipa pareció ser hombres principales, los cuales todos murieron y también los que venían en las literas y hamacas... Murió también el cacique señor de Cajamarca. Otros capitanes murieron, que por ser gran número no se hace caso de ellos porque todos los que venían en guarda de Atabalipa eran grandes señores.

Hasta que no llega al escenario Diego de Almagro «con alguna gente y entra en Cajamarca la víspera de Pascua Florida, a catorce de abril de dicho año», no vuelve Jérez a darnos nombre de capitán español alguno. Pero, entonces —cuando la actividad de Francisco Pizarro evidentemente decrece—, la crónica de Jérez hace una finta literaria. Deja el relato en manos del veedor Miguel Estete para que sea éste quien narre los pasos de la hueste de Hernando Pizarro.

> El capitán —Estete llama a Hernando (como Jérez) Gran Capitán— mandó deshacer la bóveda donde el ídolo estaba y quebrarle delante de todos, y les dio a entender muchas cosas de nuestra santa fe y les señaló por armas para que se defendiesen del demonio la santa cruz.

El relato de Estete sobre la hueste de Hernando Pizarro es tan pizarrista como el de Jérez. Nos oculta la oportuna muerte del clérigo-empresario Hernando de Luque y nos narra la ejecución de Atahualpa haciendo ver el activismo condenatorio de almagristas y oficiales reales (como Riquelme) en la fecha fatídica del 26 de julio de 1533.

No será el caso del relato del soldado de a pie, Diego de Trujillo, que se acercará a las tesis oficialistas con mucho más cuidado, quizás para evitar ser considerado un rebelde. El soldado Trujillo escribía por mandato del virrey Francisco de Toledo con ánimo de documentar probanzas de méritos todavía pendientes en una fecha tan lejana a la conquista de Cuzco como 1575. Trujillo se fija en la sórdida historia de las esmeraldas que el dominico fray Resilnaldo de Pedraza llevó cosidas a su jubón al regresar huido a Panamá, «donde murió y le sacaron las cien esmeraldas». Nos da una lista extensa de los capitanes menores del séquito de Belalcázar, como Morgoviejo de Quiñones, Alonso Pérez de Vivero, Hernando Beltrán, Alonso Maraver, Diego de Ojuelos, Martín Bueno y Miguel Estete. No renuncia, sin embargo, a la exhibición de un meritorio pizarrismo.

> Y de allí —escribe en elogio de Hernando Pizarro— al puerto de Marchan, fuimos caminando por unos secadales sin agua porque, falto de ella, ya la gente iba para morir. Y el Gobernador estuvo determinado de volverse atrás, sino que Hernando Pizarro dijo que no, aunque muriesen todos.

El recuerdo de la llegada a Túmbez de Hernando de Soto desde Nicaragua, «con dos navíos y mucha gente, caballos y bastimento», sirve a los cronistas del partido pizarrista, como Trujillo, para denunciar que «con Hernando de Soto vino la primera mujer que vino a este reino, que se llamaba Juana Hernández». Trujillo desvía hacia el vicio de Soto —su condición de notable mujeriego— la atención que el lector podía prestar a sus cualidades de jefe o de jinete. Nos cuenta también, en forma de diálogo, la escena del ofrecimiento que Atabalipa hace a Hernando Pizarro de beber en un vaso de oro idéntico al suyo, dejando el de plata en las manos de Soto. Lo hace, claramente, para dejar bien parado al hermano de Pizarro en el acontecimiento:

> Dile a Atabalipa que de mí al capitán Soto no hay diferencia, que ambos somos capitanes del Rey y por hacer lo que el Rey nos manda dejamos nuestras tierras y venimos a hacerles entender las cosas de la fe.

Trujillo (como Jérez y Estete) nos describe el reparto de los de a caballo en los tres galopes que ordenó Francisco Pizarro, lo que significa en la memoria de todos un reparto de autoridad, mejor que un despliegue, entre sus tres principales colaboradores en el hecho decisivo. Los cronistas, inconscientemente, no hacen otra cosa que fijar la jerarquía de los capitanes:

> En uno Hernando Pizarro con su compañía, en otro Hernando de Soto con la suya, y en el otro Sebastián de Belalcázar con la suya... y el Gobernador en la fortaleza con veinticuatro hombres e guarda que todos éramos ciento setenta: sesenta de a caballo y cien de a pie.

La referencia al rezagado Almagro en la crónica de Trujillo se hace por una vía menos heroica y peor articulada. Nos dice que «su gente fue mucha» y que fueron los oficiales reales «quienes requirieron al Gobernador que matasen a Atabalipa, porque si él vivía, el Rey perdería mucha cantidad de moneda, por ser indio tan belicoso». Almagro aparece fuera del contexto de la heroicidad. No así otros capitanes entonces recordados: «allí se señalaron algunos españoles, como fue el capitán Soto y Rodrigo Orgóñez y Juan Pizarro de Orellana y Juan Pancorvo y otros que ganaron un alto a los indios y defendieron mucho».

La clave interpretativa de estos textos radica en un ferviente estar a favor de los hermanos Pizarro. Gonzalo, el menor, será en la pluma de Trujillo, «el jefe más a propósito para los casos desesperados y de peligro». Juan, el mediano, destacará en la lucha contra el inca Manco y será presentado como un héroe limpio de culpas.

> En su pecho ardía el espíritu aventurero de uno de aquellos caballeros que nos pintan las novelas... Pocos días antes de su muerte en Cuzco, había sido herido en una quijada y se quitó el yelmo... Salió al terrado para animar a la gente con la voz y una gran piedra cayó sobre su cabeza.

Y es que la muerte en acto de servicio de Juan Pizarro favorecía la mitificación de su recuerdo. Los cronistas nos dicen que sabía templar el valor con la benevolencia y que tenía un carácter en alto grado apacible [10]: «Ningún hombre entre los conquistadores —escribe Prescott, no precisamente pizarrista— está menos deslustrado que el suyo por la mancha de la crueldad».

LA CRÓNICA OFICIALISTA DE CIEZA DE LEÓN

Pedro Cieza de León (1520-1554) —que publicó la parte primera de la *Crónica del Perú* en Sevilla (1553)— tiene su idea particular sobre

---

[10] W. H. Prescott, *Historia de la conquista del Perú*. Pueden consultarse la edición del Círculo del Bibliófilo de Barcelona (1983) y la del Colegio Universitario, Istmo, presentada por J. M. Gómez-Tabanera. Madrid, 1986.

los capitanes de Pizarro que no coincide con la de Jérez. Su obra no ha sido consultada por los historiadores hasta principios del siglo xx. El cronista, desgraciadamente, sólo vivió 34 años [11].

Parece que presenció en Sevilla el desembarco del quinto real del oro de Atahualpa a principios de enero de 1534. Se embarcó en cuanto pudo para Santo Domingo, un año más tarde. La obra más parece de un geógrafo que de un historiador. Explora el golfo de Urabá, penetra en Cartagena de Indias aguas arriba por el valle del Cauca, y, prácticamente extenuado, afluye a Cali, donde todavía brilla el prestigio de Francisco Pizarro.

Cieza percibe las diferencias entre Pizarro y Belalcázar mejor que el conflicto general entre los almagristas y pizarristas. Se acoge a las huestes cortas de Lorenzo de Aldana y de Jorge Robledo, todavía pendientes de definitiva ubicación, compuestas de gente hostil a Cortés y poco grata a Nuño de Guzmán, y que, en principio, se desplazan con su mayor afán, por donde quiso extenderse Pedrarias, quizás en busca de El Dorado, a las órdenes de Almagro [12].

> Como Almagro era tan diligente y de tanto cuidado, brevemente puso en orden el navío de socorro... No desmayó aunque salió herido tan malamente ni dejó de hacer el deber hasta que los indios de todo punto huyeron.

Lo propio de Cieza será separarse del conflicto entre los capitanes españoles y los funcionarios reales. Prefiere describir a la civilización y al Imperio de los incas para situarse al margen de las revueltas internas de las que íntimamente está horrorizado.

---

[11] M. A. Valotta, Introducción y notas a la parte primera de la *Crónica del Perú* de P. Cieza de León, Jamtoka, Grupo Z cultural, Madrid, 1984. También edición, prólogo y notas de F. Contú a la segunda parte, Pontificia Universidad Católica del Perú, Fondo Editorial, Lima, 1986, más conocida bajo el título *Señorío de los Incas*.

[12] J. Robledo *Relación del descubrimiento de las provincias de Antioquia*. Citada por Mario A. Valotta. El capitán Robledo, jefe de Cieza de León, era de origen noble y veterano de las guerras de Italia. «Robledo era tal persona —escribe Cieza, resentido contra quien le ejecutó (Belalcázar)— e tan de derechas servidor del rey, que fue en él bien empleado ese cargo» (el mando de la expedición a Cali, valles del Cauca y del Atrato y golfo de Urabá de 1539).

Ofrece, también en tiempo pasado, los rasgos simpáticos del artillero Pedro de Candía «que era de buen ingenio». Refiere con gracia la demostración con fuego de arcabuz que éste hizo en presencia del señor de Túmbez. Vuelve sobre Pedrarias para expresar las desconfianzas de todos contra todos:

> Almagro temió (que) Pedrarias o Hernán Ponce y Hernando de Soto no entrasen en la tierra del Perú y la ocupasen en el ínterim que su compañero iba a España y volvía con la gobernación.

Cieza se deleita en las ingeniosidades de Candía, uno de los *Trece de la Fama,* que probablemente presenció en Sevilla cuando éste acompañaba a Francisco de Pizarro en su viaje en búsqueda del Emperador. Hace la descripción de sus disparos a los tablones, habla de lo espectacular de su modo de beber por el tubo de arma y de lo fantasioso de sus aventuras..., aunque al final de sus días en las Indias le trate de «dormido», poco inteligente y dubitativo entre servir a Almagro el Mozo, de cuyas iras sería víctima personal, o correr a los brazos de la autoridad legal para ponerse a su servicio.

El testimonio de Cieza revela la raíz de los males del Perú, la llegada de los hermanos Pizarro: «Almagro, como vio a Hernando Pizarro y su estimación, le temió y estuvo mal con él».

Cieza prolonga la lista de los capitanes de Pizarro en una dirección insospechada. Habla de Cristóbal de Mena, Diego Maldonado, Juan Alonso de Badajoz, Juan de Escobar... y otros muchos hasta la cantidad dicha. Matiza muy bien lo malo (el exceso de capitanes) y lo bueno (la importancia del caballo), en la situación realmente dada.

Cieza, como Bernal, se preocupa de los nombres propios. El capítulo XXXII de su libro *Descubrimiento y conquista del Perú* relaciona a los capitanes de Belalcázar de modo sorprendente para los estudiosos —hasta treinta, escribe, y los caballos eran doce—. A Morgoviejo de Quiñones siguen Juan de Porras, Francisco de Fuentes, Diego Prieto, Rodrigo Núñez, Alonso Beltrán, etc. Equipara las categorías de Juan Pizarro y de Belalcázar:

> ...mandó el Gobernador a Juan Pizarro, su hermano y a Sebastián de Belalcázar que fuesen por la isla y con alguna gente que hiciesen la guerra a los isleños pues tan obstinados estaban en su mal propósito.

El oficialista Cieza, sin embargo, subordina a Hernando de Soto por debajo de Hernando Pizarro:

> En este tiempo que andaban en estas barajas los españoles con los de la Puná llegó Hernando de Soto con caballos y gente de Nicaragua. Fue bien recibido del Gobernador ellos y él. No le dio el cargo de general porque lo usaba Hernando Pizarro y quitárselo fuera mal.

Pero, discretamente, asoma su neto antipizarrismo: «Soto encubrió lo que dello sintió». Cieza no tiene reparos en rememorar las hazañas de Soto y ofrecer justificación a sus violencias. Lo hará con ocasión de la muerte que dieron los indios en Túmbez a un grupo de sus hombres:

> ...con gran crueldad les fueron sacados los ojos y estando vivos, los bárbaros les cortaban los miembros y teniendo unas ollas puestas con gran fuego los metieron dentro y acabaron de morir en este tormento.

La actuación decisiva de Soto queda más realzada en el libro de Cieza que en el de Jérez:

> Soto cogió la rienda a su caballo delante de Atabalipa porque conociese qué cosa era y hizo meter los pies y batallar con las manos y llegó tan junto de Atabalipa que los bufidos que daba el caballo le soplaban las borlas que tenía en la frente, corona del reinado.

Cieza se concentra en los méritos de aquella jornada que atribuye tanto a Hernando Pizarro como a los capitanes Soto, Mena, Belalcázar, Candía, etc.

> Pusiéramos unos tirillos en lugar alto que estaba diputado para ver los juegos o hacer los sacrificios y que Pedro de Candía los soltase cuando se hiciese cierta seña que concertaron entre todos se hiciese... y llegó Miguel Estete, natural de Santo Domingo de la Calzada, soldado de a pie, que fue el primero que echó mano de Atabalipa para prenderle. Luego llegó Alonso de Mena, y Pizarro dando voces que no le matasen se puso junto a las andas.

DIEGO DE ALMAGRO *VERSUS* HERNANDO PIZARRO

Los elogios a Diego de Almagro tardan en llegar al texto de Cieza. Los del capítulo XLVIII lo son, no a su valentía, sino a su diligencia o maña para allegar gente y caballos: «y aunque estaba enfermo, lo procuró de tal manera que juntó ciento cincuenta caballos, armados con las armas que cada uno tenía o pudo haber».

Será entonces el momento adecuado para la entrada en escena de los capitanes de Almagro (Hernán Ponce, Francisco de Godoy —enemigo antiguo de Pizarro, dice Cieza—, Juan de Barros, etc.). Pero el relato cae del lado de la obsesión de los tres hermanos Pizarro (Hernando, Juan y Gonzalo) por encontrar el tesoro del templo de Pachanaca, también certificada como enfermiza por los otros cronistas (Estete y Jérez). La crítica de Cieza revela el creciente aborrecimiento por parte de Almagro hacia toda la familia del patriarca Francisco Pizarro.

Será por la cuantía de lo obtenido en el reparto del oro de Atahualpa como se formalice el escalafón de autoridades... Lo encabezan Francisco Pizarro, Hernando Pizarro, Hernando de Soto, Juan Pizarro, Pedro de Candía, Gonzalo Pizarro, Juan Cortés, Sebastián de Belalcázar, Cristóbal de Mena, etc., todos ellos por delante de Juan de Salcedo, Miguel de Estete, Francisco de Jérez y Alonso de Medina. El ausente, Diego de Almagro, queda temporalmente fuera del botín. Soto y Belalcázar han de soportar la prioridad de casi todos los hermanos del Gobernador sobre ellos, a pesar de haber concurrido a la victoria de Cajamarca a sus expensas y al margen de la recluta de Almagro en Panamá y la de Pizarro en Trujillo.

El cronista Cieza introduce una malévola insinuación. Almagro aparece pactando con Cristóbal de Mena una censura que deberá formular contra todos los hermanos del Gobernador si, como temen los almagristas, Hernando Pizarro es recibido por el Emperador en España y Mena le acompaña en la visita. Introduce también la sospecha de que Belalcázar abandonó la ciudad de San Miguel para conquistar Quito «no para el Gobernador, sino para sí mismo». El texto incorpora juicios de valor muy favorables al buen hacer militar de Almagro y Soto; pero sólo cuando operan juntos y están alejados de los hermanos Pizarro.

La llegada al escenario del Perú del primero de los capitanes de Hernán Cortés, Pedro de Alvarado, será aprovechada por Cieza para hacer ver a los lectores que de nuevo se trata de un segundo nepotismo o patriarcalismo frente al cual habrá que defenderse. Con Alvarado vienen «su hermano Gómez de Alvarado, Diego de Alvarado y Alonso de Alvarado que después fue mariscal». El capítulo LXIII de la obra de Cieza nos ofrece la plantilla del cuadro de mandos del adelantado Pedro de Alvarado. Sólo se salva de la crítica la figura sobria y obediente de Gabriel de Rojas.

> Soto —insiste Cieza poniéndose de su lado— era teniente, acostábase algo a la parte de Almagro por sus intereses y aguardaba a ver las provisiones... Juan Pizarro y Gonzalo Pizarro estaban más sentidos de Almagro porque le querían contra ellos porque así buscaba escándalos... Respondieron con soberbia y menosprecio... estando todos tan turbados y llenos de envidia los unos de los otros que fué espanto no salir matarse todos ellos... Afirmo que fueron éstas las primeras pasiones que hubo en esta tierra entre los Almagro y Pizarro o causado por su respeto.

Cieza, que escribe horrorizado de las consecuencias de aquellas envidias, no valora justamente la prudencia de Francisco Pizarro, que «envió a Belalcázar que andaba en Quito, provisión de capitán y teniente general», y que aceptó una mayor división de poderes: Nueva Castilla para él y Nueva Toledo para Almagro, «una tierra que estaba por descubrir» (Chile). Cieza se siente, una vez más, desilusionado por el desprecio a Soto... y, quizás, por la prepotencia que iba adquiriendo su personal enemigo, Belalcázar [13].

> Pretendían ir por generales del descubrimiento (Chile), los capitanes Rodrigo Orgóñez y Hernando de Soto. Cada uno publicaba que Almagro le tenía prometido la jornada... Como los indios... dijesen tan grandes cosas, determinó (Almagro) de tirándoles de reyerta ir él mismo a ella y así lo publicó, de que Soto si sintió algo ni lo dio a entender ni quiso ir con él. A Orgóñez dio palabra de hacerle general.

---

[13] P. Cieza de León, *Guerras civiles del Perú*. Pueden consultarse, por este orden: I. *Guerra de las Salinas,* documentos inéditos, Madrid, 1877; II. *Guerra de Chupas,* documentos inéditos, Madrid, 1881; y III. *Libro Tercero de las Guerras Civiles del Perú el cual se llama Guerra de Quito,* Nueva Biblioteca de Autores Españoles, tomo 15. Madrid, 1909.

Con ello, según Cieza, tanto su amigo Soto como su adversario Belalcázar han quedado fuera del conflicto. Francisco Pizarro se concentra en la construcción de la Ciudad de los Reyes (Lima), y Almagro se entrega a la expedición a Chile, en la que brillará por su capacidad organizadora y por lo grandioso de sus sufrimientos. Hernando Pizarro marcha a España con Cristóbal de Mena. Cuando el inca Manco Yupanga se alce en rebeldía, todas las espadas estarán en alto y Cieza se echará en brazos de la autoridad. Sólo confía en ella. Es posible que su más directo capitán, el desdichado Jorge Robledo, tuviera la misma reacción [14], ponerse al amparo del estandarte real.

LA HISTORIA ALMAGRISTA DE PRESCOTT

El conflicto entre los partidarios de Pizarro y los de Almagro lo ha contemplado el historiador norteamericano Prescott como un choque brutal entre dos personalidades concretas: el propio Almagro y el hermano de Pizarro, don Hernando. Este modo de presentar las cosas tiene la ventaja de mantener aislado al primer conquistador del Perú en su torre de marfil (Lima). Francisco de Pizarro, de hecho, flotó por encima de los problemas. Llegó a arbitrarlos solemnemente por la vía de la reconciliación ante el altar con su antiguo colega, quizás para volverle hacia el enemigo común, el indiano en rebeldía.

En definitiva, la interpretación de Prescott articula de modo defectuoso dos guerras distintas —una guerra indiana y una guerra civil—. Sólo poniendo en el primer plano de la atención la existencia de una elite de capitanes (demasiado numerosa y cada día más desconfiada del hallazgo de nuevos tesoros), puede entenderse que la guerra civil, en la realidad histórica, fuera mucho más dura y larga que la guerra indiana, buscada por Almagro [15].

---

[14] M. Marticorena Estrada, *Cieza de León en Sevilla y su muerte en 1554*, Anuario de Estudios Americanos XII, Sevilla, 1955. Después de su participación en la batalla de Jaquijaquena (9-IV-1548), La Gasca, el Pacificador, nombró oficialmente a Cieza cronista de Indias, según consta en el prólogo de M. Giménez de la Espada a las últimas obras de Cieza. Coincide en la actitud oficialista de Cieza, F. Esteve Barba, en el estudio preliminar a *Crónicas peruanas de interés indígena*. Madrid, 1968.

[15] J. M. Gómez-Tabanera, «*William H. Prescott, el Homero de la conquista hispana y*

Era un soldado de fortuna, probablemente de alguna más edad que Pizarro... En su carrera militar, Almagro había alcanzado la reputación de soldado valiente. Era de carácter franco y generoso, algo atropellado y violento en sus pasiones; pero como les sucede a los hombres de temperamento, era difícil apaciguarlo. En una palabra, tenía todas las cualidades y los defectos de un hombre honrado a quien no ha modificado mejorando la disciplina de la primera educación o el dominio de sí mismo.

Prescott, antes de adentrarse en Pizarro, le da una pasada al gobernador Pedrarias:

El gobernador no era profeta. Su avaricia era de aquellas cuyas mezquinas proporciones contribuyen a su propia destrucción... Los pocos años que aún vivió Pedrarias los invirtió en rencillas miserables... Vivió como hemos dicho pocos años más, dejando tras de sí la reputación poco envidiable del que con pasiones desenfrenadas tiene un espíritu pusilánime.

Vuelve a presentarnos a Almagro como quien «tenía alta opinión de la prudencia de Pizarro, de su discernimiento, de la calma y de la reflexión con que juzgaba los negocios». Prescott se esfuerza, discretamente, en pintarnos un personaje central humanizado al que, sin embargo, sus colaboradores van a desequilibrar, muy en primer lugar, su hermano Hernando.

E de todos —la cita de Prescott viene de Fernández de Oviedo— el Hernando Pizarro sólo era legítimo, e más legitimado en la soberbia; hombre de alta estatura e grueso, la lengua e los labios gordos e la punta de la nariz con sobrada carne e encendida, y este fué el desavenidor y estorbador del sosiego de todos y en especial de los dos viejos compañeros Francisco Pizarro e Diego de Almagro [16].

su legado historiográfico», estudio preliminar de la edición de Istmo. Madrid, 1986, a la *Historia de la conquista del Perú* del autor norteamericano (1796-1858).
    [16] G. Fernández de Oviedo, *Historia de las Indias*, parte III, libro VIII, cap. III. El retrato de Hernando Pizarro lo reproduce Prescott, p. 212 de la edición de Gómez-Tabanera. También, *Historia General y Natural de las Indias*, Biblioteca de Autores Españoles, 5 vols. Madrid, 1959.

El retrato de Francisco Pizarro se demora en la pluma de Prescott, aunque incidentalmente aparecen adjetivos a su favor:

> el cauto general volvió a emprender su marcha... se determinó que él mandase la vanguardia... para reconocer el terreno... Pizarro, que entendía bien el carácter de la gente que tenía que manejar... llamó a consejo a sus oficiales para discutir el plan de operaciones... Pizarro sabía perfectamente que nada era más peligroso para el valor y la constancia del soldado que la prolongada inacción en una situación crítica como aquélla.

Prescott tiene buen cuidado de derivar las responsabilidades de «una de las más negras páginas en la historia de las colonias españolas» —la muerte de Atahualpa— hacia la elite de Almagro, sin excluir a Pizarro totalmente de responsabilidad.

> Pizarro consideró probablemente la desaparición de Atahualpa como esencial para el éxito de su empresa... Imitando la conducta de muchos políticos sin conciencia, quiso recoger los beneficios de una mala acción y hacer recaer el odio sobre otros... Almagro y los suyos, dicen los secretarios de Pizarro, fueron los primeros en pedir la muerte del Inca.

La crueldad de Francisco Pizarro, en el libro de Prescott, está asociada a la permanencia a su lado de su hermano Hernando. Como es sabido, éste viajó a España y regresó alterando el equilibrio anterior entre las apetencias de cada uno de los dos iniciadores de la empresa (Almagro y Pizarro) más aún de lo que éste lo habría alterado a su favor en su viaje a la Corte. Durante la ausencia de Hernando, Prescott dejará constancia de una segunda influencia negativa en la relación Pizarro-Almagro:

> Esta persona era Sebastián de Belalcázar, caballero que después elevó su nombre hasta la primera línea entre los conquistadores de la América del Sur por su valor, inteligencia y crueldad.

Fue Almagro quien, «dudando de su lealtad y aconsejándose solamente del espíritu animoso y aventurero propio de la juventud, aunque su cuerpo estaba debilitado por los achaques de la edad», no vaciló en seguir a Belalcázar a través de las montañas cuando supo que éste, sin orden para ello, había salido en busca de las riquezas de Quito [17].

Se abrió, pues, un triángulo de conflictos tensos entre los conquistadores del Perú, cuyos vértices fueron ocupados por Hernando Pizarro, Diego de Almagro y Sebastián de Belalcázar. La atención de Francisco Pizarro estuvo durante este tiempo polarizada por la reducción a la obediencia del inca Manco. En esta lucha, los hermanos Hernando, Juan y Gonzalo, ayudados por Gabriel de Rojas y Hernán Ponce de León, van a ser los capitanes más activos. La muerte de Juan significó un tributo familiar que el resto de la familia tenía que cobrarse. La culpa se atribuye al desvío de los partidarios de Almagro o de Belalcázar.

Era Almagro, según M. Ballesteros, siempre conciliador:

> Uno de los hombres que hicieron América, uno de los héroes tradicionales de la Conquista, uno de los artífices de la llamada gesta perulera... Su suerte nunca fue buena... sin que nadie le postergara, se convirtió en un segundón durante largo tiempo.... La conquista del imperio de los incas no hubiera sido realizable sin la tenaz perseverancia del incansable aprovisionador, del que garantizó siempre la retaguardia y fortaleció el prestigio de los suyos.

El retrato físico de Almagro no es atractivo:

> pequeño, enjuto y desmedrado y en general poco grato a la vista... sólo podía encumbrarse en el combate... destacando en esta profesión por su acreditado valor, su dedicación y entrega, su hombría y resistencia física, cobrando fama de excelente rodelero o soldado de a pié... por los montes muy espesos seguía a un indio sólo por el rastro.

EL TALENTO PARA LA INTRIGA DE HERNANDO PIZARRO

Sáenz de Santa María ha observado que el choque de Almagro con Pizarro resultó inevitable, por razones obvias, que no pasan por la muerte de su hermano Juan: «Pizarro era tonto e ingenuo si creyó que

---

[17] M. Ballesteros Gaibrois, *Diego de Almagro*, Historia 16, Protagonistas de América. Madrid, 1987.

Almagro se iba a satisfacer con la "tenencia" de una fortaleza inexistente, o con una hidalguía circunscrita a Indias [18]».

Otros estudiosos, como Del Busto Duthurburu, explicaron por otra vía la permanente tendencia de Almagro a salir tarde de Panamá [19], «sufrió de una dolencia vergonzante: tenía mal de bubas (tumores venéreos)». Todo el año de 1531 y el primer tercio de 1532 pasan sin que Almagro saque su hueste de Castilla del Oro —153 voluntarios con 50 caballos y armas en dos naves—. Algunos cronistas, al recoger el abrazo del 14 de abril de 1533 entre Almagro y Pizarro, certifican que «tenían el uno del otro sospecha y algún rencor secreto de enemistad, marcada de ambición». Los hermanos de Pizarro no valoran demasiado la participación de Almagro en la conquista y tienden a que Francisco le devalúe también.

Almagro y Pizarro —explica Ballesteros— tenían mucho en común, pero también eran de muy diversa condición. Pizarro tenía las características de un gran señor: era leal y confiaba plenamente —hasta el exceso— en la lealtad de los demás y era muy generoso, poniendo en sus dádivas gran discreción. Almagro, tal vez por su humildísimo origen, era desconfiado y receloso; en cuanto a sus dádivas, las hacía siempre de modo espectacular, con gran presunción.

Ballesteros insiste en las grandes dotes organizadoras de Almagro, «demostradas en la preparación de las varias expediciones exploratorias iniciales». Observa que su salida con más de medio millar de hombres para Chile dejaba al Perú prácticamente desguarnecido y volcado a favor de los pizarristas, Gonzalo Pizarro, Gabriel de Rojas y Hernán Ponce, dirigidos por el superior talento para la intriga de Hernando Pizarro.

En las operaciones de Chile destacan, junto a Almagro, los capitanes Ruy Díaz, Juan de Rada y Rodrigo Benavides. Sobre todos lo hará, cuando se incorpore desde Cuzco, Rodrigo Orgóñez. Con todo, Almagro no logró mantener las buenas relaciones entre los españoles y los indios ni eludir que Rada, recién llegado de Lima, le irrite con el informe sobre la gestión en España, contraria a sus intereses, cumplida

---

[18] C. Sáenz de Santa María, estudio y notas a la edición, de Historia 16, del libro de Cieza de León *Descubrimiento y Conquista del Perú*. Madrid, 1986.
[19] J. A. del Busto Duthurburu, *Diego de Almagro*. Lima, 1964.

por Hernando de Pizarro. Es posible que fuera esta noticia la gota que colmó el vaso de su paciencia y le sacó de Chile hacia el Perú con precipitación. Pocos meses después, mantendrá prisioneros a Hernando y a Gonzalo Pizarro, sin dar tiempo al Gobernador para reaccionar.

Cuando estalle la guerra civil, Almagro no soltará a Hernando (como le pedía el Gobernador), ni le dará muerte (como aconsejaba Orgóñez), ni optará por enviarle preso a Castilla (como le sugerían los más prudentes). Para entonces —comenta Ballesteros—, «el propio mariscal, muy enfermo y débil, deseaba más la paz que la guerra». Pero los hermanos Hernando y Gonzalo no olvidarían la afrenta. En Lima se sabía que fue Almagro quien decidió con su llegada a Cuzco la derrota de los incas. Los hermanos Pizarro se habían desprestigiado por el fracaso militar frente a los incas, enmendado con la llegada de Almagro.

Entra entonces en escena otro capitán de extraña envergadura, Francisco de Carvajal, que se pone al lado de los hermanos Pizarro. Al mismo tiempo, junto a Almagro crece la figura poderosa de Rodrigo Orgóñez. Mientras tanto, Hernando de Soto se aleja del escenario de las guerras civiles y Sebastián de Belalcázar se sitúa en la periferia septentrional más alejada de la periferia meridional, elegida por Almagro para el arraigo de sus poderes.

La historia de Prescott, al llegar a este trance, sigue ofreciendo más retratos de capitanes. Todavía no traza el del gobernador Pizarro ni el del adelantado Almagro, pero desvela su almagrismo.

> Era Orgóñez natural de Oropesa; había estado en las guerras de Italia y tenía el grado de alférez del ejército del condestable de Borbón en el famoso saqueo de Roma... Buena escuela era aquella para aprender el arte militar y endurecer el corazón, precaviéndole de la sensibilidad que generalmente se tiene en vista de los padecimientos humanos. Era excelente soldado, fiel a su jefe, activo, impávido e inflexible en la ejecución de sus órdenes. Sus servicios llamaron la atención de la corte y poco después de aquella época fue elevado a la categoría de mariscal de Nueva Toledo. Pero su carácter le hacía probablemente más a propósito para ejecutor subordinado, que para un empleo de más grave responsabilidad.

El relato de Prescott reserva para más tarde la descripción de Francisco de Carvajal, no sin añadir que otro capitán, Gabriel de Rojas, era

uno de los mejores oficiales de Pizarro. Lo que debe quedar claro, según Prescott, es la obsesión que en todo momento tendrá Orgóñez
porque Hernando Pizarro desaparezca del escenario por las buenas o
por las malas. Una obsesión que no transmitirá a su jefe Almagro.

Cuando comunicaron a Orgóñez el balance antialmagrista de la
primera disputa sobre la propiedad de la ciudad de Cuzco y la libertad
otorgada a Hernando Pizarro por Diego de Almagro, a su regreso de
Chile, escribe Prescott que «manifestó su opinión, pasándose la mano
por la garganta y exclamando que su fidelidad le había de costar la
cabeza».

La batalla de Las Salinas hace entrar en escena a Pedro de Valdivia y provoca la desaparición de Orgóñez, que la ha planteado muy
mal. La causa de 8 de julio de 1538 contra Almagro, seguida de su
ejecución a pena de garrote en la prisión, dará pie a Prescott para ofrecer el definitivo retrato del adelantado.

> Era hombre de pasiones fuertes y no muy acostumbrado a dominar-
> las, pero habitualmente no era vengativo, ni cruel... lejos de ser ven-
> gativo era clemente y cedía pronto a los consejos de los demás... su
> bien intencionada cordialidad le hizo muchas veces víctima de astu-
> tos engañadores... Era tan generoso que comúnmente rayaba en pró-
> digo... Era también gastador hasta la ostentación... Era buen soldado,
> prudente y cuidadoso en sus planes, paciente e intrépido en la ejecu-
> ción. Su cuerpo estaba cubierto de cicatrices de heridas recibidas en
> las batallas de modo que la natural fealdad de su persona se había
> convertido en deformidad.

Para el almagrista Prescott, «el carácter franco, ardiente y confiado
de Almagro no se avenía con la política fría y astuta de Pizarro y siempre que sus intereses estuvieron en oposición, el primero fue engañado
por el segundo».

Aquí ya no es de Hernando de quien Prescott habla mal, sino del
Gobernador. Todavía el despliegue de cualidades de los conquistadores
se abre en abanico. De Hernando de Soto, un personaje tangencial en
el relato de Prescott, se entrevé algo de lo que tenía de madera de líder
heroico. Pero Concepción Bravo Guerreira lo destaca mucho mejor. De
Pedro de Candía, como del piloto Bartolomé Ruiz, se elogia la pericia
técnica. De Diego de Almagro —ahora es Manuel Ballesteros Gaibrois

quien se encarga de hacerlo ver— se realza su experiencia organizadora, nunca desmentida. De Francisco Pizarro, todavía, en la obra de Prescott, no aparece lo más decisivo —una concepción política de la conquista análoga en todo a la de Hernán Cortés— porque se le cruza de nuevo la turbia personalidad de Hernando Pizarro.

LA REBELIÓN DE LOS CAPITANES MENORES

La figura central del Gobernador se yergue solitaria cuando, en el verano de 1539, Hernando marche por última vez hacia España, donde una grave disputa con Diego de Alvarado produce la muerte de éste. Hernando, condenado por ello, iniciaría en la fortaleza del castillo de la Mota, en Medina del Campo, sus 20 años de prisión: «Aunque era ya muy viejo cuando fue puesto en libertad todavía sobrevivió muchos años, pues no murió hasta la edad extraordinaria de ciento».

La versión de la piadosa muerte de Hernando la toma Prescott del historiador-cronista Pizarro y Orellana, el vástago joven del tronco familiar que salvaría para la historia la versión pizarrista de la crónica de la conquista del Perú. «El mayor bien que puede conceder el cielo... diole Dios por todo, el premio mayor de esta vida, pues fue tan larga que excedió de cien años». Pedro Pizarro habla incluso de una muerte en loor de santidad..., «viniendo a aprender a morir y saber morir, cuando llegó la muerte».

En Perú, Pizarro todavía tenía consigo a su hermano Gonzalo, a quien hará gobernador de Quito. Entonces brotarán los problemas con Belalcázar y con Francisco de Orellana. La expedición de Gonzalo Pizarro hacia el norte del Perú repite la experiencia de Diego de Almagro a Chile en lo negativo, y se superpone a la conspiración almagrista, encabezada por Juan de Rada, «un caballero de familia respetable... debiendo sólo su elevación a sus talentos militares». Llegaba la hora temida y esperada de la rebelión de los capitanes menores contra el Gobernador.

Prescott espera a este suceso atroz —la muerte de Francisco Pizarro— para darnos el retrato del conquistador del imperio Inca.

Era de alta estatura, bien proporcionado y de aspecto no desagradable... sin el menor barniz de corte, su aire era marcial, como de un hombre acostumbrado al mando... no era aficionado al lujo antes le miraba como cosa molesta. El traje... consistía en una capa negra, un sombrero blanco y zapatos del mismo color... por imitar al gran capitán, cuyo carácter había aprendido a admirar desde luego en Italia, pero con el cual ciertamente tenía el suyo muy débil semejanza.

Era sobrio en la comida y en la bebida, y comúnmente se levantaba antes del alba... como muchos compatriotas suyos, amigos del juego... aunque avaro por gastar, no atesoraba... Para un hombre de la activa energía de Pizarro la inacción era el mayor mal... Aunque atrevido en la acción y firme en su propósito... solía detenerse mucho antes de tomar una decisión definitiva, lo cual le daba una apariencia de irresolución extraña a su carácter... Confiaba en que su constancia daría fortaleza a los débiles... Fiábase en el porvenir y no erró en sus cálculos... La cruel matanza que se hizo de los peruanos, se asemejó más que otra cosa a la que perpetró Alvarado en México... Cortés sujetó sus operaciones militares a los principios que sirven de norma a un gran capitán que manda una poderosa hueste. Pizarro aparece solamente como un aventurero, un caballero andante afortunado.

Prescott concluye que la conquista del Perú fue más una toma de posición que el resultado de un cálculo político.

Pizarro —escribe sin medir del todo sus palabras— era eminentemente pérfido y nada mas opuesto a la sana política. Un acto de perfidia plenamente averiguado viene a ser la ruina de su autor... Con la pérfida conducta que observó con Almagro se enajenó Pizarro los ánimos de los españoles. Con el pérfido tratamiento que dio a Atahualpa y después al Inca Manco, disgustó a los peruanos.

El texto revela que Prescott se había convertido en un almagrista: «El mismo Pizarro no puede ser tratado de haber mostrado exagerada solicitud para la propagación de la fe. No era fanático como Cortés. El fanatismo es la perversión del principio religioso; pero en Pizarro era el principio mismo el que faltaba». Ni siquiera concede a Pizarro el beneficio de la duda.

La narración de los hechos de Almagro el Mozo, el teórico vencedor de la conspiración de Juan de Rada, «hombre de edad algo avanzada», que muere tras las acaloradas escenas que siguieron a la muerte de Francisco Pizarro, habidas entre los capitanes Cristóbal de Toledo y Gómez de Alavarado, está hecha con simpatía. En principio, Pedro de

Candía, se pone a su lado, pero los oficialistas Belalcázar y Holguín se subordinan al virrey Vaca de Castro y a su mariscal, Alonso de Alvarado. Varias muertes violentas se provocan aún antes de las batallas decisivas, y Almagro el Mozo atravesará con su espada de hombre joven —tenía 22 años— el cuerpo del veterano artillero Pedro de Candía, porque duda de su fidelidad[20]. Holguín muere atravesado por balas de arcabuz cuando formaba en las filas del Virrey.

> Pocos hombres —escribe Prescott— ha habido en la historia más desgraciados que el hijo de Almagro. Sin embargo, la muerte del hijo excita más profunda simpatía que la del padre... tenía un carácter franco y varonil... Su carrera, aunque corta, daba indicios de gran talento, que sólo necesitaba un buen teatro donde desarrollarse. Pero era el hijo de la desgracia.

La ejecución del joven Almagro sitúa en el primer plano de la narración a Gonzalo Pizarro, el menor de los hermanos. Éste cabalga desde Cuzco a Lima sin saber exactamente lo que de él piensa el Virrey entonces victorioso. El nuevo código de leyes para las Indias —las Nuevas Leyes, publicadas en Madrid en noviembre de 1543— había encrespado los espíritus de los conquistadores contra los funcionarios reales.

> ¿Es éste el modo que tiene el Gobierno de recompensarnos por haberle conquistado un imperio? —escribía Gonzalo a Pedro de Valdivia el 31 de octubre de 1538—. ¿Qué ha hecho el Gobierno para ayudarnos en la conquista? Lo que tenemos lo hemos ganado con nuestras espadas, y con las mismas sabremos defenderlo.

También Belalcázar se había pronunciado por carta a favor de la continuidad de las encomiendas nada menos que frente a Carlos V, aunque más tarde (Cali, 20 de diciembre de 1544[21]). La crisis estallaría a la llegada del nuevo virrey, Blasco Núñez de Vela, que había salido de Sanlúcar el 3 de noviembre de 1545, y el choque con Gonzalo Pizarro se hizo inevitable. Al dejar Cuzco, el hermano del primer con-

---

[20] J. A. del Busto Duthurburu, «Pedro de Candía, artillero mayor del Perú», en *Revista Histórica*, tomo XXV. Lima, 1960-1961.
[21] D. Garcés Giraldo, *Sebastián de Belalcázar*. Cali, 1986.

quistador del Perú recibió la adhesión de Francisco de Carvajal, el veterano que había decidido contra Diego de Almagro el Mozo la batalla de Chupas. Por entonces había muerto también el inca Manco a manos de un reducto de almagristas agazapados en su entorno.

Los errores de Blasco Núñez le hicieron universalmente aborrecido —dice Prescott—, entre los conquistadores. Prescott centrará su narración en la esperpéntica figura del capitán Carvajal. Carvajal empuja al Virrey hasta Pasto, en la jurisdicción de Belalcázar, y la batalla le cuesta la vida al Virrey —un esclavo negro le corta la cabeza— y ocasiona múltiples heridas al siempre oficialista Belalcázar, que «cayó cubierto de heridas bajo las patas de su caballo y fue dejado por muerto».

La momentánea victoria de Gonzalo Pizarro en Añaquito permite a Prescott un elogio: «era de maneras francas y caballerescas... su generosa confianza en sus partidarios le hacía popular entre ellos, cegando su juicio y dando a la peor causa las apariencias de la mejor». Al elogio sigue la descalificación del Virrey muerto, «un pedante orgulloso, un hombre de miras estrechas que jamás podía creerse autorizado para separarse de la letra de la ley».

EL DEMONIO DE LOS ANDES

La persecución que Carvajal hace del capitán realista (o legalista), Diego Centeno, revela, para Prescott, «la obstinación de un perro de presa».

> Este veterano de ochenta años de edad, comiendo, bebiendo y durmiendo sobre el caballo vio a sus soldados cansarse unos tras otros, mientras él seguía la pista del enemigo... Durante esta terrible persecución, que continuó por más de doscientas leguas en un país salvaje, Centeno se vio abandonado de la mayor parte de sus parciales. Los que caían en manos de Carvajal eran condenados inmediatamente a muerte.

El retrato de Carvajal es duro e inmisericorde: «la codicia de Carvajal corría pareja con su crueldad». El almagrista Prescott prepara una discreta comprensión de la figura de Gonzalo, «un hombre vano, de superficial e indisciplinada inteligencia». Nos dice que no faltó quien le aconsejase que se separara de la obediencia debida a la Corona y constituyese para sí un gobierno independiente...

> Uno de los que este consejo le dieron fue Carvajal, cuyo atrevido espíritu jamás dejaba de seguir las cosas hasta sus últimas consecuencias... «Habéis ido demasiado lejos para retroceder. Debéis continuar con osadía adelante y proclamaros rey: el pueblo y el ejército os apoyarán».

El inca Garcilaso [22] trata también a Gonzalo con consideración y aprecio; pero no perdona a Carvajal. Cuando llegue el virrey La Gasca al Perú, acompañado de un veterano pizarrista (Alonso de Alvarado), todavía Gonzalo será objeto de adulaciones y homenajes, «pues los que no le amaban —sentencia Prescott— tenían bastantes motivos para temerle y se conmemoraban sus hazañas en romanzas y coplas».

Prescott ironiza con el texto de la carta de Pizarro a Valdivia a cuenta de la inmediata aceptación por éste de militar a las órdenes de La Gasca. «¡Tal era el amigo en quien Gonzalo confiaba!», escribe al dolerse del resultado de la batalla de Huarina, tan sangrienta. Las deserciones a favor del oficialismo vinieron una detrás de las otras siendo la más sonada la de Lorenzo de Aldana.

La descripción de la batalla del 26 de octubre de 1547, contiene, en la pluma de Prescott, notas impresionantes:

> Pizarro se encargó del mando de la caballería, poniéndose como siempre en la primera fila. Iba soberbiamente ataviado... y montaba un arrogante caballo... Su teniente Carvajal iba vestido por diferente estilo. Llevaba una buena armadura... y un acerado casco con la visera también de acero... y montaba una jaca vigorosa y fuerte.

Se venció al capitán Centeno.

> La gloria, triste gloria por cierto, corresponde casi enteramente a Carvajal y a su bizarra infantería... y los desgraciados fugitivos que caye-

---

[22] Inca Garcilaso de la Vega, *Historia general del Perú*, Barcelona, 1972, Biblioteca de Autores Españoles. Madrid, 1960; *Historia del Adelantado Hernando de Soto, gobernador y Capitán General del Reino de la Florida y de otros heroicos caballeros e indios*, Biblioteca de Autores Españoles, tomo CXXXII. Madrid, 1965.

ron en sus manos, muchos de los cuales habían sido traidores a la causa de Pizarro, fueron inmediatamente ejecutados.

Pero no se derrotó al virrey La Gasca, que reunió a un Centeno recuperado, a un Belalcázar deseoso de hacer olvidar una parte de su pasado —la muerte de Blasco Núñez de Vela y la ejecución alevosa de Jorge Robledo— y a un Pedro de Valdivia que, en definitiva, quería estar al amparo de la ley y al mando de unas tropas lo más regulares posible. Prescott, que no tiene simpatías a Valdivia, hace jugar un buen papel a Alonso de Alvarado en la batalla de Xaquixahuana —el papel principal—, a las órdenes de un La Gasca que nada sabía de arte militar. Carvajal, finalmente,

> ...fue llevado al suplicio en un serón o más bien en un cesto arrastrado por dos mulas... No obstante la repugnancia que había mostrado a confesarse... repitió fríamente las palabras Pater Noster y Ave María... Después guardó un obstinado silencio y murió como había vivido, con su sonrisa burlona y sarcástica en los labios [23].

Prescott, siguiendo una costumbre romántica, esperará hasta la ejecución de Carvajal para darnos su biografía y su semblanza.

> Era uno de los caracteres más extraordinarios de aquellos tenebrosos y revueltos tiempos... Era de oscura familia y nació, según se dice, en Arévalo. Por espacio de cuarenta años sirvió en las guerras de Italia a las órdenes de los más ilustres capitanes de la época, Gonzalo de Córdova, Navarro y los Colonna. Era alférez en la batalla de Rávena; se halló en la captura de Francisco I en Pavía y siguió la bandera del malhadado Borbón en el saco de Roma... Tenía un diabólico placer en presenciar los padecimientos de sus víctimas... un carácter mordaz y revulsivo... Tenía dichos agudos para todo... Miraba la vida como una comedia, aunque más de una vez hizo de ella una tragedia.

Pedro Pizarro, el cronista que le debía la vida por dos veces, le trata con una indulgencia mayor que Prescott. Éste, a pesar de todo, le concede la virtud de la fidelidad a su partido:

---

[23] C. García, O.S.A., *Francisco de Carvajal o el Genio de los Andes*. Madrid.

Para ardides y combinaciones de guerrillas no tenía igual... no conocía el peligro ni la fatiga. Conocía perfectamente todos los desfilade-
ros de la montaña... No es extraño que se hayan referido de él cosas
fabulosas y que su nombre inspirase un secreto terror como el de una
especie de ser sobrenatural, de demonio de los Andes.

El contraste entre Carvajal y Gonzalo Pizarro, a la hora de sus
respectivas ejecuciones, no se le escapa a Prescott. Gonzalo

> mostró en su traje el mismo amor al lujo y a la ostentación que ha-
> bía desplegado en sus más felices días... él llevaba en la mano una
> imagen de la Virgen... Subió la escalera del cadalso con paso firme y
> pidió licencia para dirigir algunas palabras a los soldados. «Me en-
> cuentro, pues, sin medios para mandar decir una misa por el bien de
> mi alma». No consintió que le vendaran los ojos y doblando el cue-
> llo lo entregó a la espada... Los restos de Gonzalo no fueron expues-
> tos a la ignominia, como los de Carvajal.

Prescott le hace de 42 años cuando murió, y le tiene presente en
todos los grandes hechos de la conquista. Es su último tributo a la
familia del conquistador.

> Tenía un exterior brillante: sobresalía en todos los ejercicios militares,
> montaba bien a caballo y manejaba perfectamente la espada y la lan-
> za; era uno de los primeros tiradores de arcabuz y añadía a todas es-
> tas cualidades el ser excelente dibujante... un caballero andante en
> todo el rigor de la palabra... Está demostrado que su prosperidad
> efectuó en él cierto cambio... No tenía tampoco mucho de esa cien-
> cia que nace del ingenio natural y del examen del corazón. En esto
> fue inferior a sus hermanos, aunque les igualó en ambición.

VI

PEDRO DE VALDIVIA Y SU ENTORNO CONQUISTADOR

El Estado recomendó a los capitanes que iniciaran la sujeción de los indios del siguiente modo: «informarse de la diversidad de naciones, lenguas y sectas y parcialidades de naturales que hay en la provincia y de los señores a quien obedecen. Y por vía de comercio y rescates traten amistad con ellos mostrándoles mucho amor y acariciándoles, y dándoles algunas cosas de rescates a que ellos se aficionasen, y no mostrando codicia de sus cosas. Asiéntese amistad y alianza con los señores y principales que pareciese ser más parte para la pacificación de la tierra» (Ordenanzas de 1573, Cap. CXL). (S. A. Zavala, *Las instituciones jurídicas en la conquista de América.* 3.ª ed. rev. y aum., Porrúa, México, 1988, p. 70.)

Las biografías de Pedro de Valdivia, Hernando de Soto, Gonzalo Jiménez de Quesada, Sebastián de Belalcázar y Nicolás Federmann nos introducen en lo que venimos llamando las dilataciones de la conquista. Sus últimos episodios nos recuerdan las trágicas desapariciones de Pánfilo de Narváez, Diego de Ordás, Pedro de Alvarado, Diego de Almagro y Francisco de Orellana. Parece que hubo en muchos capitanes una notable insatisfacción por el reparto de los beneficios de las grandes conquistas, y que se aprestaron, sin fortuna, a obtener algo mejor.

La señal de salida la dio, en 1535, Hernando de Soto, que, decepcionado de Almagro, abandona Cuzco, Lima y Panamá. En Sevilla logra unas capitulaciones que le convierten en Gobernador de Cuba y en adelantado de la Florida. Poco después de su marcha, Diego de Almagro, llevando como lugarteniente a Rodrigo Orgóñez, sale desde Perú para Chile. Sus movimientos se hacen sincrónicos de los no menos nerviosos de Belalcázar hacia Guayaquil, Popayán y Cali, quizás para poner distancia entre sus tierras y las de Francisco Pizarro. Finalmente, Belalcázar, Quesada y Federmann, ya en 1538, tendrán que litigar sus derechos sobre Santa Fe de Bogotá, rodeados de tres huestes cortas de hombres destrozados por el esfuerzo.

Éste es el ambiente que vivirán, además de Soto, dos dilatadores de la dominación española hasta entonces incógnitos: Pedro de Valdivia y Francisco de Orellana. En 1535, Valdivia es un *soldado veterano* de 38 años de edad que acaba de llegar a las Indias. Acompaña a la hueste del capitán Alderete en una incursión intrascendente por la venezolana provincia de Paria, donde había dejado lo mejor de sí mismo el desgraciado Diego de Ordás. Orellana es un *mílite indiano*, grato a Pizarro, quizás por el valor mostrado en su primer combate con indios en la guerra del Perú. Será el tercero de los grandes tuertos de la conquista, junto a Pánfilo de Narváez y Diego de Almagro. En la batalla de Las Salinas ya cuenta 27 años. Era el 26 de abril de 1538. Hernando Pizarro le premia proponiéndole para el gobierno de la cuenca del Guayas, sobre la ruta Quito, Pasto, Popayán. Se distinguirá como capitán pizarrista en Guayaquil (25 de julio de 1538), leyendo a los indios el requerimiento de Palacios Rubios con audacia y serenidad.

Valdivia y Orellana cumplirán el rito de alejarse del Perú en dos direcciones antagónicas; Valdivia, para volver a Chile, abandonado por Almagro; y Orellana, para ir más allá de donde fueran nunca Belalcázar y Gonzalo Pizarro. El 27 de diciembre de 1541, Gonzalo Pizarro verá, con desesperación poco disimulada, que el bergantín de Orellana desciende por la corriente fluvial de los ríos Coca, Napo y Amazonas en lugar de traerle aguas arriba los aprovisionamientos que le había ordenado reunir. La fuga de Orellana reproduce la imagen del descubridor [1]. La marcha de Valdivia, la del conquistador [2].

El año anterior, 1540, el Virrey de Nueva España, don Antonio de Mendoza, había capitulado con Pedro de Alvarado, adelantado de Guatemala, la llamada «jornada al Maluco» o Tierra de las Especias. La formación de una escuadra de 12 navíos y 800 hombres sobre Acapulco coincidía en el tiempo con la expedición terrestre al Mississippi de

[1] L. Benítez Vinueza, *Los descubridores del Amazonas. La expedición de Orellana*, Ediciones Cultura Hispánica. Madrid, 1976; J. A. Busto Duthurburu, *Francisco de Orellana y Lope de Aguirre*. Lima, 1965.
   [2] J. Delgado, *Pedro de Valdivia*, Historia 16, Protagonistas de América. Madrid, 1987.

Francisco Vázquez de Coronado y con la expedición naval de Ruy López de Villalobos a las Molucas. Antes, 1539 había sido el año que
presagiaba grandes catástrofes para los conquistadores, tanto almagristas como pizarristas e incluso cortesianos.

En definitiva, las dilataciones de la conquista iban a ser más san-
grientas que la misma conquista principal. El primer fundador de Santa María del Buen Aire, don Pedro de Mendoza, al regresar enfermo a
España, morirá en ruta y se arrojará su cuerpo por la borda. Las muertes violentas de Almagro, Francisco Pizarro, Pedro de Alvarado, etc.,
anuncian otras dos muertes bien distintas entre sí, la cruelísima y humillante de Pedro de Valdivia y la más dulce de Francisco de Orellana,
a miles de kilómetros una de otra.

LA FUNDACIÓN DE FORTALEZAS EN NUEVA EXTREMADURA

Pedro de Valdivia había nacido en Villanueva de la Serena (o en
Castuera, o en Zalamea de la Serena, o en Campanario de Extremadura, que todas esas villas se lo disputan). Reunía el historial bélico de
los más profesionales de los conquistadores (Centeno, Robledo, Orgóñez o Carvajal). Se acerca a la órbita de Cortés, pero le atrapa Pizarro.
Éste le utilizará como preparador de batallas en Las Salinas, con indiscutible éxito. Su fama crecerá al hilo de su presencia victoriosa en Chile, aunque lo trágico de su desaparición mitigará un tanto su prestigio.

> Chile fue por excelencia —escribe Morales Padrón en *América Hispa-
> na. Hasta la creación de las nuevas naciones*— el territorio bélico de Su-
> ramérica, pues sólo en el siglo XIX lograron ser reducidos los indios
> mapuches. Sus conquistadores-gobernantes se preocuparon de alcan-
> zar el Estrecho, efectuar la expansión transandina, combatir a los in-
> dígenas y hacer frente a los piratas que, como Drake, atacaron Val-
> paraíso. La Audiencia se fundó en 1565 y se establece definitivamente
> en 1609, siglo éste calamitoso por los malos gobernantes y por las
> guerras que absorbían la décima parte de lo que España sacaba de
> Indias»[3].

---

[3] F. Morales Padrón, «*América Hispana. Hasta la creación de las nuevas Naciones*».
Historia de España, Gredos. Madrid, 1986.

Pedro de Valdivia está en los orígenes de esta situación. Voluntariamente, había asumido la enmienda del primer fracaso chileno de Diego de Almagro. Se comportó como un eficaz ordenador de lo dispuesto para otros conquistadores sin fortuna —*Nueva Toledo* para Diego de Almagro, *Nueva Andalucía* para Pedro de Mendoza y *Nueva León* para Simón de Alcazaba—. Almagro abandonó Chile en 1537, Pedro de Mendoza ni siquiera intentó reconocer los límites de su adelantamiento y Alcazaba fue sustituido en 1539 por una concesión a favor de Pedro Sancho de Hoz (entre los 52 y los 55 grados de latitud Sur), junto al estrecho de Magallanes.

> Surge así la expedición de Valdivia, quien en 1548 fue nombrado gobernador de un territorio que iba de Copiapó a 27 grados hasta los 41 y con un ancho de 100 leguas a partir del litoral del Pacífico... La gobernación de Valdivia se amplió en 1554 hasta el Estrecho... La muerte de Valdivia ocasionó nuevos cambios; su sucesor, Alderete, fue designado gobernador de Chile hasta el Estrecho.

El empeño conquistador de Valdivia se satisfará con la fundación de fortalezas en Nueva Extremadura que pronto sufrirán los embates indios y las repercusiones de la guerra civil del Perú. Pero hasta el agravamiento de la guerra de Arauco, todas las zonas marginales del Perú se beneficiarán del impulso de Valdivia (Nuevo Reino, Venezuela, Río de la Plata, Chile, Oriente boliviano, Amazonas, Guayana, California, Noroeste de los Estados Unidos y el Pacífico). Valdivia se convirtió en el símbolo perfecto de la dilatación de la conquista durante algunos años.

Chile era el lugar donde se acababa la tierra, como dejaron dicho los navegantes Magallanes y García de Lozaya. «Nunca en tanto estorbo a los humanos quiso impedir el paso la natura» —decía en octavas reales Ercilla—. Valdivia tenía delante todo lo contrario de cuanto había atraído a Cortés y a Pizarro, una pluralidad de caudillos indígenas y unas rancherías dispersas que apenas podían ser denominadas aldeas.

El admirable constructor de fortalezas que fue Valdivia había llegado a Venezuela como un oscuro soldado sin raíces. Con parecido desapego dejaba atrás su pasado en los Tercios y su legítima esposa. Venía acompañado de «Inés Suárez, una mujer valerosa, vecina de Plasencia, de gran carácter, sagaz y llena de simpatía». De amante del conquistador pasará a ser la esposa de Rodrigo de Quiroga, un nuevo Gobernador. Inés morirá con 63 años en noviembre de 1576. También le acompañaban, además de sus dos fieles capitanes, Jerónimo de Alderete y Francisco de Villagrán, un clérigo que aspiraba a ser obispo (Rodrigo González Marmolejo) y un capitán resentido en sus pretensiones (Sancho de Hoz). Deja en su retaguardia limeña a Alonso de Monroy. Valdivia sueña con fundar Nueva Extremadura en nombre del Rey de España, y lo hará en torno a una ciudad de nombre simbólico, Santiago del Nuevo Extremo, en 1541.

Unos 150 hombres formaron su primera hueste. Hasta 2.400 guarnecerán, al final de su hazaña fundadora, unas 15 ciudades. A su muerte, dejó astilleros, fábricas de tejidos, almacenes de azúcar... Le rodean, ante todo agradecidos, andaluces, extremeños y castellanos; pero no faltan leoneses, vascos y gallegos. «Thayer ha logrado distinguir junto a Valdivia dos caballeros notorios, tres caballeros, once hidalgos de solar conocido, veintitrés hidalgos, nueve hombres de honra y prez, nueve plebeyos, seis mestizos y un negro esclavo».

La obra de Valdivia «fue una conquista constructiva: bajo su acción surgió una entidad organizada, se alzaron ciudades, se crearon industrias, se dio principio al sentimiento de nacionalidad».

El espacio chileno siempre se había resistido al Imperio de los incas; pero más allá del río Bío-Bío, el araucano Caupolicán supo aprovecharse de la efervescencia civil peruana para engendrar una sublevación militar eficacísima, que cayó por sorpresa sobre Valdivia[4].

En las *Cartas* de Valdivia se describe lo malo de la tierra que encuentra, lo arisco de los indígenas que asimila y lo difícil de la convivencia entre los españoles que, sin embargo, logra[5]. A todo se sobrepone el extremeño. Nombra a Alonso de Monroy lugarteniente para sus ausencias, frena sin crueldad las conjuras de Sancho de Hoz; contiene la marea de la masa india cuando se le viene encima; y crea, finalmente, una fórmula de equilibrio para moderar la maléfica influencia de las guerras civiles peruanas. Un hombre de confianza en

[4] A. de Góngora Marmolejo, *Historia de Chile desde su descubrimiento hasta el año de 1575*, Memorial Histórico Español, tomo IV. Madrid, 1852.

[5] C. Pérez Bustamante, «Valdivia en sus Cartas», en *Revista de Indias*, núm. 51. Madrid, 1953.

Santiago (Villagrán) y otro de más confianza todavía en Lima (Monroy), le ayudarán a sostener el edificio [6].

Valdivia agrupa las encomiendas de indios en zonas cercanas a sus fundaciones. A éstos los dedica a servicios domésticos y al cultivo de la tierra. Va y viene de Perú para brillar en más de una batalla decisiva, como la de Xaquixahuana, aunque no eludirá el consabido juicio de residencia (abril de 1549), bajo la benevolente mirada del pacificador La Gasca. He aquí uno de sus mejores retratos:

> Era Valdivia, cuando murió de edad de cincuenta y seis años, natural de un lugar de Extremadura pequeño, llamado Castuera, hombre de buena estatura, de rostro alegre, la cabeza grande conforme al cuerpo, que se había hecho gordo, espalducho, ancho de pecho, hombre de buen entendimiento aunque de palabras no bien limadas, liberal y hacía mercedes graciosamente. *Después de que fue Señor* recibía gran contento en dar lo que tenía: era generoso en todas sus cosas, amigo de andar bien vestido y lustroso, y de los hombres que lo andaban, y de comer y beber bien; afable y humano.

Temía que le echaran en cara sus recién ganadas riquezas. En los 12 años transcurridos entre la fundación de Santiago y su muerte, en Tucapel, soportó cinco angustiosas esperas de refuerzos sin interrumpir sus fundaciones (Concepción, La Imperial, Valdivia, Villarrica y Los Confines). «Gracias a sus ansias de gloria y de inmortalidad, características del Renacimiento, y a su ideal misionero y de cruzada —escribe Jaime Delgado—, propio de la Edad Media, Pedro de Valdivia pudo realizar una obra fundacional de cultura».

Había de servir al Emperador 30 años seguidos (1520-1550) en Italia, Flandes y las Indias, al principio junto a Próspero Colonna y al Marqués de Pescara. Estuvo en la batalla de Pavía y en el saco de Roma (1527). «Era mediano de estatura, ancho y robusto —dice Jaime Eyzaguirre— de cuerpo, el rostro amable y los cabellos rubios, poseía un talante señorial y varonil y una suficiente ilustración».

Al alistarse con tanta reiteración mostró una preferencia por el servicio real que nunca abandonaría. Haría lo contrario tras su matri-

---

[6] C. Errazuris, *Francisco de Villagrán*. Santiago de Chile, 1915; T. Thayer Ojeda y J. C. Larrain, *Valdivia y sus compañeros*. Santiago de Chile, 1950.

monio con doña Marina Ortiz de Gaete, en Castuera, a la que dejó sola al poco tiempo para acudir a las Indias. Maliciosamente, Jaime Delgado glosa de este modo la huida del esposo:

> el afán de gloria y la sed de aventura previamente espoleada por el inmenso aburrimiento que debía producirle la vida rural al lado de una esposa, probablemente santa pero poco imaginativa y en un hogar sin lujos.

VALDIVIA, UN PRODIGIO DE RACIONALIDAD

El conquistador Valdivia ha pasado a la historia como alguien que llegó «a ser Señor» de súbito. Los cronistas repiten esta expresión, —desde que fue Señor— para dar a entender que se dio en Valdivia el salto cualitativo deseado por todos los mílites indianos. Lo curioso es que Valdivia da el salto en virtud de sus conocimientos militares de cuño europeo. En Valdivia se descubre que quien vale para ganar batallas campales en las guerras civiles del Perú, vale también para fundar ciudades y crear riquezas. Sin la desgracia de la rebelión de Arauco, el modelo de comportamiento de Valdivia se hubiera convertido en el paradigma de todos los jóvenes conquistadores.

La aventura de Valdivia pasó por varias fases; la primera, detrás de la memoria de Diego de Ordás; una segunda, tras ser reconocido como valioso por Pizarro (1537); y una tercera, discretamente independiente, que llega hasta su muerte.

Al principio, Valdivia quiere seguir las huellas de Ordás, pero «un veneno —escribe Florentino Pérez Embid— obtenido con engaños de cierto boticario genovés, recién llegado de Cubagua, provocó en medio del mar la repentina muerte del gobernador del Marañón y con su cadáver se hundió en el Atlántico toda su gloria, brillante primero y oscurecida después y definitivamente efímera».

Hasta 1537, durante los tres años anodinos transcurridos desde su embarque en Sevilla en la expedición de Juan Fernández de Alderete, Valdivia permanece junto a Francisco Pizarro y le ayuda en los combates para vencer la rebelión incaria. Pizarro, que reconoció en él su pasado italiano, su madurez vital y la posibilidad de equilibrar la prudencia con la audacia y la acometividad con el consejo, le nombró maestre de campo de la hueste. Luego será Esteve Barba quien felicite a Pizarro por su buen olfato [7].

Muerto Almagro, en abril de 1539, Valdivia se cree liberado del conflicto intestino y mantiene un contacto personal con Francisco Pizarro en el lugar del alto Perú, donde se fundó La Paz. Pero fue Hernando Pizarro quien recomendó a su hermano la persona del antiguo maestre de campo para mandar la expedición a Chile. El título gustó a Valdivia —Teniente General Gobernador de Chile, con jefatura sometida—, quizás porque le liberaba de una vida aburrida de encomendero.

> Era hombre de buena estatura, de rostro alegre, su cabeza grande conforme al cuerpo... Después que fue Señor, recibía gran contento en dar lo que tenía... mas tenía dos cosas con que oscurecía todas estas virtudes, que aborrecía a los hombres nobles —dice Góngora Marmolejo— y de ordinario estaba amancebado con una mujer española, a la cual fue dado.

La censura de Mariño de Lovera va en la misma línea:

> Su estatura era mediana; el cuerpo membrudo y fornido; tenía un señorío en su persona y trato, que parecía de linaje de príncipes, juntaba con gran prudencia la afabilidad con la gravedad, el brío con el repertorio; no era nada vengativo en cosas que tocasen a su persona, mayormente con quien se le rendía.

Valdivia tiene buen cuidado de valorar en sus cartas lo que deja en otras manos cuando va a Chile —el valle de la Canela, en las Charcas, que se dio a tres conquistadores: Diego Centeno, Lope de Mendoza y Bobadilla—. Prefirió dilatar la conquista por sí mismo a beneficiarse de lo conquistado por otros.

Valdivia siempre recordó a Pizarro con afecto: «cada vez que me acuerdo, lloro con el corazón lágrimas de sangre y tengo una pena que, mientras viviera, durará por no me poder haber hallado a la satisfacción de las venganzas» —escribe a Gonzalo—. Pero no se adhiere definitivamente a los pizarristas:

[7] F. Esteve Barba, *Descubrimiento y conquista de Chile*, Salvat. Barcelona, 1946; J. Eyzaguirre, *Ventura de Pedro de Valdivia*. Santiago de Chile, 1983.

con esta autoridad —escribe a Su Majestad— trabajé de las pacificar así de cristianos por las pasiones del Adelantado don Diego de Almagro como de los naturales y rebelión suya; y como conquisté dos veces las provincias del Collao y las Charcas y ayudé a poblar la villa de Plata con ellas, y traje de paz toda la tierra la cual ha servido hasta el día de hoy y sirve.

Como conquistador de Chile, Pedro de Valdivia fue un prodigio de racionalidad. Desde 1536 a 1543, define bien a su enemigo como prolongación de la actitud rebelde del inca Manco; entre 1544 y 1548 sabe que está luchando contra grupos indígenas nada relacionados con el Perú. Los cronistas dicen que, a partir del 7 de marzo de 1541, enterado de la muerte de Pizarro, «está pensando en realizar la operación que le otorgaría el título de gobernador (independiente del Perú) y directamente subordinado a la autoridad real».

Valdivia, como Balboa, recibe todos los poderes del cabildo porque no quería ser tildado de ambicioso ni de oportunista. No anunció su cargo hasta que se lo exigió el pueblo, queremos decir, el conjunto de la hueste avecindada. En la lejanía del Rey, como todos los conquistadores de raza, entiende que la mejor salida a las rivalidades ya abiertas consistía en ganarse el favor real. Él, que había sido leal a Francisco Pizarro y hostil al fenómeno almagrista, se consideraría liberado del conflicto residual sólo si acertaba a dejar clara su fidelidad a la Corona; y se aplicó a ello por el camino recorrido por Hernán Cortés: la remisión de cartas al Rey de España.

El viejo conflicto de lealtades parecía resuelto, pero no el nuevo que se veía venir tras la postura distinta y distante de Pedro Sancho de Hoz. Valdivia dispone que Alonso de Monroy y Juan Bautista de Pastene sean remitidos hacia el Perú por tierra y mar, respectivamente, para que «trabajasen de me traer socorro de gente, caballos y armas». Además, un cacereño, Antonio de Ulloa, «caballero e fidalgo», debía llevar hasta España las cartas de Valdivia al Rey. Quería reforzar su autoridad sobre los encomenderos de Chile y dejar fuera de juego a las autoridades limeñas.

El planteamiento no le salió bien a Valdivia, entre otras cosas, porque murió Alonso de Monroy y el nuevo hombre de Valdivia en Lima, Lorenzo de Aldana, se convirtió en uno de los capitanes más odiados por Gonzalo de Carvajal, el terrible octogenario, el *demonio de los Andes*. El agravamiento de la crisis peruana le obligó a salir de Chile el 1 de diciembre de 1547. Lo decidió en Valparaíso, donde nombró al capitán Francisco de Villagrán maestre de campo. Éste no tardaría más de una semana en vengarse de Sancho de Hoz, aplicándole la pena de muerte que, a su severo juicio, merecía.

Una vez en Lima, Valdivia no dudó en ponerse del lado de don Pedro de La Gasca, en tanto presidente legitimado por el Rey y frente a Gonzalo, el hermano de su llorado Francisco Pizarro. Al obrar de este modo buscaba dos cosas, probar que siempre había optado por el estandarte real y demostrar que se merecía un mando independiente. Aunque no todos atribuyen la victoria total de Xaquixahuana al talento de Valdivia —«sabía tanto en el militar arte como Francisco de Carvajal», según dijo en jactanciosa carta al emperador Carlos—, hay que convenir que fue obra suya.

> Yo me humillé y le besé la mano en su cesáreo nombre y le respondía que yo tomaba su cesárea y real autoridad sobre mi persona y la emplearía en servicio de V.M. y en defensa de su fidelísimo ejército con toda la diligencia y prudencia y experiencia que a mí se me alcanzase en las cosas de la guerra.

El 7 de mayo de 1548, el Consejo de Indias otorga a Valdivia lo que más anhelaba: el gobierno y la capitanía general de Nuevo Extremo,

> desde Copiapó que está a 26 grados de parte de la equinocial hacia el Sur, hasta 41 Norte-Sur, derecho meridiano y en ancho desde la mar a la tierra adentro cien leguas Oeste-Este..., y cupo dársela a él antes que a otro por lo que a S.M. sirvió esta jornada y por la noticia que de Chile tenemos y por lo que en el descubrimiento y conquista de aquella tierra ha trabajado.

El regreso a Valparaíso devuelve a Valdivia los poderes (harto difíciles de ejercer) que había otorgado a Villagrán. Muy pronto, tiene don Pedro la mala suerte de romperse los huesos de un pie en una caída de caballo y ha de estar tres meses en cama. Por culpa de este accidente habría de empezar la guerra araucana en malas condiciones físicas.

El talento militar de Valdivia había brillado por doquier a la hora de construir cercas y programar fortalezas. Pero el 9 de marzo de 1550, cuando «toda la tierra estaba junta y venía sobre ellos infinitísima cantidad de indios», un Valdivia engreído prosigue la expansión, de modo imprudente, en todas direcciones, dispersando cada vez más sus fuerzas.

Su última carta al Emperador (26 de octubre de 1552) revela que no ha perdido las esperanzas de obtener título nobiliario y hábito de Santiago. Le acababan de llegar nuevas huestes al mando de Martín de Avendaño y Gaspar de Villarroel. La ambición de dominar el Estrecho de Magallanes, «con determinación de hacer este servicio y meter la primera bandera de Vuestra Alteza (príncipe Felipe) por el Estrecho», le domina y le apasiona más allá de su habitual racionalidad..

La rebelión araucana afectó negativamente a las tareas de Valdivia y de Villagrán, de Quiroga, de Aguirre y de Alderete, sus mejores capitanes, desde primeros de diciembre de 1553. Pronto llegaría la trágica sorpresa de Tucapel. La víspera de Navidad, el reducido grupo de acompañantes de Valdivia acudió en socorro del pequeño fuerte asediado por los araucanos de Lautaro y fueron muchos los ataques sucesivos que hubo de soportar antes de su desesperada retirada:

> Nadie supo, por de pronto, la suerte que le tocó al gobernador, pese a su personalidad y significación... excepto el padre Pozo, un clérigo que logró alcanzar al gobernador. Pero la huida de ambos fué interceptada por un terreno pantanoso, en el que se encenagaron los caballos y no pudieron seguir adelante... Murió el cura enseguida y Valdivia fué desarmado y conducido, con las manos atadas y la celada puesta —que los indios no supieron quitarle— al campamento araucano.

El relato del juicio contra la persona de Valdivia que construye Alonso de Ercilla en su poema épico destila resentimiento contra el héroe conquistador. Quien tenía tanta fama de tenaz como de prudente continuador de empresas bien asentadas, queda convertido en hombre que lo intenta todo ante sus acusadores para salvar la vida. Una muerte horrenda, en acto de servicio, salvó la fama de su nombre [8].

---

[8] A. de Ercilla y Zúñiga, *La Araucana*, ed. de M. A. Morínigo e I. Lerner, Clásicos Castalia. Madrid, 1983.

HERNANDO DE SOTO, EN LOS CAMPAMENTOS DE LA FLORIDA

El final trágico de Valdivia contrasta con la muerte más dulce de Hernando de Soto. La figura de Soto —escribe Concepción Bravo— queda desdibujada en su juventud. Es sólo un subordinado de Pedrarias y de Pizarro, «cuando él mismo alcanzó su propio protagonismo como jefe de una hueste, no tuvo ningún secretario que trasladara el relato de aquella empresa».

La *Relación de la expedición a la Florida*, fue referida por varios de sus componentes; pero en ninguno de los relatos se advierte la intención de realzar los hechos del adelantado Hernando de Soto; hay un mayor interés por señalar la peripecia de toda la hueste[9]. Hubo que esperar a la obra histórica del jovencísimo inca Garcilaso de la Vega para que los españoles dieran la importancia debida a los hechos de los últimos años —cuatro— de la vida de Soto[10].

Exalta así la figura de Hernando de Soto, movido por generosa envidia y celo magnánimo de las hazañas nuevamente hechas en Perú por el marqués don Francisco Pizarro y el adelantado Diego de Almagro, las cuales él vio y ayudó a hacer... Como en su ánimo libre no cupiera ser súbdito... dejó aquellas hazañas y emprendió estotras para él mayores.

El inca Garcilaso, nos pinta a un héroe del Renacimiento: «más que mediano de cuerpo y de buen aire, alegre de rostro, diestro en ambas sillas, una de las mejores lanzas que por el nuevo mundo han pasado y pocas tan buenas...». Pizarro y Orellana —un cronista también algo tardío— nos describe a Soto como «hombre pequeño, diestro en la guerra de los indios, valiente y afable con los soldados». También destaca su pericia como jinete, como hombre hábil y experto en las emboscadas y prudente en las acciones.

[9] F. de Elvas, *Expedición de Hernando de Soto a Florida*, Colección Austral. Buenos Aires, 1952.
[10] Inca Garcilaso de la Vega, *Comentarios reales de los Incas*, Biblioteca de Autores Españoles, Madrid, 1953; *Historia del Adelantado Hernando de Soto... y de otros heroicos caballeros e indios*, Biblioteca de Autores Españoles. Madrid, 1965.

Sin embargo, alguna vez, a juicio bien fundado de Diego de Almagro, como en la conquista de Quito, debió Soto pecar de audacia o temeridad [11]. No así anteriormente, en la crisis política que llevó al cadalso, por orden de Pedrarias, a su capitán mayor, Francisco Hernández de Córdoba, en la Nueva Ciudad de León. La clave de su prudencia será la misma que hemos contemplado en Valdivia. Soto percibe a tiempo que el caballo ganador será aquel que se coloque al amparo del estandarte real en los litigios entre conquistadores.

A la muerte de Pedrarias, Hernando de Soto, al igual que otros, se orientará hacia Perú. Al principio, los hermanos Pizarro le temen... «El Marqués lo disimuló, y de allí en adelante cuando Soto salía a alguna parte, enviaba con él a sus dos hermanos Juan Pizarro y Gonzalo Pizarro». Lo testimonia con simpatía hacia Soto el cronista Pizarro y Orellana. Era evidente que la figura de Soto sólo brillaría si abandonaba el Perú y hacía la guerra por su cuenta.

El más ágil y diestro de todos los jinetes de la conquista va a prestar servicios extraordinarios a Francisco Pizarro, pero siempre bajo sospecha. Se comporta como un excelente explorador y como un magnífico recolector de información sobre el del ejército de los incas. Tiene algo que los hermanos de Pizarro no perdonan: afán de independencia. Su fama no le viene del talante selectivo de hombres, propio del Gobernador del Perú, sino que procede del aprecio mostrado por Pedrarias.

Su simpatía personal —algo tenía que ver con ella su condición de fácil para las mujeres— le hace especialmente sensible a las jugadas de los capitanes incas. Pronto la joven viuda de un general de Atahualpa desplazará a Juana Hernández. El genio vivo de Soto revuelve todas las relaciones personales y se adelanta a todas las iniciativas. No hay manera de sujetarle a una norma que no sea la de su ambición o la de sus caprichos. A veces se acredita como diplomático en las reyertas entre capitanes españoles, pero ni Pizarro ni Almagro se congratulan con su colaboración.

En noviembre de 1535, Soto abandona las cimas de los Andes y se dispone a triunfar en España rodeándose de otros que, como él mismo, estén dispuestos a volver a empezar con mejores garantías. Rodri-

---

[11] G. Pizarro y Orellana, *Relación del descubrimiento y conquista de los Reinos del Perú*, ed. completa, preparada por G. Lohmann Villena, Pontificia Universidad Católica de Lima, 1978.

go Rangel, un joven capitán que le ha acompañado desde Lima, hidalgo notorio, aceptará ser su secretario. Llega a Valladolid, donde se repliega a la zona de influencia de doña Isabel de Bobadilla, la viuda de Pedrarias, y concierta una boda espectacular con su hija Isabel.

Cuando tenga noticia de la llegada a España del gran superviviente de la empresa que costó la vida a Pánfilo de Narváez, el andariego Álvar Núñez Cabeza de Vaca, Soto revivirá la idea más arraigada en su mente: prolongar la estirpe conquistadora de Pedrarias. Soto se adelanta a las gestiones del soñador de las siete ciudades de Cíbola, y Álvar Núñez ha de cambiar de objetivo. El historiador Fernández de Oviedo —todavía resentido contra todo lo que viene de Pedrarias— le acusa de embaucador: «...conocí yo muy bien a Soto, y aunque era hombre de bien, no le tenía yo por de tan dulce habla ni nada que a personas semejantes pudiese él encargar». [12].

Y es que el alarde de la nueva hueste que hizo Soto en España desde una nave de 800 toneladas, recordaba a todos la expedición de Pedrarias de 1514. No obstante, había en Soto una madurez nueva. Su ideario está recogido en su testamento cubano de 13 de mayo de 1539, dictado una semana anterior a la salida hacia la Florida desde el puerto de Careta (La Habana) de los 600 hombres de Soto en nueve navíos, cinco de ellos de gavia y dos carabelas, más dos bergantines ligeros de fácil maniobra para el servicio de toda la armada.

La organización de la hueste de Soto —una hueste larga— fue de una corrección extraordinaria. Constaba de cuatro grupos a caballo y dos a pie, con los ballesteros y arcabuceros, y de sus respectivos capitanes. La narración de la expedición por la Florida nos revela que fue asombrosa la habilidad de Soto para mantener a los indios sujetos sin exagerar los castigos. «Tardó en esa jornada dos meses que ya a todos nos hacían mil años, para detenernos allí tanto, según teníamos noticias de la tierra de adentro».

El mérito de Soto fue, esencialmente, el arte español del buen mandar. Ya no provoca la amenaza de motines, porque su prudencia le aconseja no forzar la voluntad de una hueste cansada si no quiere provocarlos realmente.

---

[12] G. Fernández de Oviedo, *Historia general y natural de las Indias, Islas y Tierra Firme del Mar Océano*, Biblioteca de Autores Españoles. Madrid, 1959.

Concepción Bravo Guerreira nos ha dejado el mejor retrato de este capitán sobresaliente: «Era hombre duro y seco de palabras, aunque holgaba de escuchar y saber el parecer de todos, después decía el suyo, no quería que le contradijesen y siempre hacía lo que a él le parecía»[13].

Entre los valles de Alabama y las praderas de Arkansas, Hernando de Soto realizó alardes de fuerza con verdadera oportunidad, aunque no alcanzó a fijar las bases para un poblamiento como Valdivia en Chile. «Soto dispuso la construcción de un campamento seguro para pasar el largo invierno, cuando comenzaba el mes de noviembre de 1541».

En 1542 reorganizó un excelente ejército, que no era nada más que un ejército de cuerpos auxiliares indígenas. La malaria, que hacía estragos en su gente, acabó con la vida del caudillo a muchas millas de la costa. Su muerte resultó similar en casi todo a la del descubridor del Amazonas, Francisco de Orellana, como Soto, y al igual que Valdivia y que Quesada, eficaces dilatadores de la conquista.

LA LARGA MARCHA DEL LICENCIADO JIMÉNEZ DE QUESADA

Manuel Ballesteros considera con razón que Gonzalo Jiménez de Quesada es un conquistador demasiado poco conocido. Y se pregunta: «¿El esfuerzo realizado por Jiménez de Quesada para incorporar a los territorios españoles en América lo que se llamaría luego Nueva Granada, es inferior o no al de los capitanes que dominaron México o el Perú?»

Una feroz sabana —el altiplano, a 2.400 metros sobre el nivel del mar— separaba la costa atlántica (donde Juan de la Cosa fue víctima del veneno de las flechas) y la costa del Pacífico (donde Francisco Pizarro, con los Trece de la Fama, soportó todas las calamidades). El acceso a ella, todavía hoy, se logra por los cauces de los ríos Magdalena y Cauca desde Cartagena de Indias. Cuando el licenciado Quesada emprenda su aventura, ya habrá funcionado con ímpetu la propaganda

---

[13] C. Bravo Guerreira, *Hernando de Soto*, Protagonistas de América, Historia 16. Madrid, 1987.

por lo acaecido en Méjico y Perú, y habrá crecido la decepción por el mítico y legendario El Dorado. Quesada tiene la evidencia de que una cruel y dura población india se interpone en la marcha de los exploradores [14].

El cordobés Quesada fue el único licenciado que realizó en las Indias misiones militares. Era hijo del juez de moriscos Gonzalo Jiménez y de Isabel de Quesada. Aparece, licenciado en artes y derecho, en Génova (1522), a las órdenes de Juan de Urbina; y en Roma (1527), junto a Antonio de Leyva, en la jornada del «saco». Ejerce en 1530 de letrado de la Real Chancillería de Granada, de donde le sacará Pedro Fernández de Lugo, recién nombrado por el Emperador Carlos adelantado de Canarias.

El traslado, en 1536, de don Pedro a Santa Marta, como Gobernador del territorio que se extiende entre el río Magdalena y el lago de Maracaibo, convierte a Jiménez de Quesada en el Justicia Mayor de la expedición y en el Teniente General de las tropas, porque —escribe el cronista Herrera— «era hombre despierto y de agudo ingenio, no menos apto para las armas que para las letras». «Era este capitán —escribe un historiador moderno— hombre entonces en toda la fuerza de la edad viril, valiente a toda prueba, audaz, constante en sus empresas; poseía grande influencia sobre sus subalternos».

Sorprende lo inmediato, a su llegada —el 5 de abril de 1536—, de su primera expedición hacia el interior del cauce del río Magdalena y lo arriesgado de la estación elegida para emprenderla.

> Aquí tenían el riesgo de las flechas envenenadas, el riesgo de caer al agua y ahogarse en aquellos remolinos y el riesgo de los caimanes. Todos estos trabajos del día se coronaban con una noche aciaga, con tormentas casi continuas, por ser mes de invierno, comidos de los zancudos y amenazados de los tigres, culebras, alacranes, etc.

A lo largo del recorrido de 150 leguas aguas arriba, doblado el itinerario por tierra, pierde más de 100 hombres. Unas patrullas de 20 hombres descubren, finalmente, panes de sal bien formados, tejidos de calidad y colorido y otros productos muy superiores a todo lo encon-

[14] M. Ballesteros Gaibrois, *Jiménez de Quesada*, Colección Grandes de España. Madrid, 1945.

trado en la costa. Quesada logra rehacer la moral de sus hombres con la proclama de una esperanza clásica en todo buen conquistador: la fundación de un reino nuevo [15].

> Este nuevo reino —lo describe otro cronista— se divide en dos partes o dos provincias, la una se llama Bogothá, la otra de Tunja... cada uno de estos señores son poderosísimos de grandes señores y caciques que les están sujetos a cada uno de ellos... la tierra de Tunja es más rica que la de Bogothá, aunque la otra lo es harto, pero oro y piedras preciosas, esmeraldas, siempre lo hallamos mejor en Tunja... En el Perú hay algunas esmeraldas, más nunca se han sabido las minas de ellas. Estas minas están en la provincia de Tunja.

Los lenguas o intérpretes de la expedición no entienden a los «muisca», de cultura chibcha, mucho más refinada y hábil para el comercio de la sal gema, del maíz, de la batata y de la papa que sus tribus de origen. Quesada queda impresionado por las escenas del sacrificio de niños y por la narración de la ceremonia de entronización de zipa o señor de Bogothá. En ella, quizás, imaginó que estaba la clave del mito de El Dorado:

> Consistía la ceremonia en el embarque del zipa que iba a comenzar su reinado en una barca, en cuyas esquinas ardían cuatro fogatas. Antes de entrar en ella, el zipa se desvestía, cubriéndose el cuerpo con una sustancia oleaginosa probablemente caucho o hule que era, a su vez, recubierta de fino polvo de oro... Había sido, hasta aquel momento, un verdadero hombre dorado.

Jiménez de Quesada pensaba que tras la carrera por el trópico, encontraría un mundo civilizado y rico y preparó su conquista por sorpresa. «En la mente de Quesada —dice Ballesteros— y de los capitanes, sus inmediatos colaboradores, se movía la idea de que sería posible que otros, si ellos no conseguían la conquista se aprovecharían por su esfuerzo».

---

[15] J. Friede, *Gonzalo Jiménez de Quesada a través de documentos históricos*: Estudio biográfico, tomo I (1509-1550), Bogotá, 1960. También, *La expedición de Sebastián de Belalcázar a Santa Fe y Nicolás de Federmann en el descubrimiento del Nuevo Reino de Granada*.

Quesada retira en uno de los barcos a todos los lisiados y enfermos. Luego, predica a los restantes una cruzada por boca del dominico fray Domingo de las Casas..., «de la que había de resultar la conversión de tantos infieles y grande esplendor para la nación española». El azaroso recorrido por las inmensas crestas fue compensado por la aparición de una tierra cultivada —tierra de promisión— que les trajo resonancias bíblicas a los expedicionarios.

Quesada combate con ventaja a los indios en campo abierto cuando en marzo de 1537, sólo le quedan 166 de los 800 hombres del inicio de la aventura. Construye excelentes disposiciones de marcha y ordenados despliegues para la batalla: la infantería delante, la caballería a retaguardia, los arcabuceros a pie firme sobre posiciones naturalmente sólidas. La victoria siempre le llega del ataque súbito de sus jinetes. El buen trato a los prisioneros facilitaba el futuro de la progresión española. Quesada conoce cada día mejor la panoplia de armas chibchas —flechas, macanas (espadas pesadas), lanzas con punta de palma— y se orienta con habilidad cortesiana en el marco difícil de las recíprocas enemistades de los señores indios.

Podría hablarse de la recogida de un inmenso botín al año justo del recorrido; pero también de una situación nada clara ni segura. Cada señoría encontrada en ruta exigía una nueva postura o un nuevo choque. Quesada, que nunca se separaba de su armadura, daba espectacularidad a sus arengas y órdenes de ataque. Repetía los gestos de audacia de Cortés y Pizarro antes de aprisionar de igual modo al zaque de Tunja. Lucha, desde entonces, con cientos de muiscas a su favor como tropa auxiliar, y se deja convencer por quienes afirman que hay tesoros más lejos todavía. Nada parece capaz de detener la larga marcha del licenciado convertido en gran capitán.

LA RESOLUCIÓN DEL CONFLICTO CON BELALCÁZAR Y FEDERMANN

El 6 de agosto de 1538, Quesada toma decididamente el camino de las fundaciones de ciudades, Santa Fe de Bogotá sobre todo, en un lugar muy bien estudiado, entre dos poblados, Bosa y Tensaquillo. No disfrutó mucho de la excelente posición alcanzada para seguir en pos del mito de El Dorado, porque en Neiva, su hermano Hernán Pérez de Quesada topó con 162 hombres de Sebastián de Belalcázar; y en

Pasca, otro capitán, Lázaro Ponte, le da cuenta de la llegada de 163 hombres de armas capitaneados por Nicolás Federmann, que venían desde Venezuela.

Las dos huestes llevaban tres años vivaqueando más allá de las órdenes que uno y otro habían recibido de sus dos capitanes, Pizarro (Gonzalo) y Spira (Jorge), al iniciar sus recorridos. Quesada opta por negociar una salida que evite el derramamiento de sangre.

Belalcázar, huyendo de los Pizarro, venía de fundar Popayán —dos caseríos de paja— el 13 de enero de 1537, a 1.800 metros de altitud, y actuaba por su cuenta, también en busca de El Dorado. El pésimo poeta Juan de Castellanos, en *Elogio de los varones ilustres de Indias*, le dedica 1.024 versos tan flojos como éstos, que nada añaden a su semblanza:

> «Tuvo padres de llanas condiciones
> y su linaje fue desta manera
> porque todos vivían de los dones
> que les daba campestre sementera».

Nicolás Federmann también se había extralimitado de la obediencia debida al Gobernador alemán de Venezuela. Había nacido entre 1505 y 1506, y moriría en 1542. Su familia, que vivía en Ulm, tenía vínculos comerciales con los Welser, los banqueros que ayudaron a Carlos de Habsburgo a ser nombrado Emperador de Alemania. Federmann había salido en 1529 de Sanlúcar hacia La Española con 123 españoles y 24 mineros alemanes, con la idea de apoyar a su compatriota Ambrosio Ehinger o Alfinger. Llevaba, pues, cerca de ocho años comerciando entre Coro (Venezuela), Santo Domingo y Puerto Rico (Isla de San Juan) sin mejorar de fortuna.

Federmann, un apellido que quiere decir «hombre de la Pluma», se incorpora, desde el 5 de octubre de 1535, a los afanes exploratorios de su jefe directo, Jorge de Spira. Con suma audacia, había atravesado en abril de 1538 las aguas del río Apure y buscaba ansiosamente el oro que le dijeron abundaba en la cabecera del río Meta, también por cuenta propia.

Atravesaron —se escribe en una *Carta de relación*— mucha tierra despoblada y muy fría y falta de mantenimiento y hasta llegar se perdió mucha gente y caballos, que de 130 caballos que sacó el capitán, no llegó con más de 90 y de los 300 que sacó, se le murieron 70 hombres.

La solución del conflicto jurisdiccional sobre Santa Fe de Bogotá, de la primavera de 1539, honra a los tres grandes conquistadores. Quizás los más descansados y fuertes de las tres huestes eran los peruleros de Belalcázar; y los más rotos, los de Federmann; pero la hueste más hábil fue la de quien se veía con mejor derecho y mejor dotada de botín, la de Jiménez de Quesada.

Quesada confiesa que dio a Federmann 4.000 pesos de oro y otros tantos en esmeraldas, y que intercambió regalos con los elegantes y ostentosos peruleros de Belalcázar. Lo más notable fue el modo como preparó en bergantines el regreso a Santa Marta desde el pequeño puerto de Guatequí, sobre el río Magdalena. Por su iniciativa, el 16 de mayo de 1539, los tres capitanes se embarcaron rumbo a España en lanchones de madera con toldos de lona. En Cartagena de Indias —era el 20 de junio— se les toma declaración, y juntos van a parar a España, donde el Consejo de Indias les da el enorme disgusto de hacerles ver que el derecho a sucesión estaba ya otorgado a favor del hijo del fallecido adelantado don Luis Fernández de Lugo. Los recientes hallazgos no iban a ser patrimonio de ninguno de los tres grandes exploradores.

Federmann fue apresado por los Welser en Gante y acusado de defraudarles dinero. Vivirá en Valladolid, amargado, y acabará sus días en esta ciudad el 22 de febrero de 1542. Belalcázar, hábilmente, se separará tanto de las ambiciones de Pizarro como de los derechos de Quesada y obtendrá limpiamente el gobierno independiente del territorio no disputado por nadie (Popayán y las ciudades de su entorno ya dotadas de cabildos). En 1541, desplazará de ellas a Pascual de Andagoya. En 1546, abandonará a los encomenderos de la zona como buen oficialista, y ayudará sin éxito al desgraciado virrey Blasco Núñez de Vela. Ese mismo año ejecutará sin contemplaciones a un nuevo rival, el capitán Jorge Robledo, sin caer en la cuenta de que el astuto Pedro La Gasca le hará primero combatir a su lado en la definitiva victoria realista sobre Gonzalo Pizarro en Xaquixahuana, y después le juzgará duramente. Condenado a muerte, morirá en Cartagena de Indias en 1550. Sólo Quesada volvería a las altas cimas de los Andes con notable suerte si se compara con la de sus dos rivales.

El licenciado desvelará entonces, en los últimos años de su vida, grandes dotes de escritor. Su *Antijovio* es una obra de tema histórico europeo dirigida contra un prestigioso historiador italiano, Paulo Jovio, que, a juicio de Quesada, no había captado bien, desde su condición de obispo de Nochera, el heroísmo del emperador Carlos. Los cronistas de Indias suelen dar un agradable retrato de Quesada:

> Hombre de buena salud es sin duda, al tiempo de su regreso a la Patria, con más de cuarenta años, una persona que tiene una apariencia más juvenil que la de su edad real. Amigo de la ostentación compra buenas ropas, lleva brillantes, joyas y seguramente se hace acompañar de sus servidores.

En aquella obra Quesada no adulaba al Emperador, que acababa de morir en Yuste. Él la escribió desde Granada. Había, eso sí, viajado a Italia (junto al Marqués de Vasto) y a Viena (junto al hermano del Emperador, don Fernando de Austria), en 1540. Se sabe que, anduvo por su cuenta por Alemania y no en pos del Emperador, prestando servicios a su causa. Se proponía escribir unos *Anales de Carlos V* [16] que no llegaron a ver la luz. En realidad, una venturosa disposición le permitiría volver cargado de honores al escenario de sus hazañas en Indias: «En Madrid, a 21 de mayo de 1547 —recordemos la muerte de Hernán Cortés por las mismas fechas— y a los ocho años de haber regresado de Nueva Granada, se emitía una cédula por la cual se le nombraba Mariscal del Nuevo Reino de Granada por vos descubierto».

Era un honor de la Corona hacia su digna persona y como tal lo tomó don Gonzalo, que se despidió de su anciano padre para volver a Santa Fe. El fundador de un nuevo reino, convertido en mariscal, todavía tuvo arrestos para reanudar conquistas por los llanos y las riberas del Orinoco; pero prefirió dedicarse al oficio de escribir un *Compendio historial de la conquista del Nuevo Mundo*, hoy perdido, antes que volver al estilo audaz de su anterior aventura.

> Una enfermedad que no perdona había hecho presa en él —la lepra, supone Ballesteros— y le obligó a retirarse a Mariquita... El *Monquite*

---

[16] G. Jiménez de Quesada, *El Antijovio*, estudio preliminar por M. Ballesteros Gaibrois, Bogotá, 1952.

se sintió morir y allí entregó su alma a Dios en 1579 como buen cristiano.

Contaba entonces más de 88 años. «La milicia le rindió honores de Adelantado... sobre su sepulcro se colocó el pendón real y el estandarte de la conquista». «Como había triunfado en la Conquista, no fracasó en la gobernación y pudo concluir sus días en la tierra que tanto amara», dice el epitafio.

VII

LA HUESTE INDIANA

Pues como Cortés siempre tuvo los pensamientos
muy altos y de señorear, quiso en todo remedar a
Alejandro Macedonio y con los muy buenos capitanes y extremados soldados que siempre tuvo,
después que se hubo poblado la gran ciudad de
México y Guaxaca e Zacatula e Colima e la Veracruz e Pánuco e Guezacualco, y tuvo noticia que
en la provincia de Guatemala había recios pueblos
de mucha gente e que había minas, acordó de enviar a la conquistar y poblar a Pedro de Alvarado... e dióle al tal Alvarado para aquel viaje sobre
trescientos soldados y entre ellos ciento y veinte
escopeteros y ballesteros; y más le dió ciento y
treinta y cinco de a caballo, cuatro tiros y mucha
pólvora, y un artillero que se decía fulano de Usagre y sobre doscientos tlascaltecas y cholultecas y
cien mexicanos que iban sobresalientes. (B. Díaz
del Castillo, *Historia verdadera de la conquista de
La Nueva España*, cap. CLXIV, p. 181., tomo, 2b,
Historia 16.)

La hueste indiana, el servicio militar de los encomenderos y las
milicias americanas fueron las tres fórmulas de organización militar
para la defensa —y en el primer caso, para la conquista— a las que apeló la Corona de España antes de emprender seriamente la implantación en Ultramar de lo que podríamos llamar con propiedad Reales
Ejércitos.

Ha hecho fortuna entre los historiadores la expresión *hueste indiana* para indicar la existencia de un fenómeno original que, en alguna
medida, prolonga una práctica medieval de convocatoria para la guerra, a la que estamos acostumbrados a llamar hueste. La implantación
de la hueste indiana, en la realidad histórica, supuso un cambio cualitativo logrado a partir de lo que Demetrio Ramos llama capitulaciones

de licencia para «descubrir islas e tierra firme a la parte de las Yndias» [1].

Estas capitulaciones premiaban a quienes, con la suficiente audacia y capacidad personal, se ofrecieran para ir a descubrir a sus propias expensas a cambio simplemente de poder rescatar con los indígenas, con el pago de un gravamen que permitiría obtener al fisco, además, un beneficio de cada expedición.

Si tenemos en cuenta que el 21 de mayo de 1499 se había extendido el nombramiento del comendador Bobadilla como gobernador de esas dichas Islas y Tierra Firme, se advierte que la puesta en marcha de los viajes de descubrimiento y rescate fue hecho asociado al relevo de Cristóbal Colón y a la suspensión de las facultades a él otorgadas.

El nuevo sistema, que comenzó a concretarse en la capitulación dada a Ojeda el 8 de junio de 1501, sustituía la expedición de ida y vuelta por el posible asentamiento en tierra donde se fundaría un establecimiento que serviría de base para proseguir las exploraciones... Además del salario que se consignaba a Ojeda como gobernador, podría tomar todo lo que hallara y hacerlo objeto de comercio.

La hueste indiana, en la pluma de los cronistas se denominaba «gente» [2]. Se refería al todo o la parte de un conjunto de conquistadores, cuando no a una compañía de soldados. En la literatura históricojurídica se ha considerado que era bueno volver al término medieval de hueste en aras de lo que aquella «gente» tenía de conjunto de hombres unidos por un caudillo. El retorno al término medieval responde a una intención de la escuela de medievalistas españoles donde brilla con luz propia Claudio Sánchez Albornoz en su conocida tesis sobre el enlace, la derivación y el enraizamiento de la empresa colonizadora de España en América en el espíritu de conquista y repoblación de

---

[1] D. Ramos Pérez, «Los viajes de descubrimiento hasta el plan de 1501. La etapa de los Gobernadores Generales», *Historia General de España y América,* tomo VII (pp. 121-137), Rialp. Madrid, 1980.

[2] D. Ramos Pérez, *Determinantes formativos de la hueste indiana y su origen modélico,* pp. 33-35. Santiago de Chile, 1965.

nuestra Edad Media[3]. La hueste indiana es una reencarnación de las mesnadas de la Reconquista española que contradice los avances en Italia de la concepción militar renacentista.

Las opiniones más recientes se han venido bifurcando en dos direcciones, una naval y otra terrestre. La hueste...

> ... constituye una expresión singularizada del sistema peninsular... es la gente marinera la que se lanza a los viajes de descubrimiento y rescate... habituada a la prestación de servicios marítimos a cambio de beneficios personales... gente posesora de prácticas comerciales... hecha a la transhumancia y a la emigración repobladora... amiga de botines y diestra en repartos... acostumbrada a hacer la guerra de mar a su propio riesgo... y, en ocasiones, bajo distintos pabellones.

A esta interpretación esencialmente marinera del régimen de licencias se le solía llamar, en el siglo xv, *fecho de la mar*. Puede estar en el origen, pero no explica la sustitución, precisamente en 1501 y a favor de Alonso de Ojeda, del viaje de ida y vuelta clásico por el asentamiento en tierra firme. Y es esta pretensión de asentamiento lo que ha condicionado el abandono del término *gente* por el de *hueste*, con objeto de insistir en la cualidad terrestre de tal tropa.

UNA REENCARNACIÓN DE LAS MESNADAS SEÑORIALES

La *hueste* medieval castellana había sido una reunión de gente armada; pero su significado restringido, en contraste con el *fonsado* y el *apellido* (las otras dos modalidades de la guerra medieval) era la de «ejército formado con motivo de una gran empresa tanto ofensiva como defensiva, en la que tomaban parte a la vez las tropas de los concejos, las reales y las señoriales». Se trata, pues, de una obligación militar que, a juicio de Carmela Pescador del Hoyo[4], recoge el principio del servicio militar obligatorio para todos los súbditos a las órde-

---

[3] S. A. Zavala, *Las instituciones jurídicas en la conquista de América*, pp. 106 y 107. México, 1971.

[4] C. Pescador del Hoyo, *La caballería popular en León y Castilla*, Cuadernos de Historia de España, pp. 123-155, Facultad de Filosofía y Letras. Buenos Aires, 1961.

nes más o menos directas del Rey. Formar una hueste es dejar a las
claras que se está sirviendo al Rey en una misión importante, tal como
pensaba Cortés de la suya en Nueva España. En la estela de su éxito
pensaron igualmente de sí mismos todos los demás fundadores de ciudades en América.

La concepción terrestre de la hueste, en la Edad Media, había tenido hasta tres formas: la de *lid campal*, frente al enemigo que viene a
guerrear contra el Rey; la de *llamamiento* para constituir una expedición
de socorro a ciudad o castillo cercado; y la de *hueste propiamente dicha*,
contra los sarracenos, con voluntad reconquistadora. Esta última forma
era propia de los caballeros, el único estamento que se consideraba
obligado a rebasar la frontera en los siglos XII, XIII y XIV en pos de su
Rey. Militar en la hueste indiana vino a ser para cada mílite indiano
algo así como un avance hacia la hidalguía.

En el epílogo de la evolución de la caballería villana —siglo XV—
fue frecuente la integración en huestes de los primitivos poseedores de
caballo y armas instalados en la frontera con el Islam. El gesto les había permitido «participar del gobierno de los reyes —escribe Carmela
Pescador— y llevar a cabo con los hidalgos una hermandad en la que
intervienen de igual a igual». Sólo les faltaba una cosa: poder llamarse
hidalgos. Fue hacia este objetivo adonde se dirigieron ardorosamente
al tener noticia del descubrimiento de las Indias.

En la época de los Reyes Católicos las pretensiones de hidalguía
de aquellos *caballeros pardos* volvieron a tener su oportunidad.

> ...declarada la guerra con Portugal en 1475, Fernando e Isabel, acuden
> al socorrido resorte de hacerles un llamamiento con la promesa de
> confirmar la hidalguía a quienes de los que la hubieran ya obtenido
> de Enrique IV por acudir a su real de Simancas, vinieran ahora a ayu-
> darles y servirles a su costa en la guerra con el país vecino, durante
> dos meses con caballo y armas.

Fue de la mixtura del *fecho de la mar* y de la *hueste del rey* de donde
brotó el concepto de *hueste indiana* como algo más grave y más serio
que el viaje de ida y vuelta de las primeras capitulaciones.

> Si bien los expedicionarios —escribe Santiago-Gerardo Suárez, el eru-
> dito venezolano más interesado en la polémica— deben prepararse

para llevar a cabo una penetración pacífica, no se descarta la posibilidad de recurrir a las armas [5].

Cuando esta posibilidad se lleve a los apartados de algo que no es un contrato propiamente militar, la *capitulación*, lo que en verdad se percibe por el villano español con ansias de hidalguía es que se han dictado las facultades de un capitán o caudillo y se ha limitado a unos pocos el derecho a ser alistado. La clave psicológica de la *capitulación* pasa a ser las mercedes y franquezas que el monarca concede a los alistados.

Hueste corta, hueste larga, hueste ideal

El funcionamiento práctico de la hueste indiana supuso la aplicación de toda una serie de normas, usos y costumbres militares. Lo original —como, desde 1599, ha señalado Vargas-Machuca— es que «en esta milicia el príncipe no hace el gasto, porque el capitán o caudillo que a su cargo toma la ocasión él se hace la gente y la sustenta y paga» [6].

Ahora bien, si el funcionamiento de la empresa quedaba condicionado a la capacidad económica de los promotores y al éxito (o fracaso) de las expediciones es fácil comprender que, como ha indicado Solórzano y Pereira [7], se premiara con encomiendas a tantos capitanes, soldados y hombres beneméritos que «sirven al rey en conquistas, pacificaciones y poblaciones... gastando en ellas vidas y haciendas sin pago alguno». La encomienda aparece, en síntesis, como sumamente justificada para todos y para cada uno de los miembros de la hueste indiana.

---

[5] S-G. Suárez, *Las Milicias. Instituciones militares hispanoamericanas*, pp. 15-25). Caracas, 1984.

[6] B. Vargas-Machuca, «Milicia y descripción de Indias (1599)», *Historia General y Natural de las Indias, Islas y Tierra Firme del Mar Océano*, libro XXXV, cap. 4. Madrid, 1982.

[7] J. de Solórzano y Pereira, *Política indiana*, libro III, cap. II, núm. 14, Compañía Iberoamericana de Publicaciones. Madrid-Buenos Aires, 1930.

Otros historiadores insisten en que la preparación de las expediciones del siglo XVI por parte de la Corona española se hace «a semejanza de la *comenda*, de la *societas maris* genovesa, de la *colligatio* veneciana»[8]. Lo importante es concluir que la *gente*, como vio perfectamente Hernán Cortés, había sustituido los incentivos económicos o salariales por el reparto de propiedades estables y había preferido definitivamente al salario la formación de compañías, cara a cara, con el capitán capitulante. No quiere el alistado quedarse en mero auxilio instrumental del capitán, sino convertirse en verdadero soldado con cargo, con autoridad, con responsabilidad propia. Todos aportan cantidades serias a cambio de disfrutar de honrosos cargos dentro de la hueste. La Corona, aunque sufraga algunas expediciones, no puede ni quiere suplantar a los particulares. Las jerarquías de la hueste indiana las determina la autoridad suprema de la expedición. El título de capitán se obtiene por merced o por capitulación, «sin aver experimentado ni entendido la guerra», como censura Fernández de Oviedo. Los grados subalternos son acordados y distribuidos hasta completar esta estructura típica: un general, un maestre de campo, un sargento mayor y varios capitanes, alféreces y cabos si la hueste es grande. Todo se subordina, en el origen de las actividades, a la mayor o menor participación económica.

Conocemos con detalle las disposiciones sucesivas dadas por Cortés y, aún más completamente, la hueste de Diego Hernández de Serpa con destino a Nueva Andalucía, en 1569[9] —90 personas en concepto de gente de mar y 635 en concepto de gente de guerra, que se descomponen en 25 capitanes, 12 pajes, 7 alféreces, 7 sargentos, 3 tambores y 5 trompetas, encuadrados en 25 compañías, compuestas por 25 soldados de media. Hubo, pues, un proceso de inflación de autoridades que siguió *in crescendo* una vez logrado el asentamiento en tierra firme, creando generales y almirantes de la Armada, lugartenientes, sargentos mayores, armeros, veedores, tesoreros, secretarios, alguaciles y vicarios eclesiásticos.

Lo único que la Corona retiene es el derecho a la selección primera de los capitanes expedicionarios. Nada tiene de particular que, a

[8] F. Morales Padrón, *Historia General de América*, tomo I, (2 vols), Espasa-Calpe. Madrid, 1962.

[9] J. M. López Ruiz, *Hernández de Serpa y su «Hueste» con destino a la Nueva Andalucía*, pp. 224-226, Biblioteca de la Academia Nacional de la Historia. Caracas, 1974.

principios del siglo XVII, el sistema militar de la hueste indiana, en tanto método privado, hiciera absoluta crisis y —en demérito del servicio militar de los encomenderos que, por voluntad de Cortés, le había seguido— «se vislumbrara la posibilidad de dar a las fuerzas españolas que combaten en Chile, el carácter de ejército estatal y permanente [10].

La expedición, algo tardía, de Hernández Serpa a Nueva Andalucía la ejecutó una hueste larga que, numéricamente, se parece a la primera hueste de Cortés (la de finales de 1519) y a la tercera y decisiva de Pizarro (1531). Morales Padrón se esmera en describirlas [11]: «Son 600 hombres, 16 caballos y 14 cañones y 13 fusiles los transportados en unos barcos que Cortés hunde en el golfo para cortar toda posible retirada».

La mitad —300 hombres— acompañaba a Pizarro en la ascensión de San Miguel desde Piura a Cajamarca. Pero contaba con alguna hueste más —la de Almagro y las de Belalcázar y Soto—, ya todas integradas, formando parte del mismo plan de operaciones. Antes, Ojeda había conducido 300 hombres y 12 yeguas para la exploración de las costas de Venezuela (1500). Nicuesa llevaba para la suya unos 700 con seis caballos.

Será hueste corta la que queda por debajo de la hueste de Ojeda; será larga la que se aproxime a los primeros efectivos de Nicuesa. El cronista Bernal teme más el exceso que el defecto. Frecuentemente se consideró al excesivo número culpable de los fracasos de las grandes expediciones reclutadas en la Península Ibérica. Por el contrario, Núñez de Balboa —un polizón escondido en un tonel— se carga de prestigio porque sabe conducir los restos de las expediciones de Ojeda y de Nicuesa. Los 190 españoles y 810 indios, así reunidos y conducidos a Tierra Firme, constituían un núcleo de fuerzas capaz de desplazarse con suficientes garantías de seguridad.

Hueste larga fue la expedición de Pedrarias. Andagoya habla de cerca de 2.000 hombres embarcados en 22 naos y carabelas. Pero Francisco Becerra dirige sólo 180 hombres hacia el Pacífico y perece en el empeño. La expedición punitiva que conduce el propio Pedrarias para

---

[10] A. Jara, *Sociedad y Guerra en Chile. La transformación de la guerra de Arauco y la esclavitud de los indios*, p. 131, Editorial Universitaria. Santiago de Chile, 1971.

[11] F. Morales Padrón, *América Hispana. Hasta la creación de las nuevas naciones*, Editorial Gredos. Madrid, 1986.

vengarle, de 250 hombres, con 12 a caballo (en tres carabelas y un bergantín), sólo sirve para fundar Acla. La tropa del licenciado Gaspar de Espinosa, de 200 hombres más 10 jinetes, también fracasa. Sólo se hará famosa por la cuantía del botín arrancado a los indígenas. La narración de sus crueldades será utilizada por Bartolomé de las Casas para componer su imagen de apasionado apóstol de los indios. Nada más llegar a su primer destino, junto a Balboa, habían muerto de hambre o de modorra 500 hombres de Pedrarias. Una parte sustancial de los supervivientes obtendrá licencia para trasladarse a las islas llamadas *útiles* del Caribe, desesperados por la escasa eficacia de las masas de soldados.

El espectacular fracaso de la hueste larga de Pedrarias dejó en ideal para el cumplimiento de una buena misión la relación de 190 españoles y 810 indios que Balboa reunió en Santa María de la Antigua, el 1 de septiembre de 1513, para atravesar el istmo. Los 67 héroes demacrados que descubrieron la Mar del Sur se convirtieron en el símbolo de la victoria. Sólo uno de cada tres aspirantes a conquistar se convertía en verdadero conquistador a partir de la reunión de una hueste ideal. La fuerza que había necesitado Pedro Margarit —360 soldados y 14 jinetes— para someter a los indios de La Española en el segundo viaje de Colón, se consideraba excesiva. Por ello —se decía— Margarit no pudo estabilizar su autoridad como capitán general independiente del descubridor.

EL ASPECTO MILITAR DE LA HUESTE

Con el tiempo, la *hueste ideal* se dotaría de capellanes y de oficiales reales para cubrir, al menos, tres funciones: tesorero, contador y factor. La fuerza se concebía como una suma de soldados y de marineros que se apoyaba en indios cargueros. Nunca faltaban lenguas (o intérpretes) ni adalides (o guías), elegidos entre los naturales. Además, la hueste arrastraba recuas de cerdos y acémilas cargadas con armas. También se incluían alimentos, pan casabe, harina de maíz ya tratada y una buena provisión de chucherías.

El aspecto militar de la hueste venía dado por las armas a brazo, los caballos, los perros y los arcabuces y falconetes. Para los «tiros» apenas había lugar. En Otumba, Cortés manejó sólo siete escopeteros. En Cajamarca, Pizarro, sólo dispuso de dos culebrinas y otros tantos arcabuces. La impresión de fuerza venía dada por la belicosidad de los gestos con que se exhibían las ballestas, las espadas, los puñales, las dagas y los lanzapicas. También contribuía al espanto de los indios la solidez de las cotas, las corazas, los morriones, las celadas, los cascos, los petos, los corseletes y las rodelas.

Hueste corta —demasiado corta según los cronistas— fue la que movilizó Sebastián de Belalcázar para la fundación de Cuzco: medio centenar de hombres que no tenían licencia de Pizarro para abandonar la fortaleza de San Miguel. Pero aquella hueste llevaba consigo un buen cuerpo de indios.

Hueste larga —demasiado larga— fue la conducida por el licenciado Jiménez de Quesada hacia la tierra de los chibchas, con más de 500 hombres, río Magdalena arriba. Y también fue larga la hueste de Nuño de Guzmán, un oscuro encomendero dominicano que fue nombrado Gobernador de Pánuco y presidente de la Audiencia de Méjico para mortificar a Cortés. Nuño de Guzmán alcanzó Jalisco, con la ayuda de 12.000 indios, sin que fuera capaz de obtener un éxito fundacional análogo al de los otros conquistadores.

La apreciación subjetiva de Cortés sobre la calidad social de las huestes indianas era muy negativa. Así lo hace constar en carta al Emperador de 15 de octubre de 1524: «...es notorio que la más de la gente española que acá pasa, son de baja manera, fuertes y viciosas de diversos vicios y pecados» [12]. La apreciación, también subjetiva, de Bernal cae del lado contrario. Nos dice que muchos de sus compañeros eran hidalgos y hasta caballeros.

Todos los cronistas son conscientes de la importancia del refuerzo indio. Para las huestes del tipo de la que llevó Francisco de Montejo, Gobernador y adelantado de Cozumel y Yucatán, desde Sanjanejos, hoy Bonanza (término de Sanlúcar de Barrameda), el 20 de junio de 1527, el alarde arrojó la cifra de 260 personas. Una propuesta del obispo de Guatemala al emperador Carlos demandaba el «envío de quince o veinte mil indios, buena gente, con sus armas, de Nueva España, para ayudar a la pacificación de los indios del Perú, ya que los españoles no valen nada sin amigos naturales porque luego se cansan y no pueden llevar la comida a cuestas y otros mil servicios que se requieren».

---

[12] H. Cortés, *Carta de relación*, de 15 de octubre de 1524; véase ed. de Historia 16 preparada por Mario Hernández Sánchez-Barba.

Se distingue entre la *guerra pública*, en la que no se pagan las prestaciones a la gente de los pueblos y las *expediciones privadas*, que se hacen a costa de un capitán que va a lucrarse. El capitán de la hueste indiana prefiere llevar indios dominados en combate (porque deben pagar con sus tributos, rescates y trabajos el coste de la aventura) a los indios pacíficos (que no están obligados a pagar nada). De ahí que los indios, a poco que se resistieran a la hueste, se vieran transformados en los pagadores finales de su propia sujeción. La victoria militar sobre los indios se convirtió en el documento más fácil de cobrar como ventaja o privilegio al término de la empresa. La Corona consideraba lícita la guerra si, requeridos los indios, se negaban a reconocer la autoridad de la Iglesia y la soberanía española. La hueste se acostumbró a que el medio usual para cobrar ventajas fuera una guerra justificada de ese modo. Le convenía al capitán que el indio fuera declarado desobediente y que el grupo de los vencedores no fuera demasiado numeroso.

> ...si guerra nos daban y por defendernos alguna muerte hubiere u otros cualquier daños, fuesen a su culpa e cargo y no a la nuestra; ellos comenzaron muy valientemente a flechar; todos nosotros, ansí capitanes como soldados fuimos sobre ellos nombrando al señor Santiago.

Silvio A. Zavala se ha esforzado por entender el proceso de legitimación de la guerra que practican los mílites indianos [13].

> Por poco humana que fuera la página y por criticable la facilidad en declarar y el rigor al practicar la guerra indiana, es indudable que se ha atribuido mayor responsabilidad a los ejecutores, de lo que les corresponde cuando su acción se conecta con la teoría de la guerra bajo la cual actuaron y con la dureza de la institución que ellos ponían en práctica pero no habían creado.

La victoria militar llevaba al asiento de la hueste en la tierra conquistada, tras hablar con los caciques. Juan de Matienzo y Vargas-Machuca han descrito de este modo la ceremonia:

---

[13] S. A. Zavala, *Las instituciones jurídicas en la conquista de América*, op. cit.

El caudillo mandaba levantar primero la horca y cuchillo, proclamaba haber fundado el pueblo a nombre del rey y prometía mantener a todos los individuos en paz y justicia; retaba con armas a quien se opusiera; tomaba la posesión con señales ostensibles; calificaba el rango del pueblo: si tenía cabecera o pueblo sujeto a determinada audiencia o gobierno. Plantaba una cruz en el sitio de la iglesia, oyéndose la primera misa... Se pregonaba un bando para que los soldados que desearan avecindarse pasaran al Cabildo a firmar el auto de vecindad.

El indio guerrero, producido el asentamiento de la hueste en vecindades, quedaba separado de las armas nuevas y del caballo. «El asiento de la hueste no significaba el alivio absoluto de los indios conquistados, sino el paso a formas de dominación económica y social estables». Los encomenderos prolongaron el uso de los indios como cargueros, que éstos ya practicaban al carecer de bestias de carga, y seleccionaron sus intérpretes (lenguas) y sus guías (adalides). En definitiva, abandonaron la utilización de indios para la guerra que tanto había servido a Cortés, Pizarro y Valdivia para la obtención de sus mejores triunfos.

EL ENROLAMIENTO DE LA HUESTE

Morales Padrón, en unos párrafos magníficos, nos ha sintetizado la forma de constitución de una hueste en España que recuerda las escenas del teatro del siglo XVI [14].

Atraídos por el prestigio del capitán, por la bulla armada en el alistamiento y por la fama de las tierras a conquistar, se presentaban los soldados. En general, la hueste se formaba con amigos voluntarios. También embarcaron casi siempre algunos extranjeros. La ligazón entre el caudillo y los soldados, igual que entre aquel y el rey, era la del pleito homenaje. La fórmula de tal pleitesía se verificaba metiendo el soldado sus manos entre las del capitán, que se las apretaba con las suyas. El guerrero permanecía ya unido a su jefe prometiendo se-

---

[14] F. Morales Padrón, *Historia del descubrimiento y conquista de América*, 4.ª ed., p. 289, Editora Nacional. Madrid, 1981.

guirle y morir en su compañía de ser necesario. ¡Cómo nos llega saltando por encima de los siglos la Devotio Ibérica!

La nota más expresiva de esta hueste será la cortedad de sus efectivos:

> La jerarquía dentro de esta tropa heterogénea la determinaba la Corona en cuanto al jefe supremo, quien, a su vez, designaba a sus subordinados. Bajo el Capitán General estaba el Maestre de campo, especie de jefe de Estado Mayor, reemplazado cuando faltaba por el Sargento Mayor. Seguían los Capitanes, Alféreces y Cabos de escuadra. Lo reducido de la tropa exoneraba de la totalidad de estos cargos. Los ejércitos eran pequeños, pequeñísimos. Cualquier industria moderna, muy modesta, tiene más operarios que los que Cortés o Pizarro emplearon para derribar los más poderosos imperios americanos.

Silvio A. Zavala dedica el capítulo IX de las *Instituciones jurídicas en la conquista de América* al concepto mismo de la hueste como empleo de servicios de los vasallos en la forma medieval casi pura. Lo identifica con los «grupos de origen señorial o concejil que, sin perder su localismo actuaban en las conquistas interiores y exteriores de España».

> A final del siglo xv y durante el xvi, se percibe la evolución hacia los ejércitos de Estado; en las guerras de Italia y en las de Flandes se emplearon ya tercios especiales profesionales con intervención de pagadores del rey y mayor sentido de la representación nacional; pero a pesar de esta evolución, las Conquistas de América no se llevaron a cabo por la milicia estatal, sino por huestes pagadas y dirigidas por los caudillos particulares, con notorio parecido a las mesnadas del medievo.

Bernardo Vargas-Machuca, autor de un tratado sobre *Milicia y descripción de las Indias Occidentales* (1599), nos dará idéntico testimonio [15].

> ...en la milicia de Indias el príncipe no hace el gasto, porque el capitán o caudillo que a su cargo toma la ocasión de él, se hace la gente, la sustenta y paga y avía de todo lo necesario y no intervienen pagadores reales como en la milicia de Italia.

---

[15] B. Vargas-Machuca, *Milicia y descripción de las Indias Occidentales*, op. cit.

Juan de Solórzano y Pereira, en *Política indiana*, un buen jurista cercano al regalismo [16] elogiaba a «tantos capitanes, soldados y hombres beneméritos y de valor que en aquellas conquistas, pacificaciones y poblaciones hayan servido, gastando en ellas vidas y haciendas, sin paga alguna, y a imitación de los antiguos romanos que en esta forma militaron mucho tiempo por su república».

La Corona protegía la labor, en sus reinos de Castilla y León, de los adelantados o cabos que capitulaban ante el Consejo de Indias:

> Y mandamos a los corregidores de las ciudades, villas y lugares, que no les pongan impedimento ni lleven ningún interés. Y porque conviene escusar todo desorden, y que esta milicia vaya al efecto que es enviada con toda puntualidad, es nuestra voluntad que todos estén a las órdenes del adelantado o cabo principal y no se aparten de su obediencia, ni vayan a otra jornada sin su licencia.

La Corona no invertía dinero más que ocasionalmente. Ponía el peso de su autoridad en la sanción, con pena de muerte a quienes se apartasen de la obediencia al adelantado. Y para evitar las tentaciones de deserción aconsejaba al caudillo que se rodee de «los amigos que tiene a propósito de su intento», que «descubra el fondo de sus pechos», que «ellos ganen a su vez a sus amigos» y sólo así «se arbole bandera, estando casi hecha la gente de secreto».

La *Recopilación de las Leyes de Indias* apenas habla de huestes. El léxico legal transita desde el vocablo *gente* al de *milicia*. Su reclutamiento era un enganche o enrolamiento militar: se tocaba caja y se aplicaba la pena de muerte a quien, habiendo ingresado en la jornada, abandonaba al adelantado. El concepto que lo explique todo será el de «jornada». La temporalidad del servicio excluía todo compromiso posterior de la Corona con los enrolados.

> a cualquier persona que quisieren ir en su compañía, a las tierras nuevamente descubiertas, a las conquistar y poblar —decía Cortés en Cuba— les darían sus partes de oro y plata y riquezas que hubiera y encomiendas de Indias después de pacificadas»

---

[16] J. de Solórzano y Pereira, *Política indiana*, 5 vols., CIAP. Madrid, 1930.

El enganche era voluntario. El soldado sabía que no cobraba sueldo. «Acudía con sus armas, ropas, matalotaje y caballo si podía». La hueste exigía que se nombrara teniente general, maese de campo, capitanes y sargento mayor, alférez general y alguacil mayor de campo, al menos mientras durara la jornada.

> El número de capitanes debía ser tal —escribe Vargas-Machuca— que les correspondiera cincuenta soldados, número bastante en esta milicia, como en la de Italia era el de doscientos. Que el caudillo no llevara gente nueva en la guerra ni enfermos, ni inquieta, ni tampoco mujeres por las riñas e impedimentos que ocasionaban»

Cortés, magnífico organizador de huestes, se servía de la ocasión de alarde para distribuir medios y misiones. Bernal, que se identifica con la preocupación orgánica de que don Hernando hacía gala, repite hasta la saciedad la composición de las huestes a partir del alarde de Cozumel:

> Halló por su cuenta que éramos quinientos y ocho, sin maestres y pilotos e marineros que servían ciento y nueve, y diez y seis caballos e yeguas, las yeguas todas eran de juego y de carrera, e once navíos grandes y pequeños... y eran treinta y dos ballesteros y trece escopeteros, que así se llamaban en aquel tiempo, e tiros de bronce e cuatro falconetes, e mucha pólvora e pelotas.

LA ORGÁNICA DE LAS EXPEDICIONES

Antonio de Herrera y Tordesillas, en su *Historia general de Indias* [17] nos ofrece la plantilla de la gran expedición de Cortés a la que venimos llamando hueste larga:

> ...nombró por capitán de la Artillería a Francisco de Orozco, que había sido soldado en Italia y era hombre de valor; hizo piloto mayor a Antón de Alaminos; repartió la gente en once compañías, encargólas a los capitanes Alonso Hernández de Portocarrero, Alonso Dávila,

---

[17] A. de Herrera y Tordesillas, *Historia General de Indias, op. cit.*

Diego de Ordás, Francisco de Montejo, Francisco de Morla, Francisco de Saucedo, Juan de Escalante, Juan Velázquez de León, Cristóbal de Olid y Pedro de Alvarado, y otra tomó para sí; y cada capitán se embarcó en un navío, para serlo de mar y tierra.

El concepto cortesiano de *expedición* desborda al de *hueste*, así como la *larga jornada* para la conquista desborda a la *entrada breve* para el rescate. Lo que destaca a Hernán Cortés como organizador de huestes es su cuidado por la verticalidad de la acción de mando. En sus *Ordenanzas Militares* (Tlaxcala, 22 de diciembre de 1520) manda que «ningún español se aposentara en lugar distinto del señalado por el capitán y ningún capitán fuera de la villa que le señalare el maestre de campo [18].

Cada capitán cortesiano mandaba varias cuadrillas de 20 hombres, y al frente de cada una iba un cuadrillero o cabo de escuadra, en quien —dice Silvio A. Zavala— se podía confiar.

> ...éstos tenían cuidado de los centinelas, los nombraba y los vigilaban, si alguno faltaba y era fijodalgo, pagaba cincuenta castellanos de pena, y si no lo era recibía cien azotes públicamente. Cada capitán llevaba tambor y bandera y al tocar aquél, todos los soldados habían de salir con sus armas, a formar a presto de guerra.

La orgánica de la hueste no era una improvisación ni tenía sentido sólo para la convivencia. Era un esquema concebido para actuar en marchas por itinerarios peligrosos o para desplegar eficazmente cara al combate: «...cuando marchaba la hueste cada capitán llevaba por el camino toda su gente junta y separada de las otras capitanías; todos marchaban bajo su bandera según uso de guerra».

Los datos de Silvio A. Zavala son irrefutables en orden a entender el modo cómo las huestes se convirtieron en verdaderas unidades de combate en las manos de Pedrarias, Cortés, Pizarro o Valdivia.

> En el momento de romper contra el enemigo ningún español debía refugiarse entre el fardaje, porque era cobardía, ni tampoco arremeter

---

[18] H. Cortés, *Ordenanzas Militares*, Tlaxcala, 22 de diciembre de 1520. Reproducidas por Gárate Córdoba en *Actas I Congreso Internacional de Salamanca*, 1985.

alocadamente fuera de ordenanza; el capitán que se precipitaba a romper contra el enemigo sin mandato del jefe, era castigado con pena de muerte; los saqueos y pillajes se prohibieron antes de vencer al enemigo porque eran peligrosos.

El libro de Vargas-Machuca es todo un compendio de las instrucciones de interés militar dadas por Cortés. Habla de las armas que a finales del XVI se usan más regularmente (pica, alabarda y espada), para distinguirlas de las que usaron al principio (ballesta, cotas, corazas y rodelas). Las compara con las lanzas, mecanas, flechas, dardos y cerbatones que manejan los indios, en cada zona en particular. Recomienda medicamentos eficaces.

Pero, en definitiva, lo más importante será la pericia del capitán.

> Decía Cortés —lo resume Silvio A. Zavala— que el caudillo debe hacer lista de sus soldados y saber las armas que tenían, proveyéndolas de las que les faltaran; si la expedición era en tierra llana, debía llevar caballos, pero que para la montaña prefiriera arcabuceros. Que todos los expedicionarios llevaran rodelas y espadas o cuchillos. Daba detalles técnicos sobre las municiones. Que si la hueste iba a poblar, llevara herramientas, hachas, machetes, etc.

Con todo, la *gente de mar* iba en distintas condiciones que la de tierra:

> Los marinos no eran soldados contratados por la esperanza del botín y de poblar, sino hombres con su oficio a sueldo, que contribuían a la conducción de los soldados, lo mismo el piloto y maestre de la nao que los simples marineros.

El elemento religioso no faltó nunca, tanto para la asistencia del soldado o del marinero como para la conversión de indios. Dos clérigos —dice la provisión de Granada de 1526— debe llevar cada capitán. Cortés llegó a gestos espectaculares de aceptación de la mayor dignidad del sacerdote o del fraile. Pero —dice Vargas-Machuca— «que en las Indias, por lo general, los capitanes los trataban sin respeto, como si fueran otros soldados, cuando en verdad son medianeros entre Dios y el hombre y restauradores de las almas».

Los oficiales reales —en realidad, autoridades fiscales— cumplían de veedores, contadores, tesoreros y factores para cuidar la parte del Rey en el quinto de los rescates y en el botín. Estaban fuera de la autoridad del capitán de la hueste y a veces abusaban de ello. Daban su parecer incluso en cuestiones de gran trascendencia política (el tormento y ejecución de Guatemuz, por ejemplo).

La fracción india de la hueste creció desmesuradamente. Los indios empezaron siendo aliados, porque fueron conscientes de sus ventajas frente a los indios capturados en guerra. Pronto se convirtieron en mano de obra para la carga de fardos. En todo momento, se les utilizó también como fuerza de combate. Francisco López de Gómara testifica que en la primera hueste de Cortés había 200 isleños de Cuba para carga y servicio, ciertos negros y algunas indias [19].

EL SERVICIO MILITAR DE LOS ENCOMENDEROS

La organización económica de la hueste llevaba necesariamente a la encomienda. El principio de inhibición económica del Estado —ningún descubrimiento, nueva navegación ni población se logra a costa de nuestra hacienda— estaba claro para los descubridores y los conquistadores, que obraron en consecuencia.

Alonso de Ojeda, el más activo de los primeros descubridores, «careciendo de recursos propios, se asoció a otras personas que se los facilitaron, a cambio de una parte de las utilidades de la armada». Diego de Nicuesa «se avió por sí, pues tenía dinero y haciendas». Para Bernal Díaz, la expedición capitaneada por Francisco Hernández de Córdoba, que descubrió el Yucatán, fue un acuerdo de «nos juntar ciento y diez compañeros de los que habíamos venido de Tierra Firme y de los que en la isla de Cuba no teníamos indios».

Sabemos que «la segunda expedición de Nueva España, capitaneada por Juan de Grijalba, fue también a su costa...» «los soldados —lo anota Bernal— pusimos cada uno de la hacienda que teníamos para matalotaje y armas y cosas que convenían». «Venimos algunos de no-

---

[19] F. López de Gómara, *La conquista de Méjico*, ed. de J. L. de Rojas, Historia 16, «Gente que Cortés llevó a las Hibueras», p. 361. Madrid, 1987.

sotros por capitanes por servir a vuestras reales altezas —dice el cabildo de Veracruz— aventurando nuestras personas; más aún, casi todos los bastimentos de la dicha armada pusieron y pusimos de nuestras casas, en lo cual gastamos asaz parte de la hacienda».

Bernal, en los largos capítulos que dedica a la formación de todas y cada una de las huestes, sostiene por primero y esencial el criterio popular de asociación. No desconoce las aportaciones de Diego Veláz-quez o de Hernán Cortés, pero las da por satisfechas: «los gastos que él hizo en la dicha armada se le ahorraron con ciertas botas y toneles de vino y con ciertas cajas de camisas de presilla y con cierto rescate de cuenta».

Gómara narra, con datos facilitados por Cortés, la organización de la gente que éste llevó a las Hibueras. Se trata de una preciosa síntesis de lo que era una hueste ideal [20]:

> Teniendo, pues, guía y lengua, pasó revista y halló ciento cincuenta caballos y otros tantos españoles a pié muy en orden de guerra para servicio de los cuales iban tres mil indios y mujeres. Llevó una piara de cerdos, animales para mucho camino y trabajo y que se multipli-caban en gran manera. Metió en tres carabelas cuatro piezas de arti-llería que sacó de México... Envió los navíos a que fuesen a costa hasta el río de Tabasco, y él tomó el camino por tierra, con pensa-miento de no desviarse mucho del mar... Se le ahogó un negro, y se perdieron hasta cuatro arrobas de herraje, que hicieron mucha falta. Creo que aquí se casó Juan Jaramillo con Marina, estando borracho. Culparon a Cortés que lo consintió teniendo hijos con ella...

Al crear encomiendas,

> los jefes de la conquista —escribe Mario Góngora [21]— no se sienten extraños al Estado; ellos mismos son portadores de la jurisdicción re-gia, forman parte de los Estados del Rey. Conciben al Estado como una masa de tierras, tributos y honores, que son del señorío real, pero cuyo disfrute y posesión deben pertenecer a los que los han adquiri-do para el Rey.

---

[20] F. López de Gómara, *La conquista de Méjico*, op. cit.
[21] M. Góngora, *El Estado en el Derecho Indiano. Época de la Fundación (1492-1570).* Santiago de Chile, 1951.

Será ésta la perspectiva sobre la que operará Hernán Cortés para perfeccionar el sistema de encomiendas. El conquistador español se siente adelantado, en el sentido que recoge García-Gallo [22]: «oficio que se va haciendo militar, porque se ejerce en la zona de frontera». «Sus funciones, preferentemente civiles durante la paz, alcanzaban en tiempo de guerra desde el reclutamiento de los contingentes... hasta la conducción al combate de la hueste reclutada» —escribe Jorge Vigón [23].

Entre 1492 y 1574, la Corona concedió el título de adelantado a no menos de 28 capitanes [24]. Aparece éste como un título destinado a ser ejercido en territorios no conquistados todavía o cuya pacificación no ha concluido. La función queda fuera del régimen administrativo indiano, donde es preciso darle a alguien la jefatura militar de la hueste, la dirección política del territorio y la justicia superior, en una sola institución.

Hernán Cortés, el 20 de marzo de 1524, percibe con lucidez suma que, concluida cada expedición, hay que optar por asentar o disolver la hueste, es decir, transformar al soldado en poblador o devolverlo a la zona donde fue reclutado. Entonces dicta unas *Ordenanzas para el gobierno civil y militar de Nueva España*, donde prescribe la obligación de todos los encomenderos para la prestación de cierto tipo de servicio militar [25].

A juicio de García Gallo [26], Cortés, al obrar así, funde y amalgama elementos de la reciente encomienda antillana (insular) con elementos de la veterana encomienda monástico-militar (la de las Órdenes Militares). El servicio militar de las encomiendas deviene en un tributo conmutable por servicios personales. Silvio A. Zavala, catedrático de la UNAM, en su reciente aportación al Primer Congreso Internacional sobre Hernán Cortés [27], ha señalado el talento organizador del caudillo

---

[22] A. García Gallo, *Los orígenes de la administración territorial de Indias*, pp. 91-92, Nuevo Derecho Español. Madrid, 1972.

[23] J. Vigón Suerodíaz, *El Ejército de los Reyes Católicos*, pp. 151, Editora Nacional. Madrid, 1968.

[24] D. Zarraquín Becu, «El Adelantado Indiano; título honorífico», en *Revista de Historia del Derecho*. Buenos Aires, 1957.

[25] D. Gutiérrez Santos, *Historia militar de Méjico* (1325-1810), tomo I, pp. 226-234. Méjico, 1961.

[26] A. García Gallo, «El servicio militar en Indias», en *Anuario de Historia del Derecho Español*, XXVIII. Madrid, 1956.

[27] S. A. Zavala, «Hernán Cortés ante la encomienda», *Actas del I Congreso Internacional sobre Hernán Cortés*, pp. 425-455, Universidad de Salamanca, 1986.

extremeño al proponerse la modificación de la encomienda tal como
él había censurado y padecido en las islas de las Antillas, y nos lo explica lúcidamente:

> Realizada la conquista de México, se enfrenta Cortés a la delicada
> cuestión de conceder premios a los conquistadores y pobladores, se-
> gún sus méritos y servicios... Una parte de la recompensa consistía en
> la distribución del botín de oro, esclavos y otros bienes muebles. Pero
> había asimismo el deseo de los capitanes y soldados de recibir pue-
> blos en encomienda que venían a ser premio más duradero.

Cortés desea que la encomienda continental por él dibujada, como
correctora de los daños de la encomienda isleña, tenga continuidad. El
encomendero tenía que prometer residir por lo menos ocho años; debía tener casa poblada en los sitios de su vecindad, bajo pena de perder los indios; y quedaba obligado a tratar bien a los indios, de modo
que les librara definitivamente de caer en cautiverio, y a convertirles
en cristianos. Finalmente, Cortés hace saber a la Corona que el sistema
también es bueno para la seguridad de los nuevos reinos.

La iniciativa de Hernán Cortés no fue bien comprendida en la
Corte de España; pero sí por los dominicos y franciscanos de Nueva
España. En su contestación al Emperador, el 15 de octubre de 1524, le
dice francamente que no había cumplido su prohibición del depósito
de indios y que la mantenía en secreto.

> Si los españoles despojados de sus encomiendas se marchaban, el rey
> perdería las providencias sin ser suficientes para conservar las tropas a
> sueldo, porque para sostener lo ganado, sin pensar en acrecentar más,
> era menester a lo menos, mil caballos y cuatro mil peones... Además,
> suprimidos los encomenderos, era menester con cada fraile que fuera
> a predicar a un pueblo, ir una guarnición, y ésta, con tres días que
> estuviese en el pueblo, le dejaría asolado.

En el «Parecer razonado de don Hernando Cortés, Marqués del
Valle, sobre los repartimentos perpetuos de la Nueva España», a juicio
de Mariano Cuevas un texto del año 1541, todavía se muestra parti-
dario de que sus encomenderos no paguen al Rey, como pagaban los

del Perú, y de que se repartieran muchos pueblos que estaban en corregimiento [28].

No le parecía mal —concluye Zavala— que se vendiera a los encomenderos la jurisdicción de los pueblos, porque ve en ello la seguridad de sus hombres y la garantía de la conservación del espacio anexionado a la corona de España.

LA ESENCIA SEÑORIAL DE LA ENCOMIENDA CORTESIANA

Era la de Cortés una concepción algo anacrónica y, como tal, estaba condenada a desaparecer del horizonte europeo por causa de su esencia señorial. Por entonces, ya era claro el ascenso del poder de la Corona sobre unas Indias administradas decididamente por virreyes, audiencias, corregidores y alcaldes. Silvio A. Zavala lo concede en frase lapidaria: «Las encomiendas sustituyen al ejército permanente... que la monarquía ni podía ni quería costear [29]». Durarían sólo hasta que la Corona creara para América guarniciones servidas con tropas reales.

Mientras tanto, el sistema ordenancista de Cortés fue extendiéndose hasta lograr que cada uno de los vecinos y moradores de las ciudades tuvieran en sus casas las armas, según su calidad «...en especial los que tienen indios encomendados» —como se decía al virrey de Nueva España en carta de la reina, de 13 de noviembre de 1535—. Un año más tarde, las *Ordenanzas* de Pizarro, aprobadas por real provisión de 20 de noviembre de 1536, llevan el sistema al Perú. Otras, de 28 de octubre de 1541, al Cuzco. Valdivia, en Chile (1546), y Juan de Villegas, en Barquisimeto (Venezuela), el 14 de septiembre de 1552, exigen que dispongan de armas todas las personas que tienen o tuvieron indios de encomiendas. El sistema, en 1565, se aplica tanto en Nueva Granada como en Cartagena de Indias.

De hecho, se llamó a las encomiendas a las armas, para jornadas de pacificación, para sofocar tumultos y sediciones, para enfrentarse a

---

[28] M. Cuevas, *Cartas y otros documentos de Hernán Cortés*, documentos XXXVI, pp. 223-236. Sevilla, 1915.
[29] S. A. Zavala, *Las instituciones jurídicas en la conquista de América*, p. 183. Méjico, 1971.

los corsarios y piratas y, también, para expediciones de nueva conquista, teniendo siempre en cuenta que la participación en nuevas conquistas nunca perdió el carácter de voluntaria. Se dio, en todo momento, una diferencia de responsabilidades entre el vecino y el encomendero. El encomendero, como demuestra Solórzano, estuvo «más ligado y apresto, tanto si la guerra es ofensiva como defensiva [30]». En definitiva, los encomenderos se sabían obligados «a ir a su costa y expensas a la defensa de otras cercanas o no muy distantes y remotas, siempre que para ello fueran llamados por el Rey y sus lugartenientes».

«El encomendero participa en la guerra con una especie de séquito de diez o más personas, a las que suele armar, vestir y alimentar» —escribe Santiago-Gerardo Suárez [31]. Pero añade:

> A lo largo del ciclo vital de la institución, el Estado español sostiene una activa acción antifeudal que, a pesar de sus claros-oscuros, mantiene a raya las aspiraciones de los encomenderos de convertirse en una casta guerrera, militar... (la Corona), afincada en la idea de que las encomiendas son una renta de Su Majestad, aplica una serie de correctivos de índole fiscal tendentes a asegurar la prestación del servicio y que apuntan, en definitiva, hacia la constitución de unas fuerzas armadas de implante estatal.

LA DISPONIBILIDAD DE LOS VECINOS PARA LA DEFENSA

Para comprender el retraso de la presencia de los Reales Ejércitos en América durante todo el siglo XVI no basta el recurso a la temporal suficiencia como sistemas defensivos de las estructuras de la hueste indiana, de la encomienda o de las milicias de vecinos frente a las amenazas realmente presentadas en ultramar durante ese siglo. Hay que tener presente la envergadura total del problema militar de la monarquía hispánica de los Habsburgo. Felipe II llegó a tener en Europa más de 100.000 hombres armados a su servicio, de los que una fracción no

---

[30] J. Solórzano y Pereira, *op. cit.*, libro III, cap. XXV, núm. 24. Madrid-Buenos Aires, 1930.
[31] S.-G. Suárez, *Las Milicias. Instituciones militares hispanoamericanas*, p. 55. Caracas, 1969.

demasiado elevada eran españoles —el 10 por 100 de los 80.000 soldados de Flandes, el 60 por 100 de los 12.000 de Italia, además de los que servían dentro de la Península en las guarniciones y en las flotas—. No podía, pues, enviar soldados a las Indias.

La media del reinado, según cifras del Consejo de Guerra, se estableció sobre una recluta anual de 9.000 hombres, que ya no pudo lograrse desde 1580 a base de voluntarios. Thompson [32] recoge la decidida voluntad de conservación de lo heredado por Felipe II frente al hábito anterior del Emperador por adquirir nuevos reinos. El consiguiente plan de economías y reformas se tradujo en reducciones drásticas del gasto de fortificaciones y en el licenciamiento de más de la mitad de los efectivos de las guardas de Castilla.

Esta situación obligó a pensar a la Corona en la eficacia que en su día —guerra de Granada— se había logrado con las aportaciones militares de los municipios y de la propia nobleza. Cuando los municipios fueron convocados en la Península para empresas militares hubo dos respuestas muy diferentes: la de las ciudades señoriales, muy remisas; y la de las ciudades reales, que sólo se negaban cuando decrecía la atmósfera de emergencia. Por ejemplo, en 1580, para la conquista de Portugal, los municipios de la frontera aceptaron participar en operaciones de limpieza en la retaguardia del ejército principal. Y aún más tarde, en 1614, ya bajo Felipe III, mandaron los municipios de Andalucía tropas al norte de África para la guarnición de fortalezas, sin resistirse apenas.

Jurídicamente no estaba clara la obligación municipal, ni en la Península ni en América, de nutrir expediciones. Pero nadie ponía en duda que «el vecino, como súbdito de la monarquía, un civil, con un quehacer y una profesión [33]» tenía entre sus obligaciones cívicas la de empuñar las armas en momentos de peligro para la ciudad, unas veces cooperando con fuerzas militares y otras actuando solo. Lo que priva en el municipio es la necesidad de autodefensa como forma rudimentaria de proteger sus familias y sus bienes. ¿Podría hacerse lo mismo en las Indias?

[32] J. A. A. Thompson, *Guerra y decadencia. Gobierno y Administración en la España de los Austrias (1560-1620)*, Crítica. Barcelona, 1981.

[33] F. Domínguez Company, «Obligaciones militares de los vecinos hispano-americanos», en *Revista de Historia de América*, núm. 72, enero-junio, 1975.

Durante la mayor parte del siglo xvi, ni la Corona prepara grandes envíos de soldados a América ni los españoles de las ciudades americanas quieren que se haga tal cosa, ya que están satisfechos de sus métodos de autodefensa. Nadie propuso que en América hubiera milicias concejiles, es decir, dependientes de los concejos y sustentadas por los municipios. Y habrá de ser el Virrey quien tome las iniciativas para la defensa de la ciudad y se responsabilice de ella cuando la magnitud de un peligro así lo requiera, apelando a los vecinos.

La recluta de «gente gratuita, suelta, con la constancia que da la fila, sin el aplomo que da el ejercicio» —es así como define Almirante, en el *Diccionario militar,* a las milicias que se alistan para salir a campaña en defensa de la ciudad, cuando lo pide la necesidad y no en otra ocasión—, no fue realizada en América durante todo el siglo xvi. El hecho de que la *Ordenanza de milicias provinciales de Felipe II* (1562) tendiera a compensar en la Península la falta generalizada de voluntarios acaudalados; la renuncia a alistarse de los hombres casados; y el, ya evidente, temor del hidalgo a arriesgar sus privilegios fiscales, no se tradujeron en una prisa por introducir en América criterios de delegación para la defensa en un sistema de milicias. Las milicias nacieron allí por generación espontánea una vez concluido el siglo xvi, y no a impulsos de la Corona. Se creía que el servicio en la milicia, de ser transplantado a América, apartaría a los hombres de la tierra y dejaría los campos sin labrar, sería una fuente continua de litigios y conflictos por cuestiones de privilegios y exenciones judiciales, minaría la autoridad de las justicias y fomentaría el bandidaje en los caminos reales y en el campo[34].

No es fácil estudiar el duro tránsito entre el servicio militar de los encomenderos y la organización de las milicias americanas. «En el siglo xvi americano —escribe Mario Góngora—, la vecindad se condensa en los encomenderos[35]. Pero la Corona no acepta el planteamiento y llama, desde 1554 (real cédula de 21 de abril), *vecino* al que tuviese casa poblada, aunque no sea *encomendero* de indios». La Corona, que no puede enviar soldados ni quiere institucionalizar la milicia americana, se limita, pues, a extender a muchos vecinos la obligación de servicio militar que tenían los pocos encomenderos que iban quedando.

---

[34] J. A. A. Thompson, *op. cit.,* pp. 157-255.
[35] M. Góngora, *op. cit.,* p. 174.

Hubo, en consecuencia, una legislación profusa y convergente de la Corona en las décadas centrales del siglo XVI, según la cual todo lo previsto para los encomenderos en materia de defensa se transfiere a los vecinos y moradores.

Las necesidades de defensa frente a corsarios y piratas serán descritas inmediatamente como un problema de la Corona frente a los Estados extranjeros. En el siglo XVI, no se evidencia intención alguna de los Reyes por establecer en los reinos ultramarinos una organización miliciana similar a la de los reinos castellanos. Su Majestad no quiere que en América haya milicia formada, pero sí vecinos disponibles para el Virrey en las ocasiones de peligro. De hecho,

> durante los primeros años del siglo XVII, en muchas partes existía en el vecindario una evidente predisposición a formar milicias y en otras tal predisposición se materializaba en compañías que las actividades guberno-militares tienden a ver como expresión de los empeños defensivos de los civiles [36].

Santiago-Gerardo Suárez —tomando como base el excelente trabajo de Álvaro Jara [37]— destaca la intensidad del movimiento miliciano en Chile, donde se llegó en muy poco tiempo al empleo circunstancial o episódico de indios auxiliares en el Ejército. Alude también a las misiones jesuitas del Paraguay en su faceta —nunca primordial— de «instrumento militar y político concebido para rechazar y defender las fronteras, pacificar a los nativos y abrir camino a la ocupación europea [38]». Pero todos estos hechos se refieren al siglo XVII.

> La encomienda, al comenzar el siglo XVII, no tiene ya la importancia que tuvo en fechas anteriores, ni el grupo de encomenderos el poder y riqueza que habían disfrutado: sólo les queda su propio concepto del honor y su orgullo de descender de los conquistadores... aunque el orgullo y el honor —comenta Lucio Mijares, Profesor titular de Historia de América de la Universidad de Valladolid— no eran perti-

---

[36] S.-G. Suárez, *Las Milicias,* pp. 82-83.
[37] Á. Jara, *Guerra y sociedad en Chile.*
[38] C. Eguía Ruiz, «El espíritu militar de los jesuitas en los territorios del antiguo Paraguay español», en *Revista de Indias,* V. Madrid, abril-junio, p. 288.

nencia exclusiva de los encomenderos, sino de todo español que llegaba a Indias [39].

LAS MILICIAS AMERICANAS

Suele fecharse en 1583 la primera decisión importante a favor del sistema de milicias con ocasión del alerta dado al Consejo de Indias por el Gobernador de la isla de San Juan de Puerto Rico sobre la presencia abundante de corsarios en el arco antillano [40]. Nacería así —informa Demetrio Ramos— la Junta de Puerto Rico, institución que tendría a su cargo durante varias décadas todos los problemas defensivos del Caribe y golfo de Méjico.

A finales del siglo XVI, los dos problemas económicos más graves —el costo de las fortificaciones costeras y la dotación de las tropas reales— todavía no podían ser atendidos por la Corona. Demetrio Ramos, con la mirada puesta en la terrible guerra de Arauco, insiste en que todavía la ciudad americana «tenía una función militar, dado que era la base para realizar y mantener en paz a las poblaciones indígenas. Este régimen evitaba la existencia de grupos armados regulares mantenidos por la Corona».

El sistema anterior no era sostenible más que en línea con la teoría pragmática de la tolerancia de las encomiendas que había defendido Hernán Cortés. Tras su condena, se fracasa en 1601, cuando el gobernador Alonso de Rivera pretende unificar contingentes armados de distintas ciudades; en 1602, cuando los vecinos de Santiago de Chile y La Serena, negándose a sus obligaciones militares, cargan sobre la Real Hacienda el coste de la represión del alzamiento araucano; y cuando en 1603, por fin, la Corona crea para Chile un Ejército de carácter permanente. Este Ejército, el más parecido a los de Flandes que nunca hubiera en las Américas hispanas, será el patrón de las reformas del siglo XVII.

La eficacia del servicio militar de los encomenderos se circunscribe a la etapa en que ya habían desaparecido los *gobernadores-conquista-*

---

[39] L. Mijares, «América en el siglo XVII. Los problemas generales. La Sociedad». *Historia de España y América*, tomo IX, Rialp, 1985.

[40] D. Ramos Pérez, «*El esfuerzo defensivo. Las guarniciones y las fortificaciones*», *Historia de España y América*, tomo IX, pp. 73-85, Rialp.

dores (como Diego Velázquez o Pedrarias), los principales actores del arranque de la conquista. Las tierras descubiertas se habían ido llenando de hombres que ya no eran propiamente conquistadores, sino *funcionarios* que habían sustituido a los supervivientes de la gesta cortesiana o pizarrista. Salvador Rodríguez Becerra, en *Encomienda y conquista. Los inicios de la colonización en Guatemala,* nos da una fecha crítica, 1530, que en realidad sirve para todo el mundo circuncaribeño, incluida Nueva España, pero que es prematura para el Incario y para las dilataciones de la conquista en América del Sur [41].

> Numerosos pueblos —escribe— comenzarán a pagar tributo a los encomenderos que antes creara Pedro y ahora Jorge de Alvarado, y al regreso del primero como gobernador y capitán general en 1530, el área se puede considerar conquistada... Una vez en Guatemala dispone la organización de una flota para ir al Perú, para lo que ha pedido autorización real... En esta expedición participarán numerosos conquistadores de todas las gobernaciones limítrofes y un crecido número de indios auxiliares. Todos los gastos corren a cargo del adelantado, que no admite favor por parte de los oficiales reales de Guatemala.

El fracaso de esta expedición bien puede servirnos para precisar la fecha del cambio. Los indios auxiliares de las huestes pasan a ser, en su mayor parte, indios fijados en las encomiendas para fines distintos al de la lucha armada. En la residencia —juicio de responsabilidades— que se le toma a Pedro de Alvarado en 1535, se dice que éste llegó a recibir anualmente cantidades superiores a los 30.000 pesos, procedentes los dos tercios de las encomiendas y el tercio restante de las minas y de las operaciones mercantiles. El indio rinde más, a juicio del encomendero, como mano de obra que como tropa auxiliar.

> El conquistador que recibe una encomienda se convierte en un vecino de un pueblo de españoles y en un señor de indios... Los conquistadores al pedir al cabildo recién constituido su inclusión en las actas capitulares como vecinos, alcanzaban el derecho a un solar en la ciudad que otorgaban los alcaldes y regidores.

[41] S. Rodríguez-Becerra, *Encomienda y conquista. Los inicios de la colonización en Guatemala,* Publicaciones del Seminario de Antropología Americana, Universidad de Sevilla, 1977.

La razón más importante que los españoles dan para situar una nueva ciudad o un nuevo pueblo en un determinado lugar es la proximidad al establecimiento donde los indios están o viven agrupados. Este cambio sustancial en el servicio que se espera y exige de los indios vendrá acompañado de huidas de éstos a los montes. «Los indios huyen porque el tributo es excesivo, porque no desean trabajar en las minas, porque se sienten perseguidos por delitos que no han cometido y por otras muchas razones. Y a las huidas en masa seguirán expediciones de búsqueda o de castigo». El *Repartimiento general de Santiago*, de 18 de diciembre de 1535, culmina el proceso de cambio en Guatemala. La encomienda era el sostén económico de la población española: «El poder disponer de indios en propiedad equiparaba a cualquiera de los conquistadores con los señores de vasallos de los reinos de Castilla».

Ahora bien, el servicio militar de los encomenderos dificultaba la recomposición de huestes para nuevas conquistas o para la reducción de conflictos de vecindad y el sometimiento de rebeliones indígenas. La encomienda, como donación real, era de hecho un señorío restringido, en su esencia, medieval. El encomendero tenía derecho a los tributos, pero no el poder para administrar justicia; tampoco disfrutaba la encomienda con carácter de perpetuidad, sino que se estableció por dos vidas. Carece, por tanto, de interés por acudir a las armas en beneficio del bien común en la medida en que temen ser desposeídos. Los conquistadores —la cita está fechada el 20 de marzo de 1551, en Guatemala— se quejan del desposeimiento de las encomiendas que por la aplicación de las *Leyes Nuevas* pone en acción el gobernador Cerato de modo dramático.

> No podemos saber qué es la causa de que todo se nos convierta al revés, que por tanta lealtad nos nombren por traidores y tiranos y en lugar de mercedes se nos quite lo que de derecho divino y humano se nos debe por haberlo adquirido con tanto trabajo y peligro y sacado del poder de Satanás mediante el favor de Dios y vuestro.

Por entonces, la negativa indígena a colaborar como soldados en las operaciones militares se había generalizado. La simple resistencia —una resistencia pasiva— a ofrecer medios materiales al capitán de la hueste también se hizo habitual entre los indios de rescate. La única solución para contar con ellos era convertirles de hecho en lo que hoy llamaríamos esclavos de guerra.

> El esclavo es un trabajador más rentable que ningún otro... antes que se descubrieran las minas, los esclavos fueron empleados en las guerras, construcción de navíos, granjerías, e incluso vendidos a otras regiones que no estaban tan sobradas de ellos.

Los estudios más recientes acusan a Pedrarias de una orientación esclavista que intentó corregir Montejo. Éste «debió comprender que el origen de la inseguridad era el maltrato a que fue sometida dicha población». Es porque el servicio militar de los encomenderos estuvo relacionado con la desaparición de los campamentos militares y la difícil captura de nuevos esclavos de guerra. Se acudió a los indios de encomienda, que eran hombres libres y vasallos de Su Majestad, en principio sólo para «granjerías» y no para el servicio militar. Las «granjerías» suponían prestaciones domésticas y, a veces, agrícolas y ganaderas, pero nunca en las minas. Era el desenlace lógico de la encomienda, que se resume en el derecho a servirse de los indios en las necesidades del encomendero para mantener el *status* de caballero o de hidalgo.

La necesidad más clara de indios estaba en el transporte. El indio de la encomienda fue porteador ya desde las primeras campañas. Los indios que se dedicaban a esta ocupación obtenían en ella ingresos para comer y pagar el tributo al encomendero. De ahí que la Corona terminara otorgando el derecho a poseer encomienda a los nuevos pobladores, quitándoles la exclusiva a los conquistadores, porque la actividad económica exigía porteadores. Los funcionarios reales y los eclesiásticos también fueron encomenderos a título personal o por su cargo. El Cabildo también acudió a la Corona para que le fijara pueblo de indios como propio de la ciudad.

Este contexto terminó como una gigantesca sustitución del ideal de la conquista. A la hueste indiana sucedió el servicio militar de los encomenderos. Pero —he aquí lo decisivo— lo que la Corona busca a través de la burocracia indiana es que el encomendero acuda a la llamada de las armas. Todo antes que tolerar el sistema de milicias o que asumir el peso de unas guarniciones militares.

EPÍLOGO: HEROÍSMO Y PICARESCA
(El retorno de los conquistadores)

> Fue, sin embargo, la época de Felipe II, culmina-
> ción de todo un proceso de consolidación de las
> estructuras del Estado y la sociedad, la que marcó
> la definitiva toma de conciencia por parte de Cas-
> tilla de su peculiar fisonomía como nación en la
> cual la guerra, elegida como oficio o vivida como
> momento transitorio, aunque importante de la
> existencia, constituía una etapa obligada para una
> gran parte de la población masculina. Más que el
> botín, indigno de gentilhombres y cristianos, es la
> posibilidad de hacer carrera y a través de ella pro-
> mocionarse socialmente lo que suscita en las gen-
> tes de Castilla ese anhelo militar colectivo que
> permitía cubrir las bajas causadas incesantemente
> en los tercios por las balas luteranas y musulmanas
> o los viajes a Ultramar. (R. Puddu, *El Soldado Gen-
> tilhombre. Autorretrato de una sociedad guerrera*: *la
> España del siglo* XVI, Barcelona, 1984).

La generación indiana de la conquista vivió pendiente de España y de la Corona a través de la ciudad de Sevilla. Son las pulsaciones de esta ciudad las que, agigantadas por el Atlántico, se oyen en todos los focos de expansión ultramarina. Desde Sevilla se transmite a las Indias la voluntad de la Corona.

Ahora bien, en Sevilla va a tener lugar un juego dialéctico de interpretaciones sobre el quehacer de los conquistadores de indudable trascendencia, cuyos polos fueron el heroísmo y la picaresca. La socie-dad sevillana —o mejor aún, cada uno de los sectores de esa sociedad— va a definir al conquistador unas veces como héroe y otras como pícaro. En la memoria de dos géneros literarios —los *libros de caballería* y las *crónicas de Indias*—, los conquistadores serán sometidos a un juicio de valor tan implacable como cualquier juicio de residencia, para terminar alumbrando —una vez producido y generalizado el cansancio de la ideología militar castellana— otro género literario, la *novela picaresca*, que en principio no se desvela como hostil a la empresa americana, pero la cuestiona.

La curva en la estimación del conquistador será decreciente. Va desde su aceptación como héroe a una presentación analógica como antihéroe, es decir, como pícaro. Primero, se acepta al capitán de la conquista como encarnación del héroe del Renacimiento por antonomasia: el emperador Carlos. En segundo lugar, se inventa la figura del antepícaro: Lazarillo de Tormes. En tercer lugar, se dibuja un héroe bueno, humilde y sabio que apenas tiene que ver con las Indias: Don Quijote de la Mancha. La ética cervantina contrasta con lo fundamental del pícaro (Guzmán de Alfarache). En cuarto lugar, se percibe tanto al soldado convertido en pícaro (Alonso de Contreras) como al escudero ya en brazos de la vulgaridad (Marcos de Obregón). Finalmente, se da por sentado que sobre la tierra no quedan más que antihéroes (El buscón).

Sevilla y la honra del conquistador

Comenzaré recordando que el historiador francés Pierre Chaunu atribuye el salto de la población de Sevilla, de 45.000 habitantes en 1530 a más de 100.000 en 1594, a la emigración por mar desde el Cantábrico [1].

> El Ferrol, La Coruña y Vigo son las bases de las armadas protectoras de la carrera de Indias contra las incursiones procedentes del Norte... Se halla solidariamente arraigada la idea de una relación estrecha entre la costa cantábrica y la potencia militar marítima de España, de la que depende a su vez la seguridad y la prosperidad del Atlántico español e hispanoamericano... los navíos del Norte constituyen hasta 1570-1580 la casi totalidad del armamento de la Carrera, el 80% aproximadamente. Hay un retroceso a partir de 1580, después de una ruptura a partir de 1606-1610.

[1] P. Chaunu, *Sevilla y el Atlántico* (1504-1650), 8 vols., París, 1955-1960; *Sevilla y América. Siglos XVI y XVII.* Breve síntesis editada por la Universidad de Sevilla.

La población de Lisboa, que en 1530 era el doble de la de Sevilla, en 1600 le iguala solamente. En esos 70 años, el comercio atlántico no despobló Lisboa, pero sí el Cantábrico hispano, que se vació sobre el valle del Guadalquivir.

> Tierra de colonización reciente, Andalucía continúa absorbiendo la sustancia de la España del Norte, nutriéndose de ella, creciendo. Esa es Andalucía. Ninguna de las tierras de la vieja Europa marcará su impronta en el Nuevo Mundo de una forma tan decisiva.

La generación de la conquista no será, pues, andaluza, sino española, con una creciente participación cantábrica. A los capitanes de las huestes indianas simplemente les ocurre que han de pasar por Andalucía y que las noticias de Indias llegarán a Sevilla con antelación a su retorno. Tal es la impresión que embarga a los conquistadores, tras la contemplación del cabo de San Vicente, en el viaje de regreso. Su obra, buena o mala, afortunada o triste, será juzgada en primera instancia por el estilo arrogante de su afluencia a Sevilla.

> Encontrar en el horizonte el cabo de San Vicente, cuando se vuelve de las Indias es tener la certeza de que al final de una navegación a tientas de mil kilómetros, desde las Azores a la costa, de seis mil kilómetros, con más razón, cuando falta la escala de las Azores, se ha calculado exactamente, de que se han estimado correctamente la ruta, las corrientes y los vientos.

El cabo de San Vicente era puesto de observación, nido de espías y centro de difusión de falsas noticias y de noticias verdaderas. La ciudad de Sevilla, «la poderosa capital del Sur, a los ojos del conquistador, crece en importancia, más terrestre a ciertos efectos que marítima, más agrícola que comercial». El conquistador que regresa sabe lo que se está jugando al desembarcar. Percibe el signo de la estimación que merecerá su preciosa carga en la población flotante de Sevilla: «...gentes de mar, gentes de guerra atraídas por la emigración clandestina, pícaros, seminómadas, que acuden a la llamada de las flotas sobre todo en épocas de epidemias, candidatos más o menos afortunados a las riquezas de las Indias».

Impresionar a los sevillanos será la primera tarea del conquistador que vuelve a casa. Ciertamente que alborota la exhibición del quinto real que espectacularmente se hace llegar a la Corona. También la figura del capitán y la cohorte de sirvientes indígenas llama la atención. Lo que definitivamente queda grabado en la gente es lo verídico o falaz del relato de la aventura cumplida. Lo que se produce inexorablemente es una valoración de la persona del capitán. Sevilla, en general, optará por fiarse del capitán de la hueste o por dejarle solo y retirado.

La clave definitiva del éxito de cada conquistador radica en lo inmediato de su desplazamiento hacia el lugar donde se encuentre el emperador Carlos o el rey Felipe. Sólo la entrevista con el titular de la Corona confirma la primera impresión producida por su llegada a Sevilla. El éxito social se consolida si meses después del regio recibimiento se produce la salida de una brillante flota a cargo del conquistador enaltecido con nuevos títulos.

La suerte de las expediciones indianas reclutadas en España no fue nunca mejor que la de las huestes constituidas en las Indias, aunque su boato exterior fuera siempre superior. Pero esta evidencia histórica no desmiente el fenómeno sevillano de aceptación del juego, tanto por parte del conquistador nato como de los funcionarios reales. La expedición peninsular lleva consigo autorizaciones más sólidas, expectativas más luminosas y repartos más substanciosos... También produce mayores desencantos, y los desencantos de la conquista en ningún lugar tendrán tanto eco como en el puerto de Sevilla.

Honor —ha escrito el antropólogo sajón Julian Pitt-Rivers— es el valor de una persona a sus propios ojos, pero también a ojos de su sociedad. Es su estimación de su propio valor o dignidad, su pretensión al orgullo, pero es también el reconocimiento de esa pretensión, su excelencia reconocida por la sociedad, su derecho al orgullo [2].

El *conquistador* —mejor dicho, el mílite indiano que no alcanza a ser capitán de una hueste— fundará su derecho al orgullo en una elemental distinción que en Sevilla tomará carta de naturaleza: el *mílite*

---

[2] J. Pitt-Rivers, «Honor y categoría social» (incluido en la obra colectiva presentada por J. G. Peristiany bajo el título *El concepto del honor en la sociedad mediterránea*, Nueva Colección Labor. Barcelona, 1968.

indiano, o es un «héroe» o tendrá que soportar ser tratado como un «pícaro». La sociedad de aquel tiempo no admite el término medio. Y explica el citado antropólogo social:

> El sentimiento del honor inspira una conducta que es honorable, la conducta recibe reconocimiento y establece reputación y la reputación es finalmente santificada por la concesión de honores. Honor-sentido pasa a ser honor-pretendido y honor-pretendido pasa a ser honor-reconocido.

El sentimiento del honor por lo realizado en las Indias se satisface sólo si el Rey accede a reconocerlo. El Rey —piensa el pueblo— no puede hacer nada injusto, puesto que es el Rey, y, por tanto, el árbitro de lo justo. El respeto sentido hacia el Monarca posee algo del poder sacramental, de la reverencia sentida hacia Dios, que no se transfiere a ninguno de sus funcionarios.

El problema puede irrumpir por la sospecha de que el Rey haya sido informado por mentirosos. Mentir es negar una verdad a quien tiene derecho a conocerla. No se debe mentir al Rey, pero engañar a otros con gracia para no ser delatado podría ser honorable caso de que encubra una finalidad noble. Tal es la estratagema del astuto frente al timorato. Lo único que no puede soportarse sin afrenta es ser llamado mentiroso en público.

Pitt-Rivers ha estudiado el curioso fenómeno de la honorabilidad hispana precisamente en la Andalucía contemporánea, donde los ataques a la reputación de una persona suelen hacerse más de modo implícito que por afirmaciones directas. Observa que los andaluces son indulgentes hacia la conducta jactanciosa. Honor y vergüenza son los constitutivos de su idea de virtud. El andaluz sólo se avergüenza cuando se ve forzado a reconocer que ha aceptado una humillación. No es humillante obedecer a la persona que tiene títulos para dar órdenes. Procede una conducta honorable con la persona con la que se tienen lazos afectuosos, no con las entidades abstractas. El emperador Carlos y el rey Felipe irradian honores hacia todos aquellos con quienes se comunican.

En Andalucía coexisten, ya desde los días de la conquista, un *honor popular* aliado con la vergüenza, que es virtud; y un *honor aristocrático*, ajeno a la vida pura, que se convierte en precedencia social. «Con frecuencia —opina Caro Baroja—, los que usan más de las palabras honor y vergüenza y otras ligadas con ellas en tratos y conversaciones corrientes, no son los que se rigen más por los principios que aquellas palabras expresan».

LOS LIBROS DE CABALLERÍA

Los mílites indianos que se convierten en cronistas de Indias no buscan otra cosa que el reconocimiento de sus méritos. No presumen de conductas ejemplares. No es la santidad de sus vidas ni la sabiduría de sus obras lo que desean reflejar en sus escritos, sino la magnitud de unas hazañas. Hablan más del honor en cuanto precedencia social que de la honestidad. Usan el vocablo honra en el sentido de «loor que gana el hombre por razón del lugar que tiene». La honra consiste en tener fama por «hazer hecho conoscido», como decían las Partidas. La infamia es ausencia de fama.

El *mílite indiano* cree valer más que otros, y no precisamente por la encarnación de ideales cristianos, sino por la maduración de su virilidad. Valer más, tener honra y reclamar venganza si hay infamia son tres actos inevitables y sucesivos para los conquistadores. El punto de apoyo es la fortaleza viril. Lope de Aguirre justifica, ante un fraile que defendía la soberanía de Felipe II, su rebelión con estas palabras:

> ...porque, después de creer en Dios, el que no es más que otro no vale nada... y por valer más con la lanza en la mano y por cumplir con la deuda que debe todo hombre de bien... es por lo que existo.

El *conquistador* no trata de valer más ante los ojos de Dios, sino de erguirse ante la mirada de los hombres. Su doctrina del valer más está en dependencia directa con la vigencia de una monarquía absoluta de tendencias teocráticas que acabará expresándose en la excelencia otorgada a los grandes de España.

> En suma vinieron a enfrentarse dos formas de valer más: la fundada en el esfuerzo bélico al servicio de la monarquía o en el linaje noble, guerrero victorioso, y la fundada en el dinero que afluía en cantida-

des mayores cada vez a Sevilla, Madrid, Lisboa con espanto de algunos moralistas chapados a la antigua.

El *mílite indiano* conjuga en su persona las dos formas de valer —la hazaña y el dinero— a través de la probanza de méritos. De ahí su confianza en los cronistas de Indias que podrán dar fe de su hazaña meritoria en línea con el estilo de los libros fantásticos de caballería, de gran arraigo popular.

> Esta moral del valer más por violencia individual —escribe Caro Baroja— es, o viene a ser siempre, la moral del soldado que, en tanto duran el riesgo y la aventura es aceptable y aún deseable. Pero que resulta insostenible en la vida civil.

El alza de las formas civiles de existencia es el disolvente de la fama del *mílite indiano*. Se reflejará en los años finales del siglo XVI con la irrupción de la novela picaresca, y no sólo en Indias, sino en el entorno de las revueltas de Sicilia historiadas por Juan Alfonso de Lancina.

> Ni puedo dejar en este lugar de hacer memoria de las grandes proezas que han ejecutado los españoles en todos los siglos, aunque ahora parece que se hayan amortiguado, que más que falta de valor y denuedo, es porque no tienen héroes que les dirijan.

Los cronistas de Indias habían dispuesto de héroes para sus relatos. Los novelistas inmediatamente posteriores reiteran la tesis negativa de Lancina. Añoran la imagen positiva del héroe ofrecida para el Renacimiento por Rosa Lida de Malkiel en *La Idea de la fama en la Edad Media castellana* [3].

> En los Libros de Caballería redactados en la Península, no descuella tanto el positivo amor a la gloria, inherente al mundo caballeresco y su reflejo literario, cuanto la persistencia de la actitud ascética que ya

---

[3] M.ª R. Lida de Malkiel, *La idea de la Fama en la Edad Media castellana*, Fondo Cultura Económica. México, 1952, y Madrid, 1983.

rechaza el valor de la fama terrenal, ya lo admite destacando su inferioridad con respecto a la recompensa de ultratumba.

El *mílite indiano* no se centra en el ascetismo ni proclama su confianza en el premio celestial. Para él, la justicia que se le debe por sus hazañas es una cuestión urgente. Su honor refleja cualquier otra por sí mismo más fuerte que cualquier otra por los demás. Tiene prisa por escalar el nivel superior antes de que sea demasiado tarde.

Las tres etapas —el caballero, el conquistador, el pícaro— que el gusto popular sitúa en tres géneros literarios —el libro de caballería, la crónica de Indias y la novela picaresca— están atravesadas por una novedad sociológica que José Antonio Maravall llamará «élite»[4]. El caballero medieval lucha por no perder una condición noble, el conquistador renacentista se esfuerza por ganarla y el pícaro barroco se defiende de la acusación de no ser digno de lograr la honra alegando que él no aspira a figurar en la elite del poder.

> Los castillos roqueros no cobijan élites. Los castillos palacios cortesanos de la etapa del régimen señorial las suscitan ya muy inicialmente. Van a ser la modernas ciudades administrativas del Estado absoluto y muy particularmente esas ciudades capitales de las Nuevas Monarquías, el espacio socio-político en que las élites se definirán y tomarán largo vuelo.

LOS CRONISTAS DE INDIAS

Sevilla fue una de las ciudades capitales de la monarquía hispánica de la casa de Habsburgo. En la literatura que circula por su calles se hace patente que al período de crisis de las armas de acción personal inmediata —es la imagen ofrecida por el héroe de los libros de caballería, como *Amadís de Gaula*— acompaña el resquebrajamiento de la conexión entre nobleza y función militar. Esta será la coyuntura de donde brotará el héroe de las crónicas de Indias. Ya no hay, en Europa, ejércitos privados. «Sólo el rey recluta a las tropas o exige una par-

---

[4] J. A. Maravall, *Poder, honor y élites en el siglo XVII*, Siglo XXI. Madrid, 1979.

ticipación de los nobles, prelados y ciudades fijada por él mismo» —afirma René Quatrefages en *Tradición militar en la España del siglo XVII* [5]—.

> El nuevo estilo de hacer la guerra planteaba a la administración unas exigencias a las que podía hacer frente sólo empleando nuevos métodos, nuevas pautas y nuevos oficiales... esto entrañaba una creciente medida de centralización y, por ende, de control real... Para finales de siglo —escribe Michael Roberts en *La revolución militar (1560-1660)* [6]—, la mayoría de los monarcas ejercían un control efectivo de sus ejércitos.

Respecto a España, Raffaele Puddu atribuye el cambio al cansancio de la ideología militar castellana en su obra *El Soldado Gentilhombre. Autorretrato de una sociedad guerrera: la España del siglo XVI* [7]. En definitiva, la administración de las guerras de Italia y Flandes fue abandonada por la elite aristocrática tal como venía haciéndolo junto al emperador Carlos o al Rey Prudente. En la hueste indiana se había anticipado en cerca de un siglo este abandono aristocrático del ejercicio de las armas.

«Con los desastres que cayeron sobre España a partir de los últimos años de Felipe II, la viabilidad de la administración directa y el compromiso popular con el engrandecimiento de la monarquía se derrumbaron juntos» —escribe J. A. A. Thompson en *Gobierno y Administración en la España de los Austrias* [8].

A su regreso, el mílite indiano encuentra en Sevilla (como en Madrid, Barcelona o Valladolid) una situación contraria a la que legitimó sus primeras salidas. Sorprendentemente, Henri Méchoulan, en *El honor de Dios: indios, judíos y moriscos en el Siglo de Oro* presenta un cargo de grave responsabilidad. Acusa tanto al conquistador como al pueblo

---

[5] R. Quatrefages, *Tradición militar en la España del siglo* XVII y *Los Tercios Españoles (1567-1577)*, Fundación Universitaria Española. Madrid, 1977.

[6] M. Roberts, *La revolución militar (1560-1660)*. Belfast, 1956.

[7] R. Puddu, *El Soldado Gentilhombre. Autorretrato de una sociedad guerrera: la España del siglo* XVI. Barcelona, 1984.

[8] J. A. A. Thompson, *Guerra y Decadencia. Gobierno y Administración en la España de los Austrias (1560-1620)*, Crítica. Barcelona, 1976.

español del «carácter irracional que tiene el poder político cuando trata de resolver el problema de la unidad [9]».

> España, convencida de su elección divina, es un excepcional teatro que nos permite ver cómo los demás, que son hombres de carne y hueso, quedan transformados en infrahombres.

La exageración de Méchoulan, injusta desde su raíz, es un ataque frontal a la calidad ética de los conquistadores. El valer más del *mílite indiano* queda devaluado. Aquellos seres entre los que sobresale —los indios— estaban siendo considerados por él como menos que hombres. La hazaña de las *Crónicas* se transforma en cobardía o abuso, el heroísmo en picardía, el sufrimiento de la conquista en ansias insatisfechas de placer o de poder. En definitiva, Méchoulan, como la leyenda negra, deshumaniza al mílite indiano, lo diaboliza en suma, haciendo con su figura y de su memoria una figura harto diferente a la que Sevilla venía forjando a través de la novela picaresca —una defensa del *soldado honrado de infantería* como alternativa lícita a la estirpe históricamente clausurada del *conquistador*—. Méchoulan, no obstante, también critica la hábil solución de los andaluces a favor del hombre de pueblo.

> Concebido a partir del caballeresco, el código del soldado honrado de infantería disipaba los rasgos más conspicuamente plebeyos del oficio de las armas y despojaba a la militarización popular de gran parte de sus contenidos subversivos.

El *mílite indiano*, más aún que el capitán de las huestes, percibe en Sevilla que el cambio hispánico a favor del soldado honrado de infantería le margina de la admiración popular. Calderón de la Barca nos dará la fórmula mágica: «Aquí la más principal hazaña es obedecer/y el modo como ha de ser es ni pedir ni rehusar». El conquistador será juzgado con la medida de la obediencia. El espíritu fino del italiano Puddu, sin incurrir en el tono de alma herida propio de Méchoulan, salvará al mílite indiano de la condena feroz implícita en la tesis del escritor francés:

---

[9] H. Méchoulan, *El honor de Dios: indios, judíos y moriscos en el Siglo de Oro.* Barcelona, 1981.

Más que el salario, escaso y poco puntual, o el botín, indigno de gentilhombres y cristianos, es la posibilidad de hacer carrera y a través de ella promocionarse socialmente, lo que suscita en las gentes de Castilla ese anhelo militar colectivo que permitía cubrir las bajas causadas incesantemente en los Tercios por las balas luteranas y musulmanas o los viajes a Ultramar.

Incluso en las Indias, a pesar de las intenciones disuasorias de la novela picaresca, ganará el prestigio del *soldado honrado de infantería*. Éste relevará al del *mílite indiano* y dejará obsoleto el servicio militar de los encomenderos. El soldado cubrirá «la necesidad de contar con alguna fuerza militar que respaldará la autoridad del Rey en las Indias», como escribe Demetrio Ramos. El soldado hará cumplir lo ordenado en la Corte, evitará los alzamientos en rebeldía y defenderá la integridad del territorio cuando en España ya se había agotado la inicial admiración social a la figura del conquistador enaltecida en las crónicas de Indias. Éste es su mérito.

El umbral del cambio pudo estar en la represión de la conspiración de Hernández Girón, también llamada conspiración de los encomenderos. Un Virrey, el Marqués de Cañete, crea en 1568 la compañía de lanzas y arcabuces —100 lanzas y 50 arcabuceros— y cierra el ciclo de los conquistadores, tanto de hecho como de derecho. Los soldados de Indias...

> ...prestarían juramento de fidelidad en forma y manera que entiendan que es plaza y oficio con obligación de servir y no sólo gratificación y recompensa... Para mayor honra, las personas designadas serán de calidad y servicios... el nombre que habría de dárseles sería bien el de Gentilhombres o Continos y a los arcabuceros, el de guarda a caballo.

CARLOS DE GANTE, HÉROE DEL RENACIMIENTO

El «heroísmo» y la «picaresca» son nociones que tienen sentido como temas del hombre, aun al margen del tiempo de la conquista y del espacio sevillano. Son la cara y la cruz del mismo tema: la conducta humana abordada de dos modos o estilos; uno, positivo, el de quien no encuentra en el riesgo de una empresa motivo suficiente para evitarla, porque es valiente —*estilo heroico*—; y otro, negativo, el de quien opta por el camino contrario, el que conduce al objeto deseado sin riesgo personal alguno, por mañas o trampas —*estilo apicarado*—. De ahí que Américo Castro haya definido al pícaro como el antihéroe por excelencia.

Nuestro propósito, aquí y ahora, consiste en subsumir aquel tema —el heroísmo y la picaresca— en dicho tiempo —el de la conquista— y en dicho espacio —la ciudad de Sevilla—. Para lograrlo, será bueno el recurso a un artificio literario. Imaginemos la existencia de un sevillano lector, nacido tras las jornadas de la muerte del emperador Carlos en 1558, en el monasterio jerónimo de Yuste, que llegara con vida hasta 1640, el año en que todas las desgracias se acumularon sobre la España de Felipe IV.

Nuestro personaje —imaginario (1560-1640)—, algo más joven que Cervantes, Mateo Alemán o Vicente Espinel, buenos conocedores de la ciudad del Guadalquivir, es un lector insaciable en la misma medida en que se le ha negado la posibilidad misma de recorrer el mundo que tan generosamente se le ofreció a estos tres grandes escritores. Sabe sólo lo que se sabe en Sevilla y conoce lo que le aportan los libros de su predilección. Su testimonio, para nosotros, será la suma de otros testimonios. Naturalmente, prefiere a los autores que le hablan de Sevilla y de las Indias, unas veces desde la perspectiva del héroe y otras desde la del pícaro.

Había nacido este curioso personaje, recién inventado por nosotros, en el recuerdo de las hazañas del Emperador. Tuvo como primera lectura importante el *Lazarillo de Tormes*, novela editada en 1544, poco antes de su venida al mundo. En su madurez, alcanzada durante los años del reinado de Felipe III (1598-1621), verá pasar ante sus ojos, por este orden, las dos partes del *Guzmán de Alfarache* (1559-1604), que escribió el sevillano Mateo Alemán y que publicó cuando contaba entre 52 y 57 años; la *Pícara Justina* (1605), el más inquietante de los libros de su biblioteca; las dos partes del *Quijote* (1605 y 1615), escritas por Cervantes entre sus 57 y 68 años de edad; la autobiografía del *Capitán Alonso de Contreras*; y la *Vida del escudero Marcos de Obregón*, una obra de 1618 del rondeño Vicente Martínez Espinel, siempre atento a la presencia española en el Nuevo Mundo. En los últimos años de su larga vida llegará a conocer el *Buscón* de Quevedo, que vio la luz en 1626, cuando el inquieto caballero de Santiago contaba 46 años y, quizás, le leyeran finalmente el *Héroe* de Baltasar Gracián (1639). Desgraciadamente, no alcanzó a conocer los éxitos de *El Diablo Cojuelo* (1641) y del *Estebanillo González* (1646), y es seguro que no simpatizaría con tales protagonistas.

Nosotros, aquí y ahora, nos vamos a entregar a las mismas impresiones que pudo, en vida, asimilar nuestro personaje sevillano de ficción, involuntariamente retenido en la ciudad que le vio nacer por las razones que fueren.

Evocaremos primero la imagen del héroe renacentista, presente en Sevilla desde que la ciudad recibió en triunfo al emperador Carlos en 1526, con motivo de sus bodas con Isabel de Portugal. Pasaremos luego a la huella dejada en los jóvenes españoles por la figura del Lazarillo al hilo de las noticias de la victoria de Felipe II en Lepanto y de la reunión, diez años más tarde, de las Coronas de Portugal y España. Nos detendremos, sobre todo, en el punto de arranque de la crisis de la Monarquía hispánica de los Habsburgo, que Pierre Vilar sitúa en el reinado de Felipe III y Vicens Vives coloca bajo el signo del vivo deseo de paz en todas las Cortes europeas. Concluiremos nuestra vivencia histórica en brazos de la España del Conde-Duque de Olivares.

El pícaro Guzmán de Alfarache, el hidalgo don Quijote, el capitán Alonso de Contreras, el escudero Marcós de Obregón y el buscón llamado don Pablos serán nuestros testigos predilectos en orden a saber lo que era Sevilla y a revivir la declinante vigencia en ella del ideal indiano.

Sabemos que los románticos del XIX convirtieron al emperador Carlos en el «modelo ideal del héroe español, imperialista, belicista, católico y antiprotestante»; y que los historiadores del XX, Marcel Bataillon, Ramón de Carande, Sánchez-Albornoz y José Antonio Maravall, por ejemplo, han acertado a devolverle a su contexto natural, que es el que se recoge en la obra de Fernando Checa Cremades en *Carlos V y la imagen del héroe en el Renacimiento*... «un soberano fuerte, poderoso, distanciado de sus súbditos y victorioso [10]».

La figura del «príncipe» en el siglo XVI se había distanciado y se diferenciaría cada vez más de la del simple ciudadano.

---

[10] F. Checa Cremades, *Carlos V y la imagen del héroe del Renacimiento*, Taurus. Madrid, 1976.

El Príncipe del Renacimiento no sólo ha de ser sabio, sino que su sabiduría ha de adornarse con una serie de virtudes determinadas; y éstas van a ser precisamente las del código moral caballeresco: honor, fortuna, nobleza, liberalidad... concretadas en la práctica de la Guerra Justa en defensa de sus vasallos y de la Iglesia, que puede sublimarse estéticamente en un ejercicio tan caballeresco como es el del torneo.

Esta concepción de lo heroico es la que se revela a los sevillanos en las construcciones arquitectónicas de su contorno debidas a la voluntad del Emperador: la catedral de Granada, el palacio imperial junto a la Alhambra, el alcázar de Sevilla, etc., todas ellas en la órbita de una exaltación de Carlos V que alcanza también a las renovaciones de los alcázares de Toledo y Madrid.

Carlos V —en las retinas de los súbditos de su hijo Felipe II, que además disponen de los retratos del Tiziano y de las esculturas de León Leoni— aparece vestido a la clásica, en atuendo militar... con el bastón de mando en una mano y la espada en la otra, símbolos militares.

El modelo heroico que se ofrece a los españoles dejará muy pronto de ser el cristiano de Carlomagno y empezará a ser el romano de Marco Aurelio. El palacio imperial de Granada —al igual que los alcázares de Toledo, Sevilla y Madrid— es concebido como la morada de un héroe guerrero que se distancia de la ciudad. Hoy sabemos que sólo los alcázares de Madrid y Sevilla llegaron a estar en condiciones de ser vividos por el héroe. Estaban situados, de hecho, cuando muere el Emperador, en las dos capitales de su Imperio: Madrid para el Norte, la capital preferida de la Emperatriz Isabel; y Sevilla para las Indias, más grata en principio para la salud de Carlos V.

La idea de un retiro campestre se impuso al cansado Emperador, que moriría en «un palacio alejado del tráfico ciudadano», como el de los jerónimos extremeños de Yuste. Pero los habitantes de Sevilla siguieron alimentando como heroicas aquellas figuras de aspecto civilizador y ordenador de las actividades bélicas. Las figuras de Neptuno para las empresas oceánicas y de Hércules para las continentales, acompañan en todos los palacios posibles a las esculturas de don Carlos, en las que se acentúan la serenidad y el ensimismamiento reflexivo.

Estamos —escribe Checa Cremades al contemplar la estatua de León Leoni *Carlos V y el Furor*— ante una exaltación de la magnanimidad y bondad imperial como productora de paz, pues la actividad de Carlos V ha hecho que el Templo de la Guerra se cierre dejando dentro el Furor».

La estatua reitera la noticia recogida en un documento del Archivo de Simancas —un pasquín preparado para ser colocado en Roma en 1543— donde aparece el templo de Jano con la puerta medio abierta y el Furor dentro, atado con muchas cadenas. El Emperador es un ser virtuoso —es decir, un hombre adornado de las virtudes tradicionales del cristianismo— que se contrapone a la idea maquiavélica del príncipe. Es un héroe que guía a su pueblo, un buen pastor en el sentido evangélico, un guerrero que lee en el sentido clásico.

Los siete arcos que adornaron los festejos sevillanos del 3 de marzo de 1526 —bodas imperiales— formaban una alegoría del *sabio prudente* opuesto a la realidad del *príncipe astuto*, que tiene a la diosa Fortuna de su parte. Cada arco describe sucesivamente a la prudencia, la justicia, la fortaleza, la clemencia, la fe, la paz y la gloria. El Emperador puede reformar el lema de las dos columnas de Hércules y empezar a decir: *plus ultra*. El límite pagano *non plus ultra* puede ser transgredido por el ideal cristiano. Los súbditos del Emperador pueden y deben actuar en las Indias en su seguimiento, porque estamos en un tiempo nuevo, en la Edad de Oro que ha encontrado al héroe que Castilla se merece y que Castilla esperaba.

LAZARILLO DE TORMES, UN ANTEPÍCARO

Hasta aquí, la España del Emperador. La España de Felipe II y también la de Felipe III acabaron teniendo un conocimiento más preciso de la Europa reformada por el protestantismo, de la consistencia defensiva del islam y de las ambiguas posibilidades de ruina y enriquecimiento que se escondían en la carrera de Indias. Por causa de este preciso conocimiento se llegó en España a una postura colectiva tan distante del heroísmo alocado como de la amargura desesperanzada. Es la que encontraron los conquistadores en la hora del retorno a la ciudad de Sevilla.

Los gobernantes y los gobernados se repliegan sobre sí mismos y esperan un cambio. Se repliegan y esperan. Ni se disparan hacia aventuras lejanas ni se angustian. Quieren, ante todo, conocerse en lo más profundo de su ser. Las trayectorias vitales de tres gigantes del pensamiento —Teresa de Jesús, Miguel de Cervantes y Francisco de Quevedo— empiezan en un afán de conquista de lo lejano para culminar en una exploración de las moradas interiores. De jóvenes, aun de niños, sueñan con las Indias o con África. En su magnífica madurez viven anclados en las inmediaciones de su tierra natal.

Es, popularmente hablando, la hora del primer Lazarillo de Tormes. Se ha desvanecido el ideal de conquista, pero sigue vivo el afán de exploración. El español de la segunda mitad del siglo XVI no quiere hablar del enfrentamiento militar con indios americanos, sino de otras dificultades procedentes de la hostilidad de la naturaleza, cuando no de la debilidad del cuerpo o de la fragilidad del alma. Todavía aspira el español a realizar cosas grandes; pero se apresta mejor para recorrer largos caminos sin que el hambre, el sueño o el cansancio limiten el alcance de su marcha. Más andantes que viajeros se perfilan, día tras día, como seres extraños a las largas navegaciones. Se sienten incómodos a bordo, desconfiados e impotentes sobre las olas.

Andariegos antes que marineros, los españoles posteriores al desastre de la Armada Invencible en 1588, tienen de sus andanzas una visión casi marinera. Los campos son rutas, las ciudades puertos y la Corte, morada de señores que viven de espaldas a lo verdaderamente arriesgado. En definitiva, se inclinan a situar sobre los campos la vida heroica y sobre las ciudades y su entorno la vida apicarada [11].

Así obró el primer Lazarillo, una «criatura que conserva su inocencia entre la maldad que le rodea —escribe Raúl Chávarri en un *estudio preliminar* a la edición de las novelas picarescas—, que, hostigado por el hambre, tiene que imaginar y arbitrar los recursos más increíbles para combatirla», una «persona humana y dulce, buscador de una vida mejor, que al final alcanza».

Pero hay un segundo Lazarillo —el de la segunda parte, sacada de las crónicas antiguas de Toledo por J. de Luna— que no puede ni sabe conservarse en la buena vida que la fortuna le había ofrecido al primero.

---

[11] M. Fernández Álvarez, *La Sociedad española en el Siglo de Oro*, 2 vols, Gredos, 2.ª ed. rev. y aum., Madrid, 1989. Particularmente, «La España del Lazarillo de Tormes», p. 424, «Las Memorias del capitán Contreras», p. 612 y «El pícaro por antonomasia: El Guzmán», p. 635.

El segundo Lazarillo teme el embarque en armas contra los moros y todos los embarques. Recuerda que «así feneció la vida de su padre Tomé González».

> ...llegó la fama de la armada de Argel —escribe— nueva que me inquietó... Finalmente quise dejar ejemplo de quitar y animar, llamando a Santiago y cierra España... Partí de Toledo alegre, ufano y contento, como suelen los que van a la guerra.

El relato, comenzado con el embarque de Lázaro en Cartagena, no pierde nunca la conciencia de estar viviendo una desgracia... «comenzaba a despeñarme a lo más ínfimo» —comenta Lázaro en la primera dificultad—.

> La tierra se nos escondió y el mar se embraveció con un viento contrario que levantaba las velas hasta las nubes... me pareció que estábamos en sermón de pasión.

Sigue a esta vivencia negativa de un naufragio —ajena del todo a la bondad del auténtico Lazarillo de Tormes— la narración de cómo Lázaro salió del mar, de cómo le llevaron por España, de cómo le llevaron a la Corte y su devolución a Toledo. Hay una total animadversión a la aventura marinera, incluso mediterránea, sobre todo desde que Lázaro se encuentra junto a Illescas con un «archipícaro». El «pícaro», ni siquiera en forma de vocablo o de idea, no había aparecido en el primer Lazarillo. El triunfo de lo antiheroico cierra la aventura del segundo Lazarillo.

> Púseme en un rincón considerando los reveses de la fortuna, y que por donde quiera hay tres leguas de mal camino; y así determiné quedarme en aquella iglesia para acabar allí mi vida.

Anotemos que ninguno de los dos Lazarillos puso sus pies en Sevilla. En cambio, la lectura de las autobiografías de soldados, de los libros de caballería más tardíos, de las novelas pastoriles y de las novelas picarescas nos revelará que, durante sus andanzas, Sevilla se ha convertido en la referencia inevitable de un conflicto. En Sevilla se manifiesta una oposición dramática entre dos actitudes antiheroicas —la aversión hacia el mar océano de unos y la complacencia en la ciudad barroca de otros—. El pícaro alternará en su persona los dos polos de la crisis.

En otro brevísimo relato picaresco sin trascendencia, *Periquillo, el de las gallineras*, pierde el embarque y gana la urbana complacencia, incluso en los aspectos menos positivos del fenómeno urbano, que —no es necesario decirlo— se convierte para los pícaros en una neta preferencia por lo periférico, lo suburbano y lo suburbial del núcleo sevillano. «Guadalquivir —se nos dice— río que, blasonando de caudaloso poder, siempre está en batallas con el mar de Cádiz».

Pero no es el Guadalquivir quien batalla contra el mar, sino el pícaro. El pícaro no quiere ir más allá de la barra del río donde —peligrosamente, por cierto— empieza una aventura cuyo final, estadísticamente hablando, se supone no será feliz, al menos en los días del reinado de Felipe III, que son los que prioritariamente nos ocuparán desde ahora. El pícaro se instala en la ciudad de Sevilla [12].

GUZMÁN DE ALFARACHE, UN PÍCARO FUNDAMENTAL

Pierre Chaunu en *Sevilla y América. Siglos XVI y XVII*, preciosa síntesis de una obra magna, *Seville et l'Atlantique (1504-1650)*, había tratado del «profundo movimiento interior que lleva, insensiblemente, al centro de Castilla cada vez más hacia el Sur... (que) prolonga, ciertamente, la colonización medieval de las tierras ganadas a la España musulmana... (Hubo) más que la asociación financiera, una verdadera implantación humana... (que) permitiría sin duda proseguir el progreso de la invasión del Sur andaluz por gente del Norte, gente de mar y gente de negocio».

Así se explica que Sevilla pase, desde 1530 a 1594, a tener de 45.000 a 100.000 habitantes. «El Ferrol, La Coruña y Vigo —sigue diciendo Pierre Chaunu— son las bases de las armadas protectoras de la carrera de Indias contra las incursiones procedentes del Norte».

Todas estas actividades —Chaunu las recorre una a una— en cuya primera línea hay que situar el puerto, explican la importancia de una

---

[12] S. Gili Gaya, *Clásicos castellanos*, Madrid, 1922 y ss. Particularmente, el tomo *Guzmán de Alfarache, de Mateo Alemán*. Madrid, 1953.

población flotante... gentes de mar, gentes de guerra atraídas por la emigración clandestina, pícaros seminómadas que acuden a la llamada de las flotas, sobre todo en épocas de epidemias, candidatos más o menos afortunados a las riquezas de Indias.

Pierre Chaunu se detiene en las anomalías del régimen del Guadalquivir, «afectado entre 1586-1590 y aun 1650 por una serie de crecidas particularmente graves y peligrosas»... «A partir de los años 20 del siglo XVII la salida del Guadalquivir está suspendida tres meses al año, de junio a agosto, a causa de las dificultades de la barra».

Esta peligrosa realidad geográfica, sumada a la atractiva realidad histórica, son el caldo de cultivo de una actitud realista que encuentra en la vida interior de la ciudad de Sevilla muchos más atractivos que en la salida hacia las Indias, a bordo de una embarcación. Será la hora de *Guzmán de Alfarache*, el pícaro con más fundamento de la literatura barroca. [13]

Mateo Alemán, el autor del *Guzmán de Alfarache*, nace en Sevilla sobre la misma fecha en que Cervantes lo hace en Alcalá de Henares, y muere en las Indias, adonde se trasladó en 1608, en fecha indeterminada, distante, sin duda, en menos de dos años de la muerte de Cervantes. Mateo Alemán morirá enamorado de las tierras americanas y admirado de la obra de gobierno del arzobispo de Nueva España fray García Guerra.

El Guzmán, escrito con notable anterioridad al viaje de Mateo Alemán a las Indias, refleja su descontento ante la negativa oficial de 1582 a su embarque, por razones diferentes a las que dificultaron un análogo viaje a don Miguel. A él se le deniega por falta de limpieza de sangre. Cervantes renuncia porque no cuenta con el nombramiento oficial que, a su juicio, merece.

En esta primera y gran novela picaresca es fácil encontrar la vieja contraposición entre la ciudad de Sevilla y el puerto de Cádiz:

> Sevilla era bien acomodada para cualquier granjería... porque hay mercantes para todos. Es patria común, dehesa franca, nudo ciego, campo abierto, globo sin fin, madre de huérfanos y caja de pecadores

---

[13] M. Alemán, *Guzman de Alfarache*, Parte II, Libro III, cap VIII, p. 568 de la selección de Valbuena Prat, de «Clásicos Castellanos».

donde todo es necesidad y ninguno la tiene; o si no, la Corte, que es la mar que todo lo sorbe, y a donde todo va a parar.

Guzmán da la sensación de encontrarse a gusto en este marco descriptivo. No podrá decir lo mismo de Cádiz:

> Era yo un muchacho vicioso y regalado, criado en Sevilla sin castigo de padres, la madre viuda, cebado a torreznos... Alentábame mucho ver mundo, ir a reconocer a Italia mi noble parentela... Estando mi peso en este fiel fue necesario salir a Cádiz mi galera, por unos árboles y entenas, brea y sebo y otras cosas. Que aqueste viaje fue la primera cosa en que trabajé. Que como era privado del Cómitre, no me obligaba a más de lo que yo quería.

Al pícaro Guzmán —se comprueba en la primera lectura de sus andanzas— le espanta el ambiente fabril y marinero de Cádiz: «Como por entretenimiento fui aguantando el remo sólo por comenzar a saber lo que aquello era en alguna manera. Mas no fue tan poco ni tan fácil».

La condena implícita a la vida en el mar será, simultáneamente, un modo de marginarse de la vida heroica que, posteriormente, ratificarán los comentarios del *Diablo Cojuelo* y de *Estebanillo González*, ambos en la más directa trayectoria del pícaro Guzmán.[14]

Para el diablillo de Guevara, los paisanos de los Cantones, de la Bertolina y de Ginebra —cuna de protestantes— son «demonios de sí mismos y sus tierras el juro de heredad que más seguro tenemos en el infierno después de las Indias». Madrid, en cambio, es ciudad virtuosa. Andalucía es lo más ancho del mundo. Sevilla es «estómago de España y del mundo, que reparte a todas las provincias de él la sustancia de lo que traga a las Indias en plata y oro». Por eso recita el diablillo: «Tendré el invierno en Sevilla y el veranito en Granada».

El pícaro Estebanillo, un soldado apicarado de la estirpe del Guzmán, enfrenta el bienestar sevillano con el malestar de su abandono:

[14] M. Valbuena Prat, selección de *La novela picaresca española*, Editorial Aguilar, Madrid, 1956.

Me salí de aquella ciudad, única flor de Andalucía, prodigio del valor del orbe, auxilio de todas las naciones y erario de un nuevo mundo y tomando el camino de Granada a gozar de su apacible verano, di alcance a dos soldados, guías de todas las levas que se hacen... Llegamos —continúa el soldado Estebanillo— a Cádiz y al tiempo de embarcarnos me pareció ser desesperación caminar sobre burra de palo, con temor de que se echase con la carga o se volviese patas arriba, por cuya consideración me escondí a lo gazapo y me zambullí... con que pensé ser cuervo de la tierra y no marrajo de la mar... Que quien no fué hombre en la tierra, menos lo sería en la mar.

Estebanillo reitera constantemente su vocación terrestre:

En el poco tiempo que duró esta embarcación no eché de menos La Mancha, pues por ser aguados mis camaradas y haberse todos mareado fué siempre mi barriga caldera de torreznos y conductas de vino.

Su regreso de la breve travesía mediterránea, como en todas las novelas picarescas, es más fácil que la partida:

Llegamos a dar vista a la deseada España, sin haber encontrado en todo el camino ni enemigos que nos perturbaran ni tormenta que nos inquietase.

Otro personaje de la picaresca, el *Donado hablador Alonso*, creación del doctor Jerónimo de Alcalá, será fiel continuador de la escala de valores del *Guzmán de Alfarache*. Los elogios a Sevilla llegan al ditirambo: «madre de tantos extranjeros y archivo de las riquezas del mundo... por ser tierra más rica y abundosa y a donde por maravilla a ninguno le falta qué comer». Nombrado Alonso alguacil de Méjico, se embarca en Cádiz y dice:

Pero duró poco la alegría con una inopinada tormenta que nos vino... consideraba cuán discreto anduvo aquel Hércules Egipcio que llegando a Cádiz y echando de ver tanta agua como se descubría, dejó escritas aquellas célebres palabras Non Plus Ultra, de aquí no hay que pasar, como si dijera: Vengan trabajos y persecuciones por la tierra, pero en el agua ni por imaginación son llevaderas. De la tierra se crió el hombre, ella le sustenta y cría, en ella vive y a ella ha de volver y que se halle mal sin ella es justa razón.

El donado Alonso, decepcionado, echará la culpa de la división de las tierras y de los mares a los pecados de los hombres. Nos refiere el adverso juicio que, tras su permanencia en Méjico, le merecen las Indias:

> No son las Indias para todos: tantos perdulanos andan por allá como por España, quizás fijados en que la comida no cuesta dineros y a ninguno le falta... pero vuelven rotos, granjeando sólo del viaje algunos dolores perpetuos de brazos y piernas tan rebeldes a la zarzaparrilla y palo santo, que ni bastan sudores y azogues para echarlos fuera.

Con todo, el viaje de regreso a España para el donado hablador, también será más agradable que la ida:

> ...Partimos de Méjico y con próspero viento vinimos a Cádiz trayendo nuestro galeón innumerables indianos riquísimos, cuando yo venía tan pobre... Determiné de volver tercera vez a Sevilla, porque siempre en ella había hallado donde acomodarme con más facilidad, pues como es ciudad rica a nadie falta en qué poner ganas de comer.

También para Castillo Solórzano y para los autores de *La niña de los embustes*, *Aventuras del Bachiller Trapaza* y *La gardunga de Sevilla*, parte sustancial de la herencia literaria del pícaro Guzmán, Sevilla es «ciudad insigne, metrópoli de la Andalucía, madre de nobles familias, patria de claros ingenios, erario de los tesoros que envían las Indias Occidentales». Pero ni María de Zayas ni Torres Villarroel, un siglo más tarde, ya en plena decadencia del género picaresco, narrarán andanzas por las Indias. Huirán incluso del viaje de sus personajes por tierras andaluzas.

DON QUIJOTE, EL HÉROE BUENO, HUMILDE Y SABIO

La sensibilidad de Cervantes, buen conocedor de la ciudad de Sevilla y de su entorno, se abre francamente hacia la esperanza de ennoblecimiento que su bonhomía acierta a descubrir en personajes de condición ruin. Esta sublime idealización culmina en *El Quijote*, el héroe bueno, humilde y sabio que no había sabido crear la epopeya; pero en otras muchas obras excelentes, ya sin recato, el genio de Cervantes se sumerge en el centro de gravedad de la vida picaresca y hace un noble esfuerzo para redimirla. Y es que...

> ...para albergar gente pérdida de toda la gran variedad de especies que constituían la picaresca en los postreros lustros del siglo xvi y en los primeros del xvii —ha escrito el gran cervantista Rodríguez Marín— no había ninguna ciudad tan a propósito como Sevilla.

La *Ilustre Fregona* —es Cervantes quien lo dice— «pasó por todos los grados de pícaro hasta que se graduó en las almadrabas de Zahara donde es el finibusterre de la picaresca». Pero, una vez más, el autor le redime del vicio por obra y gracia del amor humano. Y es que —como afirmó Menéndez y Pelayo— «Cervantes contempla los bajos fondos que le sirven de base con ojos de altísimo poeta, mientras los otros novelistas picarescos lo hacen con ojos penetrantes de satírico o novelista». Y Valbuena Prat lo confirma de modo certero:

> En el mismo Quijote percibimos la entrada de los galeotes que enfrentan al héroe caballeresco con el hampa de los ladrones, hechiceros y alcahuetes. Sobre todo Ginés de Pasamonte hace el efecto de ser eco del reciente Guzmán de Alfarache.

Pero donde Cervantes demuestra su delicado conocimiento de las raíces de la picaresca, en lo que ésta tiene de ruptura con la primacía de la nobleza de sangre y del oficio militar, es en *El Coloquio de los perros*. Dice Berganza:

> Paréceme que la primera vez que vi el sol fue en Sevilla... Volvíme a Sevilla y entré a servir a un mercader muy rico. Volvíme a Sevilla, como dije, que es avispero de pobres, refugio de desechados; que en su grandeza no sólo caben los pequeños, pero no se echan de ver los grandes.

La respuesta de Cipión ratifica la teoría de Marcel Bataillon cuando otorga a la honra y no al hambre, el papel central en la materia picaresca:

Has de saber Berganza que es costumbre y condición de los mercaderes de Sevilla y aún de las otras ciudades, mostrar su autoridad y
riquezas, no en sus personas, sino en las de sus hijos; porque los mercaderes son mayores en su sombra que en sí mismos y como la ambición y la riqueza mueren por manifestarse, revientan por sus hijos.

En definitiva, sabemos que la teoría heroica de Cervantes se decanta a favor del espíritu rural, y eso a pesar de haber acertado a reconocer la magnífica capacidad de la sociedad sevillana para ser «avis-
pero de pobres y refugio de desechados». La esperanza de redención
se quiebra porque la ambición y la riqueza de los mercaderes, lejos
de buscar una conducta noble en sí misma, libran una batalla formal
—de pura apariencia— a favor de sus hijos, similar a la de los nobles
que sitúan, sin méritos ni esfuerzos, a los suyos en la cumbre de la
sociedad.

El soldado apicarado, Alonso de Contreras

Como muchos eruditos españoles también Raffaele Puddu, en *El
Soldado Gentilhombre. Autorretrato de una sociedad guerrera: la España del
siglo XVI*, expresa una opinión adversa contra el capitán Alonso de
Contreras, cuyo peor comportamiento ético tuvo lugar precisamente en
Italia. Nos dice que Contreras es «un personaje de una vulgaridad fasci-
nante, medio pícaro y medio soldado, perfecto modelo de papagayo».

> No llegará nunca a los Países Bajos: a medio camino deserta del ejér-
> cito y se dirige hacia la más alegre y no tan peligrosa Italia, primera
> etapa de una carrera que lo vería convertido en aventurero y soldado
> regular, en corsario y oficial reclutador, espadachín, jugador y caballe-
> ro de Malta, en marido complaciente y fanático del pundonor... Gra-
> cias a las armas, aunque no sólo a ellas, el pícaro se ha convertido en
> gentilhombre.

Junto al testimonio de Contreras, disponemos de las voces de los
soldados, pícaros y escuderos que determinaron, en alguna medida, la

mentalidad de la época y extendieron, en concreto, una idea negativa sobre el vivir americano de los viejos conquistadores. [15]

En la época en que escribe Alonso de Contreras ya se había olvidado en Sevilla la acción de los 300 labradores que, bajo la dirección de Bartolomé de las Casas, en 1520 intentaron en vano establecer en la desembocadura del río Cumaná un poblamiento pacífico. Sobre las ruinas del fracaso un hombre oscuro, Jácome Castellón, había fundado Nueva Cádiz —ciudad y castillo a imagen de la «tacita de plata» en las puertas de lo que, con el tiempo, sería la Venezuela hispánica—. Los soldados del siglo XVII, como Contreras, divagan entre ciudad y ciudad italiana, española o flamenca, vueltos de espaldas a la acción fundadora del soldado Jácome Castellón en las Indias.

El capitán Contreras es mucho más cortesano que todos los conquistadores juntos. Ocho meses tuvo Lope de Vega hospedado en su casa de Madrid al más típico hombre de acción que Ortega ha encontrado entre los escritores del XVII: Contreras. Transcurridos dichos meses, Lope dio a luz la comedia *El Rey sin Reino*. Corría el año 1625. Con esta comedia, Lope rinde homenaje al aventurero, en expresión de Ortega, al hombre cuya vocación es la acción. Alonso de Contreras, en su *Autobiografía*, nos resume la razón de su salida de Madrid con una alusión al hambre de honra:

> Me pareció vergüenza estar en la Corte, sobre todo no teniendo con qué sustentarme, que allí parecen mal los soldados, aunque lo tengan y traté entonces de venir a Malta por ver en qué estado andaba lo de mi hábito y cuando me había de tocar algo de comer por él... Con que tomé la ruta de Barcelona.

Alonso de Contreras no acepta la condición de pícaro. Se distingue, incluso cuando apunta hidalguía, por una cualidad insólita: es un capitán experto en navegación. Por esta causa, Contreras viajará a las Indias con dignidad y oficio, pero —y esto es lo esencial— sin ánimo de permanecer en ellas. Su testimonio, sin la clásica prevención frente al mar pero con clara complacencia por la vida ciudadana, ilumina

---

[15] VV. AA., *Autobiografías de Soldados. Siglo XVII*, ed. y estudio preliminar de J. M. Cossío, Biblioteca de Autores Españoles. Madrid 1956.

desde un ángulo nuevo la decadencia del estilo heroico de existencia
en la España de Felipe V.

La trayectoria vital de Contreras gravitará, inicialmente, sobre el
puerto de Cádiz, en un viaje comercial (que se truncará) hacia Filipinas, y se convertirá en viaje de socorro a Puerto Rico, amenazado de
los ataques del pirata Guatarral:

> Fueron mis padres cristianos viejos sin raza de moros y judíos ni pe-
> nitenciados por el Santo Oficio... fueron pobres y vivieron casados
> como lo manda la Santa Madre Iglesia 24 años en los cuales tuvieron
> 16 hijos... yo era el mayor de todos... Marchamos camino de Sanlú-
> car donde estaba aprestada la Armada que había de ir a Filipinas... A
> la entrada de Cádiz hay un escollo a catorce palmos bajo el agua que
> llaman el Diamante, en el cual se han perdido muchos navíos, y yo,
> como más desgraciado, topé con él y me perdí a la vista de toda la
> escuadra... Mandó el Príncipe Filiberto que me prendiesen. En el
> Consejo de Guerra me libraron viendo que yo no tenía culpa.

El viaje fracasa porque —dice Contreras— «conviene a España reforzar los Tercios de Lombardía. Según el relato, los dos únicos capitanes expertos en navegación, Contreras y Cornejo, estaban siendo re-
servados para la carrera de Indias.

La narración de Contreras no disimula la actitud hostil de los
hombres embarcados bajo su mando ni las grandes resistencias que
hubo de superar para que no desertaran.

> Me entrevisté con el Gobernador de Cádiz... (El cambio de destino)
> se hizo con el secreto que se requería para que no desembarcase uno
> sólo, porque estos soldados de presidio son presa y flotas con los ru-
> fianes madrugados de Andalucía... Los cien soldados eran enemigos...
> Había hombre que porque le dejasen ir a tierra daba doscientos reales
> de a ocho.

La habilidad y la energía de Contreras corrigen la tendencia de los
más, que, «al saber lo sucedido en mi galeón se deshizo el acuerdo que
tenían de embestir, al salir del puerto, a tierra en Arenas Gordas y huir
todos y matarme, si lo impedía yo».

La dramática resistencia se reproduce en Puerto Rico, tras una navegación de 46 días sin ver más tierras que las Canarias.

Ya en Puerto Rico me pidió el Gobernador le dejase cuarenta soldados para reforzar el presidio, y en mi vida me vi en mayor confusión,
porque no se quería quedar ninguno y todos casi lloraban por quedar
allí. Tenían razón, porque era quedar esclavos eternos.

Vuelto a Cádiz, Alonso de Contreras ironiza sobre la desgracia del
Almirante Figueroa, «que no era marinero ni había estado nunca en la
mar», y presume de su extraordinaria maniobrabilidad:

> En el plazo de nueve días entré en Madrid, salí de España, fui a Bar-
> bería, volví de Barbería a la Costa de España y de allí a la Corte, a
> donde hay 108 leguas de tierra desde Cádiz.

Contreras, en definitiva, aspira al ascenso social por la vía de la
capacidad marinera. No es la valentía lo que le convierte en gentilhombre, sino su valía técnica.

EL ESCUDERO VULGAR, MARCOS DE OBREGÓN

Vicente Espinel (1550-1624) —nos dice Samuel Gili Gaya— perte-
necía a la generación de Cervantes y Lope de Vega, «fue cautivo en
Argel y virtuoso del verso». De joven residió en Sevilla, en contacto
con la sociedad de pícaros. Su obra, *Vida del escudero Marcos de Obre-*
gón, es una novela de aventuras en gran parte autobiográfica..., «una
vida vulgar que se desenvuelve sin heroísmos... El protagonista no es
un pícaro sino un observador que contempla cuanto la vida le ofrece».
El testimonio —también surcado de prevención marinera y de complacencia en la ciudad de Sevilla— contiene una visión deformada de las
tierras de América. En ella, Espinel critica los planes repobladores de
Su Majestad Católica cerca del estrecho de Magallanes por considerar-
los irracionales.

Desde su comienzo, el relato hace constar la dura protesta por la
excesiva confianza que se tiene en Sevilla a los vizcaínos:

> Quien dice en Castilla vizcaíno, dice hombre sencillo, bien intencio-
> nado; pero yo creo que Bilbao, como cabeza de Reino y frontera o

costa, tiene y cría algunos sujetos vagamundos que tienen algo de la bellaquería de Valladolid y aun de Sevilla.

Con toda intención, las vivencias del protagonista Marcos se ponen al servicio de una buena imagen de esta ciudad sureña:

> Víneme de Valladolid a Madrid y siguiendo la variedad de mi condición y la opinión de todos fuime a Sevilla con intención de pasar a Italia, ya que no pudiese llegar a tiempo de embarcarme para África. Estuve gozando de la grandeza de aquella ciudad insigne, llena de mil excelencias, tesorera y repartidora de la inmensa riqueza que envía el mar Océano.

Un fondo de hidalguía le hace reaccionar al personaje, ahora a favor del esfuerzo bélico heroico, como hubiera dicho el doctor Palacios Rubios. Su expresión «torné en mí» expresa nada menos que una conversión.

> Estuve en Sevilla algún tiempo viviendo de noche y de día, inquieto, con pendencias y enemistades, efectos de la ociosidad, raíz de los vicios y sepulcro de las virtudes. Torné en mí y halléme muy atrás de lo que había profesado... Determinéme de apartarme de este vicio poltrón que en Sevilla me arrastraba. ... Yo, procurando asentar mi vida, fuime a Sanlúcar a casa del Duque de Medina Sidonia. Embarcábamos en Sanlúcar no con mucho tiempo... Mareáronse los marineros o la mayor parte de ellos.

La añoranza cortesana alcanza su cumbre cuando, creyéndose héroe, incurre en una ingenuidad y se embarca para las Indias. Todo el relato es una protesta sorda por las dolorosas consecuencias del alistamiento.

En definitiva, todos los males le vienen de algo en sí mismo bueno: haber nacido inclinado al oficio de las armas y haber mantenido su voluntad subordinada a la Corona.

> Luego que por mi desgracia, salí de aquella reina del mundo, Madrid, o madre universal, en el primer pueblo a donde llegué vi tocar cajas que hacían gentes, por mandato de Felipe II para ir a descubrir el Estrecho de Magallanes y como yo nací más inclinado a las armas

que a los libros di con ellas a un lado... La intención de Su Majestad era poblar aquel estrecho de vasallos suyos... Yo tenía mi voluntad tan subordinada a la suya que sin su beneplácito no me arrojara tan inconsideradamente a profesión tan llena de miserias y necesidades.

La salida del barco por el golfo de las Yeguas vino, naturalmente, acompañada de terribles tormentas, todo lo contrario que en el viaje de regreso. Aquí, el navegante Marcos de Obregón, exagera sin tino y construye una fantasía horripilante:

> Creyendo que ya todo el mundo hubiese tornado a ser agua otra vez por el diluvio universal, comenzaron todos a decir en un grito: ¡Tierra! ¡Tierra! ¡Tierra! porque descubrimos una isla de tan altos riscos cercada que parecía alguna cosa encantada... Pero aunque pudiera espantarnos esta visión (un horrendo ídolo casi humano) para no pasar adelante, como íbamos buscando la vida, que se había de hallar en tierra, caminamos hacia el ídolo... y al punto que llegamos el barco a la entrada, salieron dos altísimos gigantes de la misma hechura que tengo pintado el ídolo... Sin podernos valer nos vaciaron a una cueva.

La fantasía, inspirada en la cueva del Polifemo de la *Odisea* de Homero, termina con un nuevo elogio a Madrid. Se cierra el relato sin sombra alguna de la actitud heroica antes elogiada: «Nosotros vinimos seguros a Madrid sin tropezón ninguno, pareciéndome —como es verdad— que en ella hay gente que profesa tanta virtud que quienes la imitasen harán mucho».

En definitiva, el escudero se separa de la obediencia a los designios de Su Majestad Católica y se agazapa de nuevo en la Corte, no sin antes desilusionar de cualquier aventura en Indias a los ingenuos lectores de la novela.

EL BUSCÓN, UN ANTIHÉROE RADICAL

Suele fecharse en 1603 la redacción primitiva de la *Vida del Buscón*, publicada en 1626. Su autor, Quevedo, caballero de Santiago, carga las tintas para describir una España medularmente apicarada con la que, personalmente, no tiene nada que ver. Finalmente, prometerá una segunda parte *non nata* que tendría como escenario las Indias. Poco cabe esperar, con el cambio de escena, en orden a la conversión de don Pablos[16]:

> Yo que vi que duraba mucho este negocio y más la fortuna en perseguirme (no descarmentado, que no soy tan cuerdo como obstinado pecador) determiné, consultándolo primero con la Grajal, la de pasarme a Indias con ella a ver si mundano de mundo y tierra mejoraría mi suerte. Y fueme peor, como vuesa merced verá en la segunda parte, pues nunca mejora de estado quien muda solamente de lugar y no de vida y costumbre.

El Buscón, como también la Pícara Justina, de otra novela de éxito estudiada por Marcel Bataillon[17], son pícaros sin remordimiento. Ambos llegan a Sevilla desde el Norte. Justina es, nada más y nada menos, una mujer montañesa; es decir, nada judía y menos aún morisca.

> Pasé —nos dice don Pablos— el camino de Toledo a Sevilla, prósperamente, porque como yo tenía ya mis principios de fulero... Medró también el caballerito —escribe la pícara Justina— que a pocos días andados se fueron ambos a Sevilla y en el camino comieron lo que hurtaron y en llegando a Sevilla hurtaron lo que comieron.

Don Pablos y Justina no son pícaros voluntariamente antiheroicos, como lo fueron todos los de la estirpe del Guzmán, sino pícaros olvidados de lo heroico. Aparecen erguidos sobre sí mismos. No se constituyen en lo que no son —héroes de guerra— o en lo que no alcanzan a ser —poetas de corte—. Son pícaros tan radicales como sustanciales. El género de vida frente al cual se afirman y al que zahieren con más inquina es el poético, más aún que el heroico. De ahí el horror

---

[16] F. de Quevedo, *Vida del Buscón llamado don Pablos,* capítulo X, libro III de la Selección de Valbuena Prat.

[17] M. Bataillón, *Pícaros y Picaresca. La Pícara Justina,* Taurus, Madrid, 1969. Particularmente, el cap. 9, "La honra y la materia picaresca". Debe consultarse también el estudio preliminar de R.Chavarri, "Cuadro social, erotismo y violencia en la novela española de los siglos XVI y XVII", *La novela picaresca,* 2 tomos (Afanías, Madrid, 1981), donde se contienen las siguientes obras: *El Lazarillo de Tormes, Segunda Parte del Lazarillo de Tormes, Vida del Escudero Marcos de Obregón, El Buscón, El Diablo Cojuelo* y *Vida de Estebanillo González.*

que ambos personajes de ficción le producen al delicado Cervantes, el fino escultor de la figura de don Quijote.

El pícaro don Pablos simula dolor por el trato que de la gente recibe el poeta andariego de turno, pero, finalmente, lleva la burla hasta suplantarle durante un tiempo.

> Tratamos muy mal al compañero poeta y yo principalmente.... Por hallarme con algún natural a la poesía y más que tenía ya conocimiento con algunos poetas y había leído a Garcilaso y así determiné de caer en el arte. Y de estas cosas me sucedieron muchas mientras perseveré en el oficio de poeta y no salí del mal estado.

Y es que el apicaramiento de la vida española en los tiempos del Conde-Duque a los ojos del escritor Francisco de Quevedo y del médico castellano Francisco López de Uberda (el autor de la Pícara Justina) había invadido tanto la esfera del valor personal como la esfera de la sensibilidad artística. El horizonte para la salvación está cerrado. Sólo queda la atrayente figura del héroe bueno, humilde y sabio forjado por Cervantes, que curiosamente Baltasar Gracián no recogerá en su tratado sobre la heroicidad ni en su estudio de la discreción.

La vigorosa interpretación de la historia de España que debemos a Américo Castro también está basada en el contraste entre el heroísmo y la picaresca. Alcanzó una tensión suprema en la ciudad de Sevilla durante el retorno de los conquistadores. [18]

> El genio contradictorio de España —escribió Castro en *Hacia Cervantes*—, consustancial con su existencia, descubre aquí una vez más el proceso de afirmación y negación que caracteriza su historia y fecunda su arte y sus letras. Una dialéctica de tipo existencial (no racional), el diálogo entre el querer ser y el deber ser, presidió a los orígenes de dos géneros literarios, característicos de la España del siglo XVII, la novela y el drama, incorporados luego, a la flora literaria de Europa».

[18] A. Castro, *Hacia Cervantes*, 3.ª ed., Taurus, Madrid, 1967; *La realidad histórica de España. Judíos, Moros y Cristianos*, Losada, México, 1954. Finalmente, "De la edad conflictiva", en el apartado I de *El drama de la honra en España y en su literatura*, Taurus. Madrid, 1961.

Es lo que el sevillano lector de nuestro inicial artificio hubiera podido resumir como un diálogo entre el querer ser de los pícaros y el deber ser de los héroes. Para él parecen escritas estas aclaraciones de Américo Castro:

> El pícaro es el antihéroe, y la novela picaresca nace sencillamente como una reacción antiheroica, en relación con el derrumbamiento de la caballería y de los mitos épicos y con la peculiar situación de vida que se crearon los españoles desde fines del siglo xv. La originalidad española consistió en oponer a la tradición popular de lo heroico, de la aventura tensa, una crítica vulgar, de «filosofía vulgar»... Lo insignificante entra en escena con audacia desvergonzada... y exhibiendo irónicamente su carencia radical del heroísmo. De ahí que conceda mucho alcance al prurito genealógico de todos estos antihéroes... El pícaro, cuya ambición repta y no vuela, va a ostentar una ascendencia contrapuesta a la alzada progresiva del héroe y del caballero.

APÉNDICES

BIBLIOGRAFÍA COMENTADA

El conocimiento del modo de ser y de comportarse de los conquistadores puede abordarse desde múltiples perspectivas. En *Generación de la conquista* se adopta una de ellas cuya nota predominante está íntimamente relacionada con la condición militar del autor y con la naturaleza jerárquica de las decisiones que hicieron posible el fenómeno mismo de la conquista. De acuerdo con ella, los llamados conquistadores aparecen ordenados en tres niveles de autoridad: la autoridad de los grandes capitanes; el mando de los capitanes mayores y menores; y la mezcla sutil de mando y obediencia, propia de los mílites indianos. La nómina total de los conquistadores queda, pues, circunscrita a quienes realizan operaciones de carácter militar o guerrero durante un período muy preciso del que se excluyen los descubrimientos previos y la pacificación posterior.

La bibliografía útil para la comprensión de este libro puede agruparse en cinco apartados. El primero, reúne obras generales sobre América; el segundo, obras particulares sobre la conquista; el tercero, biografías de conquistadores; el cuarto, cronistas de Indias; y el quinto, historiadores de Indias. Lo más vital para nuestro objetivo se encuentra en el apartado cuarto. Lo más polémico para su interpretación, en el apartado quinto. En síntesis, *Generación de la conquista* puede y debe leerse como un ágil diálogo entre cronistas e historiadores moderado desde una mentalidad moderna, que es, en particular, la de un militar de carrera de nuestro siglo XX.

I. Obras generales sobre América

Se ha considerado básica la aportación de Antonio Ballesteros Beretta, aparecida en 1936 en Salvat Ediciones, Barcelona, bajo el título *Historia de América y de los americanos*. Son 23 volúmenes. Se ha utilizado, por su capacidad de síntesis, la obra de Francisco Morales Padrón publicada por Espasa-Calpe, Madrid, en 1975, «Historia de América», tomos VI y VII del *Manual de Historia Universal*. Se han recogido múltiples apreciaciones y notables distinciones de los tres tomos de *Historia de América*, producidos por Mario Hernández Sánchez-Barba para la Editorial Alhambra, que fueron presentados en Madrid en 1981. Finalmente, se ha valorado muy positivamente el tomo único de la Editorial Labor, Barcelona, de Guillermo Céspedes del Castillo, *América hispana (1492-1898)*, que es una obra de 1983.

II. Obras particulares sobre la conquista

Se ha dado prioridad a estos tres trabajos de Francisco Morales Padrón: *Los conquistadores de América*, núm. 1565 de la Colección Austral, Madrid, 1974; *Historia del descubrimiento y conquista de América*, en su 4.ª edición de la Editora Nacional, revisada en 1981; y *América hispana hasta la creación de las nuevas naciones*, de la Editorial Gredos, que vio la luz en Madrid durante el año 1986.

Los trabajos del historiador francés Pierre Chaunu sobre el papel de Sevilla han sido acogidos a través de dos de sus obras más incisivas y menos eruditas: *La expansión europea (siglos XIII al XV)* y *Conquista y explotación de los Nuevos Mundos*, de la Editorial Labor, correspondientes a los años 1972 y 1973. También se ha hecho uso de la versión abreviada *Sevilla y el Atlántico (1504-1650)*, publicada por la Universidad de Sevilla en 1983.

Dos autores egregios, Alfonso García Gallo y Silvio A. Zavala han presidido el inevitable análisis del término mismo de conquista. El ensayo de García Gallo *Los orígenes de la administración territorial de Indias*, recogido en la Colección Nuevo Derecho Español, Madrid, 1972, y la obra maestra de Zavala, *Las instituciones jurídicas en la conquista de América*, en su tercera edición, revisada y aumentada, Editorial Porrúa, México, introducen al lector en el complejísimo problema de la legitimidad de la conquista.

III. Biografías de conquistadores

La cercanía del Quinto Centenario ha revitalizado el género biográfico que ya tenía alguna tradición. La introducción a las grandes figuras de la conquista puede lograrse sucesivamente por esta vía: puede leerse en primer lugar a F. A. Kirkpatrik en *Los conquistadores españoles*, un volumen extra de la Colección Austral aparecido en 1935. A renglón seguido, la breve síntesis lograda en 1946, gracias a la Editorial Aguilar, por Ricardo Majó Framis, *Vida de los navegantes y conquistadores españoles del siglo* XVI. Es útil la obra, de 1957, del hispanista francés Jean Descola *Los conquistadores del Imperio Español*, de la Editorial Juventud, cuya tercera edición en lengua española corresponde a 1989. Finalmente, es válido a todos los efectos el trabajo de Francisco Morales Padrón *Los conquistadores de América*, de Espasa-Calpe, en su edición de 1974.

Análisis comparativos muy certeros aparecen en una obra clásica de Mario Góngora, *Los grupos conquistadores en Tierra Firme (1509-1530)*, que salió de las imprentas de Santiago de Chile en 1962. Recientemente, la obra dirigida por Francisco de Solano, *Proceso histórico al conquistador. El conquistador hispano: señas de identidad*, de Alianza Editorial, Madrid, 1988, ha mostrado una notable madurez y una penetración adecuada en los problemas de ética.

La ética también ha centrado las más recientes reflexiones de Demetrio Ramos, Manuel Lucena, Luciano Pereña y Antonio García y García, entre otros. No conviene en absoluto disociar el contenido de las biografías modernas de los conquistadores del de una excelente obra colectiva, *La ética en la conquista de América (Francisco de Vitoria y la Escuela de Salamanca)*, editada por el Consejo Superior de Investigaciones Científicas de Madrid en 1984.

Hoy podemos afirmar que existen excelentes biografías de los más famosos y controvertidos conquistadores, algunas de notable calidad interpretativa. Alonso de Ojeda, Vasco Núñez de Balboa, Pedrarias Dávila, Pascual de Andagoya, Sebastián de Belalcázar, Francisco Pizarro, Diego de Almagro, Hernán Cortés, Pedro de Alvarado, Cristóbal de Olid, Pánfilo de Narváez, Hernando de Soto, Pedro Valdivia, etc. han tenido la fortuna de encontrar escritores capaces de reconstruir sus hazañas. Existen colecciones muy amplias de biografías de los conquistadores dignas del crédito que merecen sus autores. En *Generación de la conquista* aparecen tan frecuentemente citadas como notablemente apreciadas.

IV. CRONISTAS DE INDIAS

Sin duda se reúnen en este apartado los textos más significativos para el lector. Tienen el inmenso valor de la experiencia vivida e inmediatamente comunicada. Cada cronista de Indias encubre un secreto interpretativo que nunca es fácil desvelar del todo. En *Generación de la conquista* han tenido entrada franca: las *Cartas de relación*, de Hernán Cortés; la *Conquista de Méjico*, de Francisco López de Gómara; la *Historia verdadera de la conquista de la Nueva España*, de Bernal Díaz del Castillo; la *Historia general y natural de las Indias, Islas y Tierra Firme del Mar Océano*, de Gonzalo Fernández de Oviedo; la *Verdadera relación de la conquista del Perú*, de Pedro Cieza de León; la *Milicia y descripción de las Indias Occidentales*, de Bernardo Vargas-Machuca; la *Historia general de los hechos de los castellanos*, de Antonio de Herrera y Tordesillas; la *Relación del descubrimiento y conquista de los reinos del Perú*, de Pizarro y Orellana; la *Historia general del Perú*, del Inca Garcilaso de la Vega; y el poema épico de Alonso de Ercilla, *La Araucana*.

Estas crónicas han sido analizadas en una dirección muy concreta y peculiar. Se ha tratado, únicamente, de desvelar los propósitos y los rasgos típicos de cada conquistador en particular. Para lograr este propósito se ha considerado necesario, a lo largo del texto, precisar la tendencia de cada testimonio. Los juicios definitivos de valor no han sido formulados en ningún momento, aunque el lector puede percibir hacia dónde se orientan las estimaciones del autor de la obra.

V. HISTORIADORES DE INDIAS

Generación de la conquista cuenta con la inestimable ayuda de los grandes americanistas Juan Pérez de Tudela, Demetrio Ramos, Antonio Rumeu de Armas, Juan Manzano, Lewis Hanke, Charles Verlinder, Paulino Castañeda, Jaime Delgado, Manuel Jiménez Fernández, Vicente Bertrán de Heredia, etc. Cada uno de ellos aporta alguna luz sobre el fenómeno social que fue la voluntad de conquista.

En realidad, estos y otros historiadores de Indias son traídos a las páginas de *Generación de la conquista* para una finalidad que no está en el centro de sus notabilísimas investigaciones. Vienen a ellas para arrojar alguna luz sobre la inmensa polémica vivida en su día por los legitimadores de la conquista (Juan López de Palacios Rubios, Matías de Paz, Juan de Acevedo y Francisco de Vitoria). La controversia del famoso «requerimiento» es, en su esencia, un choque entre dos éticas de las que sólo una, la que alentaba a los conquistadores, se abrió paso en las Indias. Alfonso García Gallo, en *Las Indias en el reinado de Felipe II. La solución del problema de los justos títulos*, Madrid, 1960-1961, dejó claras las cosas de una vez por todas. Los conquistadores podían hacer suyas las ideas de una de las dos fracciones del conflicto ideológico.

Los historiadores de Indias —utilizo esta expresión con una excesiva voluntad de distanciamiento cronológico respecto a los cronistas de Indias— han penetrado lúcidamente en importantes analogías de la conquista de América con otros fenómenos bélicos de la época: la adhesión de Navarra a las Españas, la guerra de las comunidades de Castilla, etc. Han penetrado también en un testimonio lateral de tono literario que antecede en tres siglos a las obras, por ejemplo, de Prescott y Salvador de Madariaga. Me refiero a la novela picaresca. La novela picaresca puede y debe ser utilizada como contrapunto del heroísmo del conquistador y hasta del heroísmo de don Quijote de la Mancha. Es evidente que la quiebra de la voluntad de conquista, a finales del siglo XVI, está testimoniada con la sustitución del libro de caballería por la novela picaresca, tanto en las bibliotecas de la época como en el gusto de los lectores.

ÍNDICE ONOMÁSTICO

ÍNDICE TOPONÍMICO

Las Colecciones MAPFRE 1492 son el principal proyecto de la Fundación MAPFRE AMÉRICA. Son 19 en total y suman más de 250 títulos entre todas.

AMÉRICA 92
INDIOS DE AMÉRICA
MAR Y AMÉRICA
IDIOMA E IBEROAMÉRICA
LENGUAS Y LITERATURAS INDÍGENAS
IGLESIA CATÓLICA EN EL NUEVO MUNDO
REALIDADES AMERICANAS
CIUDADES DE IBEROAMÉRICA
PORTUGAL Y EL MUNDO
LAS ESPAÑAS Y AMÉRICA
RELACIONES ENTRE ESPAÑA Y AMÉRICA
ESPAÑA Y ESTADOS UNIDOS
ARMAS Y AMÉRICA
INDEPENDENCIA DE IBEROAMÉRICA
EUROPA Y AMÉRICA
AMÉRICA, CRISOL DE LOS PUEBLOS
SEFARAD
AL-ANDALUS
EL MAGREB

COLECCIÓN
LENGUAS Y LITERATURAS INDÍGENAS

Códices mexicanos.

Lenguas indígenas del Brasil.

Lenguas indígenas de Norteamérica.

Pasado y presente de las lenguas indígenas de México y Centroamérica.

Literatura de los pueblos del Amazonas.

El guaraní.

El quechua y el aymara.

El mapuche.

Este libro se terminó de imprimir
en los talleres de Mateu Cromo Artes Gráficas, S. A.
en el mes de abril de 1992.